과학이란 무엇인가?

과학이란 무엇인가?

A. F. 차머스 지음

신중섭 · 이상원 옮김

이 책은 Alan Chalmers의
What is this thing called science? (3판)
(University of Queensland Press, 1999)를 옮긴 것이다.

과학이란 무엇인가?

A.F. 차머스 지음
신중섭 · 이상원 옮김

펴낸이— 이숙
펴낸곳— 도서출판 서광사
출판등록일— 1977. 6. 30.
출판등록번호— 제 406-2006-000010호

(10881) 경기도 파주시 회동길 77-12 (문발동)
Tel: (031)955-4331 / Fax: (031)955-4336
E-mail: phil6161@chol.com
http://www.seokwangsa.co.kr / http://www.seokwangsa.kr

제1판 제1쇄 펴낸날 · 2003년 3월 20일
제1판 제9쇄 펴낸날 · 2023년 8월 30일

ISBN 978-89-306-2080-2 93160

■ 옮긴이의 말

이 책은 Alan Chalmers의 책 *What is this thing called science?*(Queensland University Press, 1999, 3판)(미국에서는 Hackett Publishing Company가 영국에서는 Open University Press가 별도로 같은 책을 내고 있다)를 완역한 것이다. 이 책의 2판은 《현대의 과학철학》(서광사, 1985)으로 번역되어 대학 과학철학 관련 과목의 교재 등으로 비교적 널리 읽혔던 것으로 알고 있다. 3판이 나왔지만 2판의 가치와 의의는 부분적으로 남아 있어서, 2판은 1980년 이전까지의 과학철학의 흐름을 이해하는 데 도움이 된다고 본다. 이번 3판의 번역서의 제목은 원서의 그것을 충실히 살리어 '과학이란 무엇인가?'로 했다. 3, 12, 13장을 이상원이 번역했고, 나머지는 신중섭이 번역했다. 그렇지만 전체 번역 내용을 두 사람이 함께 검토했기에 번역 모두에 대해서 공동으로 책임이 있다.

차머스의 책 3판은 1980년대 이후 과학철학의 변화와 발전을 반영하고 있다. 베이스주의(Bayesianism), 새로운 실험주의(new experimentalism), 과학 법칙의 본성, 실재론/반실재론 논쟁에 관한 내용이 새로운 장으로 추가되었다. 또한 2판에서 유지된 장들도 부분적으로 재구성되었다. 3판 가운데 새로운 부분에서 차머스의 논의는 과학사와 현행 과학 활동의 실제적 내용을 이전보다 더욱 상세히 참조하면서 과학철학적 주장의 의의를 검토하는 경향을 강조하고 있다. 첫째, 관찰을 관찰 문장보다는 기법(techniques)으로 보면서 실천적 개입(practical intervention)으로서 관찰을 이해하는 관점에 대해 다룬다. 둘째, 과학의 적절한 기초로서 실험의 성격과 의의에 대해 논의하고 있다. 셋째, 새로운 실험주의의 주요 내용으로서 물질로서의 도구, 도구에서 나오는 현상과 이미지의 본성, 실험과 이론의 다양한 관계에 대해서 이야기한다. 이에 더하여 실험 자료의 처리와 오류 제거 그리고 이 주제에 대해 논의하는 대표적 경우로서 메이요(Deborah Mayo)의 엄격한 시험(severe test) 개념에 대해서 논의하는데, 이러한 논의는 언어나 문장 중심의 전통적인 과학철학과 잘 대비된다. 넷째, 증거에 의한 이론의 지지도를 베이스 공식을 써서 정량적으로 부여하려는 주관주의적 베이스주의자의 시도가 갖는 의의와 한계를 지적한다. 다섯째, 모든 과학에 적용되는 광역적(global) 과학철학적 주장을 세우기보다는 국소적(local) 영역에 따라 서로 다른 이론 평가의 기준을 적용하는 것이 바람직하며, 국소적 영역에 따라서 또한 역사적 시기에 따라서 서로 다른 양태의 이론과 실험의 관계가 나타난다고 논의하고 있다. 여섯째, 이 외에 과학 법칙에 대한 몇몇 입장과 실재론과 반실재론 논쟁의 쟁점을 비교적 상세하게 검토한다.

2003. 3

신중섭, 이상원

이 책의 초판과 제2판을 읽은 독자들 가운데 어떤 사람들은 나의 목적이 다른 종류의 지식과 대조적으로, 과학에는 다른 것과 구별되는 특별한 어떤 것이 존재한다는 생각을 무너뜨리는 것이었다는 인상을 받았을 수도 있다. 그러나 그것이 나의 의도는 아니었다. 이 제3판에서는 독자들이 나를 그렇게 해석하지 않도록 하려고 노력하였다. 이러한 나의 과제는 쉽지 않다. 왜냐하면 지식들 가운데 어떤 것이 과학적 지식인가를 분명하게 판정해줄 수 있는 단순한 규칙(simple rule)이나 처방(prescription)은 존재하지 않기 때문이다. 더구나 과학의 성격은 시간의 경과에 따라 지식 탐구자들이 어떻게 새롭고 더 나은 방법으로 자신들의 일을 할 수 있는가를 배움으로써 변하기 때문이다. 아마도 우리가 살고 있는 복잡한 세계에 관한 지식을 획득하는 과제 자체가 복잡하고 변할 수밖에 없다는 것은 놀라운 일이 아닐 것이다.

나는 우리가 직면한 문제를 해결할 수 있는 열쇠는 엄격한 시험(severe test)에 있다고 확신한다. 과학 이론은 경험적 증거나 실험적 증거에 의해 증명되거나 그것과 양립 가능해야 한다는 생각 자체의 설득력은 대단히 약하다. 이론은 다양한 방식으로 증거와 어떻게든 양립 가능할 수 있다. 그렇지만 만일 그 증거가 경쟁 관계에 있는 이론과도 똑같이 잘 어울릴 수 있다면 증거에 의해 입증되었다고 할 수는 없다. 한 이론이 어떤 증거에 비추어 엄격한 시험을 견뎌 내는가 하는 것은 그 이론과 증거 사이의 어울림에 대해서 유일하게 고려해 볼 수 있는 설명이 이론과 증거 간의 어떤 놀랄만한 일치를 어느 정도 포함하느냐에 달려 있다. 데보라 메이요(Deborah Mayo)는 통계적 논의의 맥락에서 엄격한 시험이라는 개념을 계몽적으로 탐구하였다. 나는 13장에서 메이요 교수의 입장을 서술할 것이다. 그러나 메이요 교수가 이용하고 있는 통계학의 발전은 아직도 여전히 진화하고 있는 20세기의 발전이라는 사실을 알아야 한다. 따라서 설사 엄격한 시험이라는 개념을 과학의 특징적인 모습을 파악할 수 있는 열쇠로 받아들인다고 할지라도, 무엇을 엄격한 시험으로 간주할 것인가 하는 것은 변하고 개선되어야 한다.

이러한 사실들이 이 책에서 해결하려고 한 중심적인 문제의 본질을 분명히 밝히는 데 도움이 되고, 내가 전개한 논의들이 결코 이 주제에 대한 최종적인 결론이 될 수 없다고 내가 확신하는 것을 이해하는 데 도움이 되길 바란다. 만일 언젠가 제4판이 필요하게 되면 제3판을 읽은 한국의 독자들이 제시한 비판이 제4판을 쓰는 데 도움이 되기를 희망한다.

아들레이드에서
2003년 2월

　이 책이 과학의 본성에 대한 현대적인 입장을 소개하는 간단하고, 명쾌하고, 기초적인 입문서 구실을 할 수 있었으면 하는 것이 필자의 바람이다. 필자는 과학에 대한 최근의 이론을 알고 싶어하는 대학의 철학과 학부 학생이나 과학자들에게 과학 철학을 가르치면서, 그들이 접할 수 있는 것은 여러 논문들뿐이며, 한 권으로 된 개론서가 필요하다는 사실을 알게 되었다. 그들이 구해 볼 수 있는 것은 전문적인 논문밖에 없었다. 그 논문들 대부분은 초보자가 읽기엔 너무 어려운 것이었고, 수적으로 너무 많아 오히려 여러 학생들이 손쉽게 이용할 수 없었다. 이 책이 어느 특정 주제를 깊이 연구하려고 하는 사람들에게 원전을 대신해주지는 못하겠지만, 그렇지 않은 사람들에게는 유용하고 편리한 입문서 구실을 할 수 있을 것이다.

　논의를 쉽게 하려는 필자의 의도는 이 책의 3분의 2까지는 그런대로 잘 실현되었다. 그러나 3분의 2를 쓰고 현대의 입장들을 비판하기 시작했을 때 놀랍게도, 지금까지 품어 온 생각과는 달리 그들의 입장에 동의할 수 없다는 것과 비판적인 견지에서 매우 정합적인 대안을 제시할 수 있다는 것을 깨닫게 되었다. 이 대안적인 견해는 이 책의 마지막 부분에 서술하였다. 후반부에서 과학의 본성에 대한 현재의 입장을 요약하고 한걸음 더 나아가 최근에 발표된 이론들을 요약한 것은 스스로 생각해도 잘한 일이다.

　　과학사와 과학 철학에 대한 필자의 지적인 관심은 포퍼(Karl Popper) 교수의 입장이 지배적인 영향력을 행사하고 있던 런던에서 시작되었다. 이 책의 차례에도 잘 나타나 있듯이, 필자는 포퍼 교수와의 직접적인 만남, 그의 글, 강의, 세미나 등에서 많은 도움을 받았으며, 이미 고인(故人)이 되어 버린 라카토슈(Imre Lakatos) 교수의 도움도 많이 받았다. 이 책 전반부의 기술 형식은 연구 프로그램의 방법론(methodology of research programs)에 관한 그의 뛰어난 논문에 힘입은 바 크다. 누구든지 자신이 관심을 가지고 있는 문제에 대해 분명한 태도를 취해야 한다는 것과 그 문제에 대한 자신의 입장을 명쾌하고 솔직하게 표현해야 한다는 완강한 강조는 포퍼 학파의 두드러진 특징이다. 이 점에 관해서 필자는 포퍼와 라카토슈를 본보기로 삼고 있다. 첼시 대학의 과학사 및 과학 철학과에서 박사 학위 논문을 준비하고 있을 때, 필자의 논문을 지도하였던 포스트(Heinz Post) 교수와의 교류를 통해서 생각을 간단하고 분명하게 표현할 수 있는 능력을 터득하게 되었다. 그가 이해하지 못한 부분을 쉽게 다시 쓰라는 지적과 함께 이 책에 대한 사본이 그에게서 필자에게 되돌아올 것이라는 생각 때문에 가졌던 마음졸임은 지금도 지울 수가 없다. 그 때는 거의 모두가 학생이었던 런던의 동료들에게서 받은 도움도 잊지 못한다. 그 중에서도 특히, 지금은 인디아나 대학에 있는 코어트지(Noretta Koertge)는 결정적인 도움을 주었다.

　　위에서 포퍼 학파라는 말을 사용하였는데, 런던에서 시드니에 왔을 때 필자가 한 학파에 속해 있었다는 사실을 절실히 깨닫게 되었다. 비트겐슈타인(Wittgenstein)이나 콰인(Quine) 또는 마르크스(Marx)의 영향권 아래 있는 철학자들이 많은 문제에 대한 포퍼의 입장을 잘못된 것으로 간주하고 있다는 사실을 알고 필자는 매우 놀라게 되었다. 그들 중의 몇몇은 포퍼의 입장이 매우 위험하다는 생각까지 가지고 있었다. 필자는 이러한 경험에서 많은 것을 배웠다고 생각한다. 필자가 배운 것 중의 하나는 많은 중요한 문제에 대해서 실제로 포퍼가 잘못을 범하고 있다는 것이다. 포퍼가 범하고 있는 잘못은 뒤에서 논의되고 있다. 그러나 이러한 사실이 대부분의 철학이 채택한 접근 방식보다 포퍼의 접근 방식이 훨씬 더 낫다는 필자의 생각을 바꾸지는 못했다.

나태에서 일깨워 준 시드니 친구들에게 감사를 드린다. 그러나 이 말이 곧 필자가 포퍼의 입장이 아닌 그들의 입장을 받아들이고 있는 것으로 해석되지 않았으면 좋겠다. 물론 그들도 그것을 잘 알고 있을 것이다. 틀들(frameworks)의 공약불가능성(incommensurability)에 대한 몽매한 넌센스에 귀를 기울일 시간과(여기에 대해 포퍼주의자들은 귀를 기울였다), 그것에 대해 어느 정도로 찬성과 반대를 표명해야 하는가를 생각해 볼 시간적 여유를 갖지 못했기 때문에, 시드니의 동료들과 반대자들의 의견을 통해 그들의 이론이 가지고 있는 강점과 필자의 이론이 가지고 있는 약점을 이해하게 되었다. 특별히 진 커도이즈(Jean Curthoys)와 월 서치팅(Wal Suchting)에게도 감사를 드린다.

다행스럽게도 세심한 독자들은 이 책에 있는 색다른 은유들은 블라지미르 나보코브(Vladimir Nabokov)의 작품에서 빌려 왔다는 것을 간파할 뿐만 아니라, 그에게 감사(변명)를 표시하고 있다는 것도 깨닫게 될 것이다.

끝으로 이 책에 대해서 관심을 가지지도 않고, 읽으려고 하지도 않았지만, 이 책을 쓰는 동안 필자가 성가시게 한 친구들에게도 고마움을 표시하고 싶다.

앨런 차머스
시드니, 1976.

초판에 대한 독자들의 반응으로 판단할 때, 이 책의 1장에서 8장까지는 "과학의 본성에 대한 현대적인 입장을 소개하는 간단하고, 명쾌하고, 기초적인 입문서 구실"을 제대로 한 것처럼 보인다. 그러나 9장에서 12장까지는 그렇지 못했다는 것이 중론(衆論)이었다. 초판의 개정, 증보판인 이 책에서는 초판의 1장에서 8장까지는 그대로 남겨 두고, 초판의 마지막 4장을 버리면서 완전히 새롭게 쓴 여섯 장으로 그 자리를 메웠다. 초판의 뒷부분이 안고 있던 문제점 중의 하나는 그것이 어렵고, 기초적이지 못했다는 것이다. 필자는 새로운 장을 쉽고 명확하게 쓰려고 노력하였다. 그러나 어려운 문제를 다루고 있는 마지막 두 장도 쉽고 명확하게 기술되었다고는 장담할 수 없다. 논의를 쉽고 명확하게 하려는 노력으로 말미암아 이 논의가 논쟁의 여지가 없는 것이 되어 버리지 않았으면 좋겠다.

초판의 후반부가 안고 있던 또 다른 문제점은 그것이 명료하지 못하다는 것이다. 필자가 거기에서 모색하려고 한 문제들은 모두 제대로 파악되었다고 생각하지만, 그 문제들을 정합적이고 논증된 입장으로 표현하지는 못했다. 물론 비판은 명백했지만, 그렇게 하지 못한 이유가 전적으로 매우 애매하게 자신의 입장을 표현하고 있는 루이 알튀세르(Louis Althusser)에게만 있는 것은 아니다. 그런데 그의 영향이 어느 정도는 이 책에도 남아 있다. 최근의 파리의 사조에서도 시사받은 바 있지만, 앞으로는 너무 지나치게 영향을 받지 않도록 주의를 기울여야 하겠다.

친구인 테리 블레이크(Terry Blake)와 데니스 러셀(Denise Russell)에 힘입어, 이전에 인정하려고 했던 것보다는 더 많이 폴 파이어아벤트(Paul Feyerabend)의 저술에 중요성이 있다는 사실을 깨닫게 되었다. 이 책에서는 그에 대해 더 많은 주의를 기울였으며, 본질적인 것에서 그렇지 못한 것을 분리하고, 다다이즘과 반(反)방법론주의를 구별하려고 노력하였다. 또한 "틀들의 공약 불가능성에 대한 몽매한 넌센스"와 중요한 의미를 구별해내지 않으면 안 되었다.

이 개정판은 많은 동료와 논평자 그리고 서신을 보내 주신 분들의 비판에 힘입어 빛을 보게 되었다. 이러한 분들의 이름을 모두 여기에 적을 수 없지만, 그들에게 감사를 드린다.

앨런 차머스
시드니, 1981.

■ 제3판 서문

이 개정판에서는 이전 판을 대폭 수정하였다. 이 개정판은 2판의 각 장마다 많은 부분을 수정하였거나 완전히 새로운 장으로 대치하였기 때문에 그대로 보존된 장은 하나도 없다. 이 책에는 새로운 장이 많이 추가되었다. 다음과 같은 두 가지 이유 때문에 3판에는 큰 변화가 있었다. 첫째로 이 책이 처음 출판된 이후 20년 동안 과학 철학 개론을 강의하면서 나는 어떻게 하면 좀더 이해하기 쉽게 강의할 수 있는가를 알게 되었다. 둘째로 지난 10년 또는 20년 동안에 과학 철학은 중요한 발전을 이룩하였으며, 과학 철학 개론서에서도 이러한 발전을 반영할 필요가 생겼기 때문이다.

현대 과학 철학에서 영향력 있는 학파는 베이스 정리(Bayes' theorem) 곧 확률 계산으로 과학을 설명하려고 한다. 두 번째 경향은 "새로운 실험주의"(new experimentalism)이다. 이 "새로운 실험주의"는 과학에서 실험의 본성과 역할에 대해 지금까지 기울여 온 것보다 더 많은 관심을 기울인다. 12장과 13장에서 각각 이러한 학파의 입장을 설명하고 평가하였다. 최근의 저서, 특히 낸시 카트라이트(Nancy Cartwright)의 저서는 과학에서 사용되고 있는 법칙의 본성에 대한 물음을 전면에 제기하였다. 새로운 장에서는 이 주제에 대하여 논의하였다. 뿐만 아니라 과학 해석을 둘러싸고 벌어진 실재론자(realist)와 반실재론자(antirealist) 사이의 논쟁을 추적함으로써 최근의 과학 철학의 경향을 소개하였다.

나는 이 책의 제목인 "과학이란 무엇인가?"에 대한 최종적인 해답에 도달했다고 장담하지 않으면서, 과학 철학에서 전개된 최근의 논쟁을 추적하여 지나치게 전문적인 논의에 빠지지 않으면서 일반 독자에게 쉽게 소개하려고 노력하였다. 각 장 마지막 부분에 더 읽어 보아야 할 책들을 소개하였다. '더 읽어 볼 만한 문헌'은 각 장에서 논의한 문제들을 더 깊게 연구하고 싶어하는 사람들에게 유익한 가장 최근의 자료를 제공할 것이다.

나는 이 책을 개선하는 데 도움을 준 동료들과 학생들의 이름을 모두 거명하지는 않을 것이다. 1997년 6월 시드니에서 열린 《과학이란 무엇인가?》 간행 20주년을 기념하여"라는 국제 심포지움은 나에게 많은 가르침을 주었다. 이 심포지움을 후원해 준 영국 문화원, 퀸스랜드 출판부, 개방 대학 출판부, 해키트(Hackett) 출판사, 우이트게베리 붐(Uitgeverij Boom), 이 심포지움에 참여해 준 동료들과 오랜 친구들에게 감사드린다. 이 심포지움은 나의 사기를 높여 주고, 이 책을 다시 쓸 수 있는 힘을 주었다. 3판 개정판의 대부분은 MIT의 디브너(Dibner) 과학사 및 기술사 연구소 연구원으로 있을 때 집필하였다. 그 연구소에 심심한 사의를 드린다. 연구소는 더 이상 바랄 것 없이 훌륭한 연구 환경을 제공해 주었으며, 그 덕분에 나는 이 책의 집필에 몰두할 수 있었다. 이 책의 초고를 주의 깊게 읽어 주고 논평하여 많은 도움을 준 장하석(Hasok Chang) 교수에게 감사의 말을 전하고 싶다.

웃고 있는 고양이가 의미하는 것이 무엇인가를 잊어 버렸지만, 그 고양이는 나를 격려하면서 계속 후원해주고 있는 것처럼 보인다.

앨런 차머스

캠브리지, 메사추세츠, 1998

차 례

도입

　과학은 높이 평가되고 있다. 과학과 과학의 방법에는 특별한 어떤 것이 있다는 것을 대부분의 사람들은 의심하지 않고 믿는다. 사람들은 어떤 주장이나 논증 또는 연구에 특별한 장점이나 신뢰성이 있다면 그것을 '과학적'이라 부른다. 그런데 과학에 특별한 어떤 것이 있다면 그것은 도대체 무엇인가? 그럴 듯하거나 믿을 만한 결과를 가능하게 하는 '과학적 방법'이란 무엇인가? 이러한 종류의 물음을 좀더 분명히 밝혀 보고, 그 물음에 대한 대답을 연구하는 것이 이 책의 목적이다.

　수소 폭탄이나 환경 오염의 위험에 대한 근원적인 책임이 과학에 있다는 비판적인 시각이 있음에도 불구하고, 우리들은 과학을 높이 평가하는 경우를 일상 생활에서 얼마든지 찾아볼 수 있다. 우리는 자기 회사의 제품이 다른 회사의 제품과 비교하여 성능이 좋고, 성적 매력이 있으며, 더 좋다는 것이 과학적으로 증명되었다는 광고를 자주 접한다. 그 광고주는 과학적으로 증명되었다고 말함으로써 그런 주장을 하게 되는 근거가 탄탄하기 때문에 그에 대한 반론이 감히 제기될 수 없을 것이라는 기대를 가지게 된다. 이와 유사한 맥락에서 "과학은 기독교의 성서를 증명된 진리라고 말한다"라는 제목

으로 크리스챤 사이언스를 선전하는 신문 광고도 있다. 이 광고는
계속해서 "과학자들 자신조차도 근래에 와서는 성서를 그대로 믿었
다"라는 선전을 하고 있다. 여기에서 우리는 과학과 과학자의 권위
에 대한 호소를 엿볼 수 있다. 우리들은 "그러한 권위의 토대가 무
엇인가?"라는 물음을 제기하지 않을 수 없다.

　과학에 대한 신뢰가 일상 생활이나 대중 매체에만 국한되어 있는
것은 아니다. 이러한 신뢰는 학문적이고 이론적인 세계에서도 동일
하다. 많은 연구 분야를 그 지지자들은 과학이라고 주장한다. 아마도
그들이 그렇게 주장하는 이유는 그 연구에 사용된 방법이 물리학이
나 생물학과 같은 전통적인 과학의 방법처럼 확고하고 잠재적인 효
용성을 가지고 있다는 것을 보여 주기 위해서일 것이다. 오늘날 정
치학이나 사회 과학도 예외없이 과학이라는 주장을 하고 있다. 많은
마르크스주의자들조차도 사적 유물론(historical materialism)이 과학
이라는 주장을 스스럼없이 전개하고 있다. 뿐만 아니라 미국의 각
대학의 교수 요목에서는 도서관 과학(Library Science), 행정 과학, 스
피치 과학, 산림 과학, 낙농 과학, 육류 과학과 동물 과학, 매장 과학
까지도 눈에 띈다.[1] '창조 과학'의 자격에 관한 논의는 지금도 계속
활발하게 논의되고 있다. 이 논쟁에 참여하고 있는 사람들은 '창조
과학'의 지위에 대해 부정적이든 긍정적이든 관계없이 '과학'이라
는 어떤 특별한 카테고리가 있다고 가정하고 있다. 그들의 입장이
갈라지는 곳은 창조 과학이 과학의 자격을 부여받을 수 있는가 그
렇지 못한가 하는 것이다.

　이른 바 사회 과학이나 인문 과학에 종사하는 많은 사람들은 대
략 다음과 같이 요약될 수 있는 논의에 동의한다. "지난 300년 동안

---

1) 이 리스트는 J. R. Ravetz(1971), 387면 각주에서 인용된 C. Trusedell이 행한
　서베이에서 따온 것이다.

물리학이 이룩한 의심할 바 없는 성공은 물리학에 '과학적 방법'이라는 특별한 방법을 적용하였기 때문이다. 따라서 사회 과학이나 인문 과학이 물리학의 성공을 본받으려면 우선 이 방법을 이해하고 정식화한 다음에 그 방법을 사회 과학과 인문 과학에 적용해야 한다." 이러한 논의는 두 가지 근본적인 문제, 곧 "물리학을 성공으로 인도하는 데 결정적인 역할을 한 과학적 방법이 무엇인가?" 그리고 "이 방법을 물리학이 아닌 그 밖의 다른 학문에 응용하는 것이 정당한가?"라는 문제를 제기한다.

이러한 논의를 통해 알 수 있는 분명한 사실은 다른 종류의 지식과 구별되는 과학적 지식의 특성, 과학적 방법에 대한 정확한 규정에 관련된 물음은 근본적으로 중요하고 중대하다는 것이다. 그러나 앞으로 살펴보게 되겠지만, 이러한 물음에 대한 대답은 결코 간단하지 않다. 직관과 부합하는 이 물음에 대하여 널리 받아들여지고 있는 대답은 과학에 특별한 무엇이 존재하는 것은 그것이 개인적인 의견에 토대를 두지 않고 사실에서 도출되었기 때문이다라는 생각 속에 잘 나타나 있다. 이러한 생각 속에는 찰스 디킨스(Charles Dickens)와 로렌스(D. H. Lawrence)의 소설 가운데 어느 소설이 더 좋은가에 대한 사람들의 생각은 다를 수 있어도, 갈릴레오(Galileo)의 이론과 아인슈타인(Einstein)의 상대성 이론 가운데 어느 이론이 상대적 장점을 많이 가지고 있는가에 대해서는 이견의 여지가 있을 수 없다는 판단이 들어 있다. 상대성에 대한 이전의 이론에 비해 아인슈타인의 혁신이 우월하다는 것은 사실에 의해 결정될 수 있으며, 이것을 인정하지 않는 사람은 오류를 범하고 있는 것이다.

앞으로 살펴보게 되겠지만 과학적 지식에 고유한 특징이 존재하는 것은 경험적 사실에서 도출되었기 때문이라는 견해는 설사 그 견해가 인정될 수 있다고 하더라도 대단히 제한된 형태로 주의 깊게 인정되어야 한다. 우리는 관찰과 실험을 통해 얻은 사실은 명확하고 난공불락이라는 전통적인 가정을 의심할 만한 충분한 이유가 있다는 것을 알게 될 것이다. 또한 비록 사실의 유효성을 인정한다고 할지라도, 이러한 사실에 의해 과학적 지식이 결정적으로 증명될 수 없고, 반증될 수도 없다는 주장을 뒷받침해주는 강력한 논거를 발견하게 될 것이다. 이러한 회의주의를 지지하는 논증 가운데 일부는 관찰의 본성에 대한 분석과 논리적 추론의 본성, 그것의 가능성에 기초하고 있다. 회의주의를 지지하는 그 밖의 다른 논증은 과학사와 현대의 과학적 실천을 면밀하게 검토함으로써 제기되었다. 현대 과학론과 과학 방법론은 과학사에 대해 점차적으로 많은 주의를 기울이게 되었다. 많은 과학 철학자들을 당혹스럽게 한 이러한 발전이 초래한 결과 가운데 하나는 갈릴레오의 혁신이든, 뉴턴(Newton)의 혁신이든, 다윈(Darwin) 또는 아인슈타인의 혁신이든 관계없이 일반적으로 과학사에 나타난 주요한 진전으로 여겨졌던 과학사의 에피소드가 과학에 대한 표준적인 설명과 일치하지 않는다는 것이다.

과학 이론이 결정적으로 증명될 수도 반증될 수도 없다는 사실과 실제적인 과학 활동이 철학자들이 재구성한 것과 전혀 일치하지 않는다는 사실을 깨달음으로써 나타나게 된 한 가지 반동은 과학이 어떤 특별한 방법에 따라서 행해지는 합리적인 활동이라는 생각을 완전히 포기하는 것이다. 이러한 반동적인 입장에서 폴 파이어아벤트(Paul Feyerabend, 1975)와 같은 철학자는 《반방법론: 무정부주의적인 지식론 개요》(Against Method: Outline of an Anarchistic Theory of Knowledge)라는 책을 썼다. 파이어아벤트의 후기 저작에서 발견할 수 있는 가장 극단적인 입장은 과학은 신화 또는 부두교(voodoo)와 같은 다른 종류의 지식과 비교하여 본래적으로 더 우수한 지식으로 만들어 주는 특별한 특징을 전혀 가지고 있지 않다는 것이다. 과학에 대한 높은 평가는 단지 현대 종교일 뿐이다. 과학은 이전에 유럽에서 기독교가 수행하였던 역할과 유사한 역할을 수행하고 있다. 파이어아벤트에 따르면 과학 이론 가운데 어느 이론을 선택하는가 하는 것은 결국 개인의 주관적 가치와 원망에 의해 결정된다.

최근 사회학적 관점이나 소위 말하는 '포스트모더니스트' (postmodernist)의 관점에서 나온 저작들은 과학을 합리화하려는 시도에 대한 파이어아벤트의 회의주의를 공유하고 있다.

이 책은 과학과 과학의 방법에 대한 전통적인 설명이 봉착한 어려움, 즉 이러한 종류의 반응에 저항하고자 한다. 파이어아벤트와 다른 사람들이 제기한 도전의 타당성을 인정하려고 노력해야겠지만 이러한 도전에 어떠한 방식으로든 대답하기 위해서는 과학에 대해 그 특성과 독특한 모습을 파악할 수 있는 설명을 제시하려는 노력을 포기해서도 안 된다.

제1장

경험한 사실로부터 도출한 지식으로서 과학

널리 인정되고 있는 상식적인 과학관

　도입에서 감히 나는 일반인들이 생각하고 있는 과학적 지식의 두드러진 특징은 "과학은 사실에서 도출한 지식"이라는 슬로건 속에 잘 나타나 있다고 하였다. 이 책의 1장부터 4장까지 이러한 입장을 비판적인 관점에서 면밀하게 검토할 것이다. 우리는 곧 이 슬로건이 일반적으로 담고 있는 내용 가운데 많은 부분이 옹호될 수 없다는 사실을 알게 될 것이다. 그럼에도 불구하고 우리는 이 슬로건이 완전히 잘못된 주장은 아니라는 사실도 알게 될 것이다. 우리는 이 슬로건을 어느 정도 변형하여 옹호할 수 있는 형태로 만들려고 노력할 것이다.

　과학은 그것이 사실에 기초해 있기 때문에 특별하다고 주장할 때, 우리는 사실과 감각을 주의 깊고, 편견 없이 사용함으로써 직접 입증할 수 있는 세계에 속한 것이라고 생각한다. 과학은 사적인 의견이나 사변적 상상이 아니라 우리가 보고, 듣고, 만지는 것에 기초하고 있다. 만일 세계에 대한 관찰이 주의 깊고, 편견 없는 방식으로 진행된다면 이러한 방식으로 확립된 사실은 과학의 확고하고 객관적인 토대를 구성할 것이다. 나아가 이러한 사실적 기초로부터 과학적 지식을 구성하는 법칙과 이론을 이끌어 내는 추론이 타당하다면, 그 결과로 나온 것은 그 자체로서 확고하게 입증된 객관적인 지식이다.

위의 내용들은 과학과 관련이 있는 여러 범위에 걸친 문헌에 나타난 친숙한 이야기의 요점을 표현한 것이다. 데이비스(J. J. Davies)는 과학의 방법에 대한 그의 책(1968, 8면)에서 "과학은 사실 위에 세워진 구조물이다"라고 하였다. 과학의 방법에 대해 앤소니(H. D. Anthony, 1948, 145면)는 다음과 같이 표현하였다.

전통과 결별을 고하게 한 것은 갈릴레오가 행한 관찰과 실험이라기보다는 관찰과 실험에 대한 그의 태도였다. 그에 있어 관찰과 실험에 기초한 것은 사실로 간주되었고 선입견이 들어 있는 관념과 무관하였다 …… 관찰 사실이 기존의 우주관과 일치할 수도 있고 일치하지 않을 수도 있지만, 갈릴레오의 입장에서 볼 때 중요한 것은 사실을 받아들이고 사실에 맞는 이론을 세우는 것이었다.

여기에서 앤소니는 과학적 지식은 관찰과 실험에 의해 확립된 사실에 기초해야 한다는 입장을 명백하게 표현하고 있을 뿐만 아니라, 이러한 생각의 역사적 왜곡을 잘 보여 주고 있다. 앤소니만 그런 것은 아니다. 영향력 있는 주장에 의하면 역사적 사실로서 근대 과학은, 과학의 기초로서 관찰 사실을 심각하게 고려하는 전략이 최초로 진지하게 채택되었던 17세기 초기에 탄생하였다. 과학의 탄생에 대한 이러한 주장을 받아들이고 이용한 사람들은 17세기 이전에는 관찰 사실이 지식의 기초로서 심각하게 고려되지 않았다고 주장한다. 나아가 지식은 주로 권위에 기초를 두고 있었으며, 특히 철학자 아리스토텔레스의 권위와 성경의 권위에 기초하고 있었다는 사실을 받아들였다. 갈릴레오와 같은 새로운 과학의 개척자들이 경험에 호소하여 이러한 권위에 도전함으로써 비로소 근대 과학이 출현하였다. 로우보덤(Rowbotham, 1918, 27~9면)에서 인용한 갈릴레오와 피사의 사탑에 얽힌 자주 언급되는 이야기에 대한 다음과 같은 설명은, 이러한 아이디어의 핵심을 잘 보여 주고 있다.

대학 교수로서 갈릴레오의 능력을 보여 준 최초의 실험은 낙체 운동의 법칙에 대한 그의 탐구와 관련이 있다. 그 당시 널리 받아들여지고 있던 아리스토텔레스의 공리에 따르면, 낙체의 속도는 그 낙체의 무게에 따라 다르다. 따라서 무게가 2파운드인 낙체는 무게가 1파운드인 낙체와 비교하여 두 배로 빨리 떨어질 것이다. 갈릴레오가 이 법칙을 부정하기 이전에는 어느 누구도 이 규칙이 옳다는 사실을 의심하지 않았다. 갈릴레오는 무게가 다르다고 할지라도 두 물체는 동시에 땅에 떨어질 것이라고 주장하였다. 동료 교수들이 갈릴레오의 이러한 주장을 비웃자 갈릴레오는 공개적으로 자신의 주장을 시험하기로 결정하였다. 그리하여 갈릴레오는 대학의 모든 사람들을 초청하여 그가 피사의 사탑에서 시행하려고 하는 실험을 보게 하였다. 갈릴레오는 그가 실험하기로 한 날 아침에 대학의 사람들과 시민들이 모인 가운데, 100파운드 무게의 공과 1파운드 무게의 공 두 개를 들고 탑 꼭대기로 올라갔다. 난간 가장자리에 두 개의 공을 놓고 동시에 굴러 떨어지게 하였다. 공들은 똑같이 떨어지는 것 같이 보였으며, 다음 순간 땡그랑 소리와 함께 동시에 땅 위로 떨어졌다. 오랜 전통은 거짓이었으며 근대 과학은 젊은 발견자의 입장이 정당하다는 것을 보여 주었다.

　내가 과학에 대한 상식적인 입장이라고 부른, 과학적 지식은 사실에서 유도된다고 생각하는 것을 형식화하려고 한 학파는 경험주의자들(empiricists)과 실증주의자들(positivists)이다. 존 로크(John Locke)와 조지 버클리(George Berkeley), 데이비드 흄(David Hume)과 같은 17세기와 18세기의 영국 경험론자들은 모든 지식은 감각 지각에 의해 마음 속에 새겨진 관념에서 유도되어야 한다고 주장하였다. 실증주의자들은 무엇이 사실이 될 수 있는가에 대해 좀더 포괄적으로 생각하며 심리주의적인 경향을 적게 지녔다. 그러나 지식이 경험적 사실에서 유도되어야 한다는 것에 대해서는 경험주의자와 같은 생각을 가지고 있었다. 1920년대 빈에서 시작된 철학의 한 학파인 논리 실증주의자들(logical positivists)은 과학적 지식과 사실 사이의 관계에 대한 논리적 형식에 주의를 집중하여 19세기 오귀스트 콩트(Auguste Comte)가 도입한 실증주의를 형식화하려고 하였다. 경험주의와 실증주의는 과학적 지식이 어떤 방식으로든 관찰을 통해 도달한 사실에서 유도되어야 한다는 점에서 공통점을 가지고 있었다.

　과학이 사실에서 유도되었다는 주장에는 다소 구별되는 두 가지의 문제가 존재하는데 그것은 '사실'의 본성에 어떻게 과학자들이 접근할 수 있는가라는 것과 지식을 구성하는 법칙과 이론이 어떻게 획득한 사실로부터 유도될 수 있는가에 대한 것이다. 우리는 이 두 가지 문제를 각각 탐구하게 될 것이다. 이 장과 다음 두 장에서는 과학이 기초하고 있다고 말해지는 사실의 본성을 논의할 것이다. 그리고 4장에서는 "과학적 지식이 어떻게 사실에서 유도될 수 있는가"라는 질문을 논의할 것이다.

　상식적인 견해인 과학의 기초는 사실이라는 입장에는 세 가지 구별되는 다음과 같은 요소들이 들어 있다. 그 요소는 다음과 같다.

(a) 사실은 감각을 통해 주의 깊고, 편견 없는 관찰자에게 직접 주어진다.

(b) 사실은 이론보다 앞서 있고 이론에서 독립되어 있다.

(c) 사실은 과학적 지식의 견고하고 신뢰할 수 있는 기초를 구성한다.

앞으로 살펴보겠지만, 이러한 각각의 주장들은 심각한 난점에 봉착하고 있으며 기껏해야 제한된 형태로만 받아들일 수 있다.

보는 것은 믿는 것이다

시각은 세계를 관찰할 때 가장 넓게 사용되는 감각일 뿐만 아니라 편리하기 때문에, 나는 관찰에 대한 논의를 시각의 영역에만 제한할 것이다. 대부분의 경우, 시각에 적용한 논의를 다른 감각에 다시 적용하기 위해 변형시키는 것은 그렇게 어려운 일이 아닐 것이다. 보는 것에 대한 단순한 설명은 다음과 같다. 인간은 그들의 눈을 사용하여 본다. 인간의 눈에서 가장 중요한 부분은 수정체와 망막이며, 스크린 역할을 하는 망막 위에 눈 밖에 있는 대상의 상이 수정체에 의해 형성된다. 보고 있는 물체에서 오는 광선은 중간 매질을 통해 대상에서 수정체로 전달된다. 이 빛은 수정체에 의해 굴절되어 망막에 초점을 맞추어 물체의 상을 형성한다. 여기까지는 눈의 기능이 카메라의 기능과 유사하다. 큰 차이점은 최종의 상이 기록되는 방식이다. 시신경은 망막에서 뇌의 중심 피질로 전달된다. 시신경이 망막의 여러 부분에 맺힌 빛과 관련된 정보를 전달한다. 관찰자가 대상을 본다는 것은 이러한 정보가 뇌에 기록되는 것이다. 물론 이같이 간단한 설명에 자세한 사항을 덧붙일 수 있다. 그러나 이러한 설명을 통해 보는 것에 대한 일반적인 사항은 충분히 파악할 수 있다.

앞에서 말한 시각을 통한 관찰에 대한 설명은 과학에 대한 상식적인 입장이나 경험주의자의 입장에 대한 공통된 두 가지의 특징을 잘 보여 주고 있다. 첫번째는 보는 행위를 통해서 세계의 사실들이 뇌에 기록된다는 점에서 대체로 관찰자는 외부 세계의 사실과 관련된 지식에 직접 도달한다는 것이다. 두 번째는 정상적인 두 관찰자가 동일한 장소에서 동일한 대상이나 장면을 볼 때, 그들은 동일한 대상을 '본다'는 것이다. 광선이 동일하게 화합하여 관찰자 각각의 눈을 자극하면, 정상적인 수정체에 의해 그들의 정상적인 망막 위에 초점이 맞추어지고, 유사한 상이 맺히게 된다. 유사한 정보가 그들의 정상적인 시신경을 통해 관찰자 각각의 뇌에 전달되어 두 관찰자는 동일한 대상을 '보게' 된다. 다음 절에서 우리는 이러한 종류의 그림이 왜 심각한 난점을 안고 있는가를 살펴보게 될 것이다.

시각 경험은 보여진 대상에 의해서만 결정되는 것은 아니다

가장 강한 형태의 상식적인 입장에 따르면 외부 세계의 사실은 시각을 통해 우리에게 직접 주어진다. 우리는 우리 앞에 있는 세계를 마주 보고 보이는 것을 기록하기만 하면 된다. 나는 내 눈앞에 있는 것을 단순히 기록함으로써 내 책상 위에 램프가 있다거나 내 연필은 노란색이라는 것을 입증할 수 있다. 이러한 입장은 우리가 앞에서 살펴본, 눈의 작동 방식에 의해 지지를 받는다. 만일 그렇다면, 보여지는 것은 보는 것의 본성에 의해 결정되고, 관찰자가 동일한 장면을 보게 될 때, 항상 그들은 동일한 시각적 경험을 가지게 된다. 그러나 그것이 그렇게 단순하지 않다는 것을 지적해주는 증거들이 많이 있다. 동일한 물리적 환경, 동일한 장소에서 동일한 대상을 보는 통상적인 두 관찰자는 비록 그들 각각의 망막에 맺힌 상이 시각적으로 동일하다고 할지라도, 필연적으로 같은 시각 경험을 갖는 것은 아니다. 두 관찰자가 동일한 것을 '볼' 필요가 없다는 말은 대단히 중요한 의미를 갖는다. N. R. 핸슨(Hanson, 1958)은 이것을 "본다는 것에는 안구에 부딪히는 것 이상의 것이 있다"라고 하였다. 다음과 같은 단순한 예들은 이러한 사실을 잘 보여 준다.

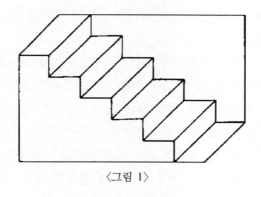

〈그림 1〉

그림 1을 처음 볼 때 우리들 대부분은 계단의 윗면이 보이는 그림으로 보게 된다. 그러나 이 그림이 오직 그렇게만 보일 수 있는 것은 아니다. 이 그림을 아랫면이 보이는 계단으로 보는 것은 어려운 일이 아니다. 나아가 이 그림을 어느 정도 들여다보면, 위에서 본 계단에서 아래에서 본 계단으로 바뀌고, 다시 그 반대로 바뀐다는 것을 알 수 있다. 관찰자가 동일한 그림을 보고 있기 때문에 망막에 맺힌 상이 변하지 않는다고 가정하는 것은 일리 있는 생각이다. 그러나 이 그림이 위에서 본 계단으로 보이는가 또는 아래에서 본 계단으로 보이는가 하는 것은 보는 사람의 망막에 맺힌 이미지가 아

닌 다른 어떤 것에 의존하고 있는 것처럼 보인다. 독자 가운데 어느 누구도 그림 1은 계단 그림이다라는 나의 주장에 의문을 제기하지 않을 것이다. 그러나 3차원을 차지하고 있는 사물을 2차원의 평면 투시도로 그리는 관행을 갖지 못했을 뿐만 아니라 계단이라는 것이 존재하지 않는 문화를 가진 아프리카의 어느 종족을 대상으로 행한 실험의 결과에 따르면, 그 종족의 사람들은 그림 1을 계단으로 보지 않는다. 사람들이 보는 행위를 통해 갖게 되는 지각 경험은 그들의 망막에 맺힌 상에 의해서만 결정되지는 않는 것처럼 보인다. 핸슨 (Hanson, 1958, 1장)은 이러한 사실을 보여 주는 여러 가지 매혹적인 예를 제시하였다.

다른 예는 나무 그림 안에 있는 잎 사이에서 사람의 얼굴을 찾아 내는 어린아이들의 숨은 그림 찾기이다. 여기서는 보여지는 것, 곧 이 그림을 보는 사람이 갖게 된 주관적인 인상이 처음에는 나무에 서, 줄기, 잎, 가지로 옮겨갔다. 그리고 곧 사람의 얼굴을 찾아냈다. 한때 가지와 잎으로 보였던 것이 사람의 얼굴로 보이게 되었다. 그 러나 이 퍼즐이 풀리기 전후에 동일한 물리적 대상이 관찰자에게 보였을 것이며, 아마도 관찰자의 망막에 맺힌 상은 퍼즐이 풀리고 얼굴이 발견된 순간에도 바뀌지 않았을 것이다. 만일 이 그림을 퍼 즐을 이미 푼 관찰자가 조금 뒤에 보았다면, 그는 얼굴을 곧바로 찾 았을 것이다. 이러한 맥락에서 관찰자가 보는 것은 그의 과거 경험 의 영향을 받는다고 할 수 있다.

"이렇게 고안된 예들이 과학과 무슨 관계가 있는가?"라는 물음을 제기할 수 있다. 이 물음에 대한 대답으로 실제 과학에서 이와 동일 한 내용을 담고 있는 실례를 찾는 것은 어렵지 않다. 말하자면 관찰 자가 어떤 대상이나 장면을 보게 될 때 그들이 갖는 주관적인 경험 은 망막에 맺힌 상에 의해서만 결정되지 않고 관찰자의 경험, 지식,

기대에 의존한다. 우리는 이러한 사실을 통해 과학에서 유능한 관찰자가 되기 위해서는 배워야 한다는 것을 알 수 있다. 현미경을 통해보는 것을 배운 경험이 있는 사람은 이러한 사실을 잘 알고 있을 것이다. 교사가 준비한 슬라이드를 현미경을 통해 보는 방법을 배우는 초보자는, 교사가 동일한 현미경을 통해 볼 때 어렵지 않게 식별할수 있는 그 슬라이드에 들어 있는 특정의 세포 구조를 식별하지 못한다. 이 경우 중요한 것은 현미경 사용자는 그들이 무엇을 관찰할것인가를 마음에 새기고 있다면, 적정한 환경이 주어졌을 때 발생하는 세포 분열을 어렵지 않게 관찰할 수 있다는 것을 아는 것이다. 따라서 세포 분열을 발견하기 전에는, 비록 지금 우리는 현미경을 통해 샘플에서 많은 세포 분열이 관찰될 수 있었다는 것을 알고 있지만, 이러한 세포 분열을 관찰하지 못하고 넘어 갔을 것이다. 마이클 폴라니(Michael Polanyi, 1973, 101면)는 X선 사진을 보고 진단하는 방법을 배우고 있는 의과 대학 학생이 겪게 되는 지각 경험의 변화를 기술하였다.

X선 사진을 통해 폐질환 진단법을 배우고 있는 의과대학 학생을 생각해 보자. 그는 암실에서 환자의 가슴을 찍은 X선 사진을 보면서, 이 사진의 특징을 설명하는 방사선 전문의의 강의를 듣고 있다. 처음에 그 학생은 아무 것도 모른다. 그는 가슴을 찍은 X선 사진에서 오직 심장과 늑골의 음영과 그것들 사이에 있는 아주 작은 반점을 볼 수 있다. 전문의는 그의 상상력을 통해 가상적인 이야기를 꾸며 내고 있는 것처럼 보인다. 그는 전문가가 말하고 있는 것에 대해 아무 것도 알지 못한다. 그렇지만 몇 주 동안 계속해서 강의를 듣고, 새로운 사진에서 각기 다른 사례들을 주의 깊게 관찰하면 그는 이해할 수 있게 된다. 그는 늑골을 보지 않고 폐를 보게 된다. 그리고 그가 탐구심을 가지고

계속 노력하면 생리적인 변화, 흉터나 만성 질환의 병리학적 변화, 급성 질환의 증세와 같은 다양한 현상에 대해 자세한 사항을 알게 된다. 그는 새로운 세계에 들어갔다. 그는 여전히 전문가들이 볼 수 있는 것 가운데 일부만 보고 있지만, 그 사진이 지금은 명확한 의미를 지니게 되며, 그 사진에 대한 해석의 의미를 대부분 알게 된다.

경험이 많고 숙련된 관찰자와 훈련을 받고 있는 초보자가 동일한 상황에서 관찰을 한다고 할지라도, 두 사람이 동일한 시각 경험을 갖는 것은 아니다. 이러한 사실은 지각은 감각에 의해 직접적으로 주어진다는 주장을 구절 그대로 이해하는 것과 충돌한다.

몇 가지 예를 통해 내가 제시한 주장에 대한 일반적인 반응은 관찰자가 동일한 장소에서 동일한 장면을 보고 동일한 대상을 보지만, 그들은 그들이 본 것에 대해 다른 해석을 한다는 것이다. 나는 이러한 입장을 반박하고자 한다. 지각과 관련해 볼 때, 관찰자가 직접적으로 마주 보게 되는 유일한 것은 그의 경험뿐이다. 이러한 경험은 있는 그대로 주어져 변하지 않는 것이 아니라 관찰자가 가지고 있는 지식과 기대에 따라 변한다. 물리적 상황에서 독특하게 주어진 것은 관찰자의 망막에 맺힌 상이며, 관찰자는 그 상과 직접적인 지각을 통해 접촉하는 것은 아니라는 주장은 받아들일 수 있다. 소박한 입장을 옹호하는 사람들이 다양한 방식으로 해석될 수 있는 어떤 것이 지각을 통해 우리에게 주어진다고 가정할 때, 그들은 반박하는 증거들이 많음에도 불구하고, 논증 없이 망막에 맺힌 이미지가 우리의 지각 경험을 고유한 방식으로 결정한다는 가정을 하고 있는 것이다. 그들은 카메라의 유비를 너무 멀리까지 적용하고 있는 것이다.

지금까지 내가 말한 모든 것에 대해서 내가 의도하지 않은 논증이 나의 논의에 포함되어 있다는 오해를 피하기 위해, 이 절에서는 내가 주장하고 있지 않은 내용을 분명히 밝혀 두고자 한다. 첫째, 나는 분명히 우리들의 망막에 맺힌 상의 물리적 원인과 우리가 본 대상 사이에 아무런 관계가 없다고 주장하는 것은 아니다. 우리는 우리가 보고 싶은 대로 볼 수 없다. 그렇지만 비록 망막에 맺힌 상이 우리가 보는 것의 원인의 일부를 형성하긴 하지만, 그 원인의 대단히 중요한 다른 부분은 우리 마음이나 뇌의 내적 상태이다. 그리고 마음이나 뇌의 내적 상태는 우리가 자란 문화적 풍토, 지식, 기대에 의존하게 될 것이며, 우리 눈의 물리적 성질이나 관찰되는 장면에 의해서만 결정되지는 않을 것이다. 둘째, 다양한 여건, 다양한 상황 아래서 우리가 보는 것은 비교적 안정성을 지니고 있다는 것이다. 우리가 보는 것이 마음이나 뇌의 상태에 의존하고 있긴 하지만, 그 정도가 의사 소통이나 과학을 불가능하게 할 정도로 그렇게 민감하지는 않다. 셋째, 여기서 언급한 모든 예에서, 어떤 의미에서는 모든 관찰자가 동일한 대상을 본다. 나는 이 책 전체를 통해 관찰자와 독립하여 존재하는 단 하나의 고유한 물리적 세계가 존재한다는 것을 받아들이고 가정하고 있다. 따라서 많은 관찰자들이 한 장의 그림이나 어떤 실험 도구, 현미경 슬라이드나 그 밖의 어떤 것을 볼 때, 그들 모두가 동일한 것을 접하고, 쳐다보며, 보게 되는 그런 장면이 존재한다. 그러나 이런 사실에서 그들이 동일한 지각 경험을 하고 있다는 것을 이끌어 낼 수는 없다. 결과적으로 그들이 동일한 대상을 보고 있는 것이 아니라는 것은 매우 중요한 의미를 지니며, 사실이 감각을 통해 관찰자에게 의문의 여지없이 직접 주어진다는 입장에 대한 나의 의문이 기초하고 있는 것은 바로 관찰자들이 동일한 지각 경험을 갖지 않는다는 것이다. 이러한 나의 의문이 과학에서 적절한 사실들이 감각을 통해 확립될 수 있다는 주장을 어느 정도로 위태롭게 하는지는 더 탐구해 보아야 한다.

언명으로 표현된 관찰 가능한 사실

통상적인 언어 사용에서 사실이라는 용어의 의미는 애매하다. 사실은 사실을 표현하는 언명(statement)을 지시할 수 있을 뿐만 아니라 그러한 언명이 지시하는 사태를 지시할 수도 있다. 예를 들면, 달에 산맥과 분화구가 존재한다는 것은 사실이다. 여기에서 사실은 산맥 또는 분화구 자체를 지시하는 것으로 간주될 수 있다. 또한 그와 달리 "달에 산맥과 분화구가 있다"라는 언명이 사실을 구성하는 것으로 간주될 수도 있다. 과학은 사실에 기초해 있고 사실에서 유도되었다라고 주장할 때, 사실을 언명으로 해석하는 것이 적절하다. 달의 표면에 대한 지식은 산맥과 분화구에 기초하고 유도되는 것이 아니라 산맥과 분화구에 대한 사실적 언명에서 유도된다.

언명으로서의 사실을 그 언명이 기술하는 사태로부터 구별하는 것뿐만 아니라, 사실에 대한 언명을 이러한 언명을 사실로 받아들이도록 해주는 지각(perception)으로부터 구별하는 것도 대단히 중요하다. 다윈이 비글호를 타고 그 유명한 항해를 하면서 식물이나 동물의 많은 새로운 종을 접하게 되고 일련의 새로운 지각 경험을 하게 된 것을 예로 앞의 구별의 중요성을 설명할 수 있다. 만일 다윈이 지각 경험만 했다면 과학에 중요한 공헌을 하지 못하였을 것이다. 그가 생물학에 의미 있는 공헌을 할 수 있었던 것은 다른 과학자들이 이용할 수 있도록 새로운 종에 관하여 기술하는 언명을 정식화하였기 때문이다. 비글호의 항해가 어느 정도로 진화론을 이끌어 낼 수 있고, 진화론이 관계 맺을 수 있는 새로운 사실을 산출하였는가를 결정하는 것은 바로 이러한 사실을 구성하고 있는 언명이다. 지

식이 사실로부터 유도된다고 주장하려는 사람은 마음 속에 지각이
나 산맥, 분화구와 같은 대상이 아니라 언명을 가져야만 한다.

　사실에 대한 개념의 명료화는 이 정도로 하고 이 장 첫번째 절의
결론 부분에서 논의한, 사실의 본성에 대한 (a)에서 (c)까지의 주장
으로 되돌아가 보자. 이들 주장이 대단히 많은 문제점을 가지고 있
다는 것은 곧 밝혀지게 될 것이다. 과학에 적합한 기초를 구성하는
사실이 언명의 형태를 취해야 한다면, 사실이 감각을 통해 직접적으
로 주어진다는 주장은 대단히 잘못된 생각으로 보이기 시작한다. 비
록 앞 절에서 제기된 난점은 제쳐놓고, 보는 행위를 통해 지각이 직
접 주어진다고 가정할지라도, 관찰 가능한 사태를 기술하는 언명(나
는 그것을 관찰 언명이라고 부를 것이다)이 감각을 통해 관찰자에
게 주어지는 것이 아니라고 명백하게 말할 수 있다. 사실 언명이 감
각을 통해 뇌로 들어온다는 생각은 불합리한 생각이다.

　관찰자가 한 관찰 언명을 정식화하고 그 관찰 언명에 동의할 수
있으려면, 그는 적절한 개념 도식과 그것을 어떻게 적절하게 적용할
것인가에 대한 지식을 가지고 있어야만 한다. 어린아이가 세계에 대
한 기술을 (곧 세계에 대한 사실 언명을 만드는 것) 익히게 되는 과
정을 생각해 보면 이러한 사실을 잘 알 수 있다. 어린아이에게 사과
를 알아보고 그것을 기술할 수 있도록 가르치려고 하는 부모를 생
각해 보자. 부모는 어린아이에게 사과를 보여 주고 그것을 가리키며
'사과'라고 할 것이다. 어린아이는 '사과'라는 단어를 반복적으로
따라하면서 곧 '사과'라는 말을 배운다. 이렇게 해서 '사과'라는 말
을 익힌 어린아이는 며칠 뒤 비슷한 모양의 테니스 공을 보고, 그것
을 가리키면서 '사과'라고 할 것이다. 이 때 부모가 개입하여 그 공
은 사과와 달리 먹을 수 없다는 것을 예를 들어 보여 주며 공은 사
과가 아니라는 설명을 할 것이다. 나아가 어린아이는 사과와 배를

구별하지 못하는 잘못을 범하게 될 것이고, 부모는 좀더 자세한 설명을 어린아이에게 해주어야 할 것이다. 사과에 대해 아주 많은 것을 배운 뒤, 어린아이는 사과를 보고 사과라고 성공적으로 말할 수 있게 될 것이다. 따라서 사과에 대한 사실로부터 사과에 대한 지식을 이끌어 내기 전에 먼저 사과에 대한 사실을 관찰해야 한다고 가정하는 것은 잘못일 것이다. 왜냐하면 언명으로 정식화된 적절한 사실은 사과에 대한 많은 지식을 이미 가정하고 있기 때문이다.

이제 어린아이에 대한 이야기에서 과학을 이해하려고 하는 우리의 과제와 좀더 관련이 있는 예로 옮겨 보자. 야생 식물에 관한 관찰 가능한 사실을 수집할 목적으로 오스트레일리아 숲으로 현장 조사를 나가는 일에 나같이 식물에 대해서는 아는 것이 거의 없는 사람을 동반한 숙련된 생물학자를 상상해 보자. 그 식물학자는 내가 관찰하고 계통적으로 분류할 수 있는 사실보다 더 많은 사실을 관찰하고 분류하여 수집할 것이다. 이유는 분명하다. 그 식물학자는 이용할 수 있는 더 정교한 개념적 틀을 가지고 있다. 그렇기 때문에 식물학자는 나보다 식물에 대해 더 많이 알고 있다. 식물에 대한 사실적 기초를 구성하는 관찰 언명을 형성하기 위해서는 식물에 대한 지식이 필요하다.

따라서 관찰 사실을 기록하기 위해서는 광선의 형태로 눈에 부딪히는 자극을 받아들이는 이상의 것이 필요하다. 관찰 사실의 기록에는 적절한 개념적 틀과 그것을 어떻게 적용할 것인가에 대한 지식이 있어야 한다. 이러한 이유 때문에 가정 (a)와 (b)를 그대로 받아들일 수는 없다. 사실에 대한 언명은 감각적인 자극에 의해 직접적으로 결정되지 않으며, 관찰 언명은 지식을 전제하고 있다. 따라서 우리가 먼저 사실을 확립하고 그 사실로부터 지식을 이끌어 내는 것은 아니다.

왜 사실이 이론에 앞서야만 하는가?

나는 과학은 사실에서 유도되었다는 주장에 대한 대단히 극단적인 해석을 나의 출발점으로 삼았다. 나는 이러한 주장이 사실로부터 과학적 지식을 유도하기에 앞서 그 사실이 확립되어야만 한다는 것을 함축하는 것으로 해석하였다. 그 주장에 의하면 우선 사실을 확립하고 그 사실에 맞는 이론을 세워야 한다. 그러나 우리의 지각은 어느 정도 앞선 지식에 의존하고, 따라서 (이 장의 앞에서 논의한 것처럼) 우리가 준비하고 있는 상태나 우리의 기대에 의존한다는 것과 관찰 언명은 (앞 절에서 논의하였듯이) 적절한 개념 틀을 전제하고 있다는 사실을 받아들이게 되면 우선 사실을 확립하고 그 사실에 맞는 이론을 세워야 한다는 주장은 살아 남을 수가 없다. 이러한 주장을 치밀하게 검토해 보면 그 주장이 어리석은 생각이라는 것을 바로 알 수 있다. 너무나 어리석은 생각이기 때문에 진지한 과학철학자라면 어느 누구도 그 주장을 옹호하려고 하지 않을 것이다. 만일 우리가 어떤 종류의 지식을 찾고 있거나 어떤 문제를 해결하려고 할 때 어떤 길잡이를 가지고 있지 않다면 어떻게 관찰을 통해 세계에 대한 의미 있는 사실을 확립할 수 있겠는가? 나는 식물학에 의미 있게 기여할 수 있는 관찰을 하기 위해서는 관찰을 하기 전에 식물학에 대해 많은 것을 알 필요가 있다고 생각한다. 사실이 언제나 그 사실로부터 지지를 받는 지식에 선행해야 한다면, 과학적 지식의 적합성이 관찰 가능한 사실에 의해 시험되어야만 한다는 생각은 아무 의미가 없을 것이다. 관련 있는 사실에 대한 우리의 탐구는 현재 우리가 가지고 있는 지식의 지도를 받는다. 예를 들어 여러 지역에서의 오존 농도의 측정은 관련 있는 사실을 산출하지만, 시드니에 사는 젊은이들의 머리카락 평균 길이의 측정은 관련 있는 사실을 산출하지 못한다. 과학적 지식을 구성하는 법칙이나 이론을 형성하기 이전에 사실이 획득되어야 한다는 요구를 버리고, 이러한 요구를 버리고 나서 과학이 사실에 기초하고 있다는 생각에서 우리가 건질 수 있는 것이 무엇인가를 알아보자.

수정된 입장에 따르면, 우리는 관찰 언명의 형성은 의미 있는 지식을 전제로 한다는 것과 과학에서 관련 있는 관찰 가능한 사실에 대한 연구는 그와 관련된 지식의 인도를 받는다는 것을 자유롭게 인정할 수 있다. 이 가운데 어느 것을 인정한다고 할지라도 그것이 필연적으로 지식이 관찰에 의해 확립된 사실적 기초를 가지고 있다는 것을 위태롭게 하지는 않는다. 우리는 의미 있는 관찰 언명의 형성은 그와 관련된 적절한 개념적 틀에 대한 지식을 전제한다는 점을 우선 받아들이기로 한다. 관찰 언명의 형성과 관련된 개념적 자원의 유효성과 그 관찰 언명의 참 또는 거짓은 별개의 문제이다. 고체 물리학 교과서에서 "다이아몬드의 결정 구조는 역대칭(inversion symmetry)이다"와 "황화아연의 결정 셀 각각에는 4개의 분자가 있다"라는 두 개의 관찰 언명을 끌어낼 수 있다. 결정 구조에 대한 어느 정도의 지식과 그것들의 특징이 무엇인가에 대한 지식을 가지고 있어야만 이러한 언명을 형성하고 이해할 수 있다. 그러나 그러한 지식이 없는 경우에도, 당신은 동일한 용어를 사용하여 "다이아몬드의 결정 구조는 역대칭이 아니다"와 "다이아몬드의 결정 셀 각각에는 4개의 분자가 있다"와 같은 언명을 형성해낼 수는 있다. 적절한 관찰 기법을 일단 습득한 사람은 관찰에 의해 이러한 언명의 참 또는 거짓을 밝힐 수 있다는 의미에서 이러한 언명은 모두 관찰 언명이다. 내가 교과서에서 가져온 언명들은 관찰에 의해 입증되고 임의로 구성한 다른 언명은 반박될 것이다. 이러한 예가 보여 주는 것과 같이, 의미 있는 관찰 언명을 형성하기 위해서 지식이 필요하지만,

여전히 이렇게 형성된 언명 가운데 어느 언명이 관찰에 의해 입증
되고 어느 언명이 그렇지 않은가라는 문제를 남겨 두고 있다. 결과
적으로, 사실을 기술하는 언명의 형성은 지식 의존적(knowledge-
dependent)이라는 것을 인정한다고 해서, 지식은 관찰에 의해 입증된
사실에 기초를 두어야 한다는 생각이 무너지지는 않는다. 다만 어떤
지식의 체계와 관련이 있는 사실의 입증은 모든 지식의 획득에 선
행해야만 한다는 어리석은 요구에 집착하게 되면 오직 한 가지 문
제가 남게 된다.

 과학적 지식은 관찰에 의해 확립된 사실에 기초를 두어야 한다는
생각이, 이러한 사실의 탐색과 형성은 지식 의존적이다라는 것을 인
정한다고 해서 무너지는 것은 아니다. 만일 관찰에 의해 직접적인
방식으로 관찰 언명의 참 또는 거짓이 가려질 수 있다면, 이러한 언
명들이 형성되는 방식과 관계없이, 직접적으로 관찰에 의해 입증된
관찰 언명은 우리에게 과학적 지식에 대한 의미 있는 사실적 기초
를 제공한다.

관찰 언명의 오류 가능성

 우리는 과학의 관찰적 기초의 특성을 탐구하는 과정에서 어느 정
도 진전하였다. 그러나 문제가 깔끔하게 해결된 것은 아니다. 앞 절
에서 우리는 관찰 언명의 참과 거짓이 관찰에 의해 정해지는 과정
은 문제가 없다는 가정을 하였다. 그러나 그러한 가정이 정당한가?
서로 다른 관찰자들이 같은 장면을 볼 때, 그들은 필연적으로 같은
지각을 갖지 않으며, 이러한 사실로 말미암아 관찰 가능한 사태가
무엇인가에 대해 의견이 일치하지 않을 수도 있다는 사실이 초래할
수 있는 문제가 무엇인가를 우리는 이미 살펴보았다. 과학에 대한

42

이같은 문제의 중요성은 믿을 수 있는 과학사의 사례로 입증되었다. 나이(Nye, 1980)가 기술한 소위 N선의 효과를 관찰할 수 있는가에 대한 논쟁, 에지(Edge)와 멀케이(Mulkay, 1976)가 지적한 전파 천문학의 초기 단계에서 발생한 무엇이 관찰 가능한 사실인가에 대한 시드니 대학 천문학자와 캠브리지 대학 천문학자 사이에 있었던 의견의 불일치가 이러한 과학사의 사례에 해당한다. 우리는 지금까지 이러한 난점에 직면하여 과학을 뒷받침할 수 있는 확고한 관찰적 기초가 어떻게 확립될 수 있는가에 대해서는 거의 말하지 않았다. 과학의 관찰적 기초의 신뢰성과 관련된 또 다른 문제는 지식을 전제로 한 관찰 언명의 적절성을 판단할 때, 이 판단이 오류를 범할 수 있다는 사실과 관련이 있다. 나는 다음과 같은 예를 통해 이러한 사실을 보여 주려고 한다.

아리스토텔레스는 지상의 모든 물체를 구성하고 있는 4원소에 불을 포함시켰다. 불은 대단히 가벼움에도 불구하고 그것이 특징적인 실체라는 가정은 근대 물리학이 이 가정을 완전히 붕괴시킬 때까지 수백 년 동안 지속되었다. 이러한 가정을 받아들인 연구자들은 타오르는 불꽃을 볼 때 그들 스스로가 불을 직접 관찰하고 있다고 생각하였다. 따라서 그들에게 "불이 상승하고 있다"라는 언명은 직접 관찰에 의해 자주 입증될 수 있는 관찰 언명이었다. 현재 우리는 이 관찰 언명을 받아들이지 않는다. 여기서 말하려는 요점은 우리가 관찰을 기술할 때 사용하는 범주를 제공해주는 지식에 결함이 있다면, 이러한 범주를 받아들이고 있는 관찰 언명도 이와 유사한 결함을 지니고 있다는 것이다.

두 번째 예는 16세기와 17세기에 확립된 "지구는 운동한다", 즉 "자전하면서 태양 주위를 공전한다"라는 명제를 이해하는 것과 관련이 있다. 이러한 이해를 가능하게 한 상황이 전개되기 이전에는

"지구는 정지해 있다"라는 명제가 관찰에 의해 입증된 사실이었다. 우리는 지구가 운동하는 것을 보거나 느끼지 못한다. 우리가 공중으로 뛰어올랐을 때, 지구가 돌기 때문에 뛰어올랐던 자리 뒤에 떨어지는 것도 아니다. 그러나 현대적 관점에서 볼 때, 우리는 문제시된 관찰 언명이 이러한 현상에도 불구하고 거짓이라는 것을 안다. 우리는 관성을 이해하고 있으며, 만일 지구가 회전하고 있기 때문에 우리가 초속 100미터 이상 수평 방향으로 움직이면, 위로 뛰어오를 때 그 움직임이 바뀌지 않는다는 것을 알게 된다. 속도를 변화시키는 것은 힘을 필요로 하며, 우리가 든 예에서 수평력의 작용은 존재하지 않는다. 그러므로 우리는 수평 속도를 유지하고 지구 표면과 함께 하고 있으며, 뛰어오른 바로 그곳에 내린다. "지구는 정지해 있다"는 언명은 한때 많은 사람들이 생각했던 방식으로 관찰 가능한 증거에 의해 확립되지 않는다. 그러나 우리는 이러한 사실을 충분히 이해하기 위해서 관성을 이해할 필요가 있다. 이러한 이해는 17세기의 혁신이었다. 우리는 관찰 언명이 참인가 그렇지 않은가에 대한 판단이 그 판단의 근거를 형성하는 지식에 어떻게 의존하는가를 보여 주는 한 예를 알게 되었다. 과학 혁명은 과학 이론의 진보적 전환을 초래할 뿐만 아니라, 무엇이 관찰 사실로 여겨져야 하는가에 대한 전환을 초래하는 것처럼 보인다!

이렇게 마지막으로 지적한 사실은 다음과 같은 세 번째 예에 의해 설명될 수 있다. 그것은 1년 동안 지구에서 본 행성, 금성과 화성의 크기와 관련이 있다. 코페르니쿠스의 이론에 따르면 지구는 금성의 궤도 밖, 화성의 궤도 안에서 태양 주위를 회전하며 금성과 화성의 연중 외관상의 크기는 변해야 한다. 그 이유는 지구가 태양과 같은 쪽에서 회전할 때 그 둘 가운데 하나가 지구에 상대적으로 가까이 있고, 반대로 지구가 태양의 반대 편에서 회전할 때 지구와 상대적으로 멀리 떨어져 있기 때문이다. 코페르니쿠스 이론에 대한 그 자신의 해석 안에서만 본다고 하더라도 크기의 양적인 변화는 상당하다. 예측된 외견상 지름의 변화는 화성의 경우에는 약 8배이고, 금성의 경우에는 약 6배이다. 그러나 그 행성들을 육안으로 관찰할 때, 금성의 경우에는 크기의 변화를 감지할 수 없으며, 화성의 경우 크기의 변화는 2배 정도이다. 이리하여 "금성의 외견상의 크기는 1년 내내 변하지 않는다"라는 관찰 언명은 바로 입증되었으며, 코페르니쿠스의 《천구의 회전에 관하여》(*On the Revolutions of the Heavenly Spheres*)의 서문에 '그 시대의 모든 경험에 의해' 입증된 사실로 언급되었다(Duncan, 1976, 22면). 문제의 서문을 쓴 오시안더(Osiander)는 코페르니쿠스 이론의 귀결과 그가 코페르니쿠스 이론을 문자 그대로 해석해서는 안 된다는 주장을 하기 위해서 사용한 '관찰 가능한 사실' 사이에 존재하는 불일치에 강한 인상을 받았다. 오늘날 우리는 행성의 크기에 대한 육안 관찰은 믿을 수 없으며, 어둠을 배경으로 하고 있는 작은 발광체의 크기를 측정하는 경우 눈은 신뢰할 수 없는 장치라는 사실을 알고 있다. 갈릴레오는 이러한 사실을 지적했으며, 망원경으로 금성과 화성을 관찰했을 때 그것들의 크기에 대한 예측된 변화가 어떻게 구별될 수 있는가를 보여 주었다. 우리는 지금 관찰 가능한 사실에 대한 오류가 개선된 지식과 기술에 의해 수정되는 명백한 사례를 갖게 되었다. 이 예 자체는 주목할 만한 것도 신비로운 것도 아니다. 그러나 이러한 사례는 과학적 지식이 관찰을 통해 획득한 사실에 기초해 있다는 입장 모두가 사실뿐 아니라 지식도 오류 가능하고 수정될 수 있다는 것과, 과학적 지식과 그것이 기초하고 있는 사실은 상호의존성을 허용해야만 한다는 것을 보여 준다.

"과학은 사실에서 유도되었다"라는 슬로건을 내세워 내가 파악했던 직관은 과학적 지식은 신뢰할 만한 기초, 관찰에 의해 확립된 견고한 사실에 기초하고 있기 때문에 부분적으로 특별한 지위를 지닌다는 것이었다. 이 장에서 다룬 내용 가운데 일부는 이러한 편안한 입장에 위협을 제기하기도 하였다. 첫번째 문제는 지각이 어느 정도 관찰자의 배경과 기대의 영향을 받기 때문에 어떤 사람에게는 관찰 가능한 사실처럼 보이는 것이 다른 사람에게는 그렇게 보이지 않는다는 것이다. 두 번째 난점은 관찰 언명의 진위에 대한 판단은 어느 정도 이미 알려져 있거나 가정한 것에 의존하는데, 관찰 언명의 근거가 되는 전제가 오류일 수 있기 때문에 관찰 언명이 오류일 수 있다는 사실 때문에 야기되었다. 이러한 두 가지 난점은 과학의 관찰적 기초가 전통적으로 널리 가정했던 것만큼 그렇게 간단하지도 신뢰할 만하지도 않음을 암시한다. 다음 장에서 나는 지금까지 우리가 논의한 방식과 상당히 다른 방식으로 관찰의 본질 특히 과학에서 채택되는 관찰의 본질을 고찰함으로써 이러한 두려움을 어느 정도 가라앉히고자 한다.

더 읽어 볼 만한 문헌

지식을 감각을 통해 마음에 전달되는 것으로 파악한 경험론자의 인식론에 대한 고전적인 논의에 대해서는 Locke(1967)를 참고하고, 지식에 대한 논리 실증주의의 논의에 대해서는 Ayer(1940)를 참고하면 된다. Hanfling(1981)은 논리 실증주의에 대한 일반적인 개론서로 이 책에는 과학의 관찰적 기초에 대한 설명이 들어 있다. 지각의 차원에서 이러한 관점에 대한 도전은 Hanson(1958, 1장)에 잘 나타나 있다. 전체적인 문제에 유용한 논의를 담고 있는 책은 Brown(1977)과 Barnes, Bloor and Henry(1996, 1~3장)이다.

제2장

실천적 개입으로서 관찰

관찰: 수동적이고 사적인가 또는 능동적이고 공적인가?

일련의 철학자들이 관찰을 이해하는 일반적인 방식은 관찰을 수동적이고 사적인 일로 보는 것이다. 우리가 대상을 볼 때, 단순히 눈을 뜨고 쳐다보면서 정보가 들어와 보여진 것들을 기록한다고 생각하는 한 관찰은 수동적이다. 예를 들면, "내 앞에 붉은 토마토가 있다"와 같은 사실을 직접 정당화하는 것은 바로 관찰자의 마음 또는 뇌의 지각 자체이다. 관찰을 이러한 방식으로 이해하면, 관찰 사실의 확립은 대단히 사적인 일이다. 지각하는 행위에서 지각자가 되는 것은 바로 개인이다. 두 관찰자가 각기 다른 사람의 지각에 접속하는 것은 아니기 때문에 그들이 확립하는 사실의 타당성에 대해 대화를 할 수는 없다.

지각 또는 관찰이 수동적이고 사적이라는 이러한 견해는 전혀 적절하지 못하며, 과학에서는 말할 것도 없이 일상 생활에서의 지각에 대해서도 정확한 설명을 제공하지 못한다. 일상적인 관찰도 수동적이지 않다. 지각의 타당성을 확립하는 과정에서는 많은 일이 일어나며, 이러한 일 가운데 대부분은 자동적으로 그리고 아마도 무의식적으로 일어난다. 사물을 볼 때 우리는 대상을 자세하게 살피면서, 관찰하려는 장면에 어떤 기대하지 않은 변화가 일어나는지를 시험하기 위해 고개를 돌리는 등 많은 일을 한다. 우리는 창문을 통해서 본 장면이 창문 밖에서 일어난 어떤 일인지 아니면 창문에 비친 것인지에 대해 확신이 서지 않으면, 고개를 내밀어 그 장면이 어떠한지를 확인할 수 있다. 우리는 우리의 지각을 기초로 어떤 이유 때문에 무엇이 그런가, 그렇지 않은가에 대해 의심이 가면 그 의심을 해소하기 위해 많은 행동을 취할 수 있다. 위에서 만일 토마토의 이미지가 실제 토마토가 아니라 교묘하게 고안된 어떤 시각적인 이미지가 아닐까라고 의심할 만한 이유가 있다면, 우리는 그것을 볼 수 있을 뿐만 아니라 만져볼 수도 있고, 필요하다면 맛볼 수도 있으며, 잘라서 내부를 들여다볼 수도 있다.

나는 약간의 초보적인 관찰로 개인이 지각할 때 발생하는 일에 대해 심리학자들이 할 수 있는 자세한 이야기를 오직 피상적으로 하였을 뿐이다. 우리들의 과제를 위하여 더욱 중요한 것은 과학에서 관찰의 역할이 갖는 의미를 고찰하는 것이다. 과학에서 현미경을 최초로 사용했던 때의 일은 내가 이야기하려는 요점을 잘 보여 주는 예이다. 로버트 후크(Robert Hooke)와 헨리 파워스(Henry Powers) 같은 과학자들이 파리나 개미와 같이 작은 곤충을 보기 위해 현미경을 사용했을 때, 적어도 처음에는 관찰 사실에 대하여 때때로 의견이 일치하지 않았다. 후크는 의견이 일치하지 않는 원인을 상이한 조명 때문이라고 생각하였다. 그는 파리의 눈이 어떤 조명에서는 구멍으로 덮인 격자처럼 보이고(우연히 파워스는 이것이 바로 파리의 눈이라고 믿게 되었다), 어떤 조명에서는 옥수수로 덮인 곡면으로 보이며, 또 다른 조명에서는 피라미드로 덮인 곡면처럼 보인다는 사실을 지적하였다. 후크는 이 문제를 분명히 해결하기 위해 실천적 개입을 시도하였다. 그는 표본에 조명을 균일하게 비춤으로써 뒤섞인 강한 반사 때문에 생긴 잘못된 정보를 제거하려고 하였다. 그러기 위해 염류 용액을 통해 산광된 촛불의 빛을 조명으로 사용하였다. 또한 그는 다양한 방향에서 그의 표본에 조명을 비춤으로써 그러한 변화 가운데에서도 변하지 않고 남아 있는 모습이 무엇인가를 알아내고자 하였다. 그는 어떤 곤충에는 브랜디를 먹여 완전히 취하게 함으로써 움직이지 못하게 하였고 손상을 전혀 주지 않으려고 하였다.

후크의 저서인 《마이크로그라피아》(*Micrographia*, 1665)에는 그의 행위와 관찰에서 나온 많은 자세한 기술과 그림이 들어 있다. 이러한 기술과 그림은 사적인 것이 아니라 공적인 것이다. 이것들은 다른 사람에 의해 검사될 수 있고, 비판될 수 있으며, 첨부될 수 있다. 만일 어떤 조명 아래서 파리의 눈이 구멍으로 덮인 것처럼 보이면, 파리 눈의 상태는 관찰자가 아무리 그의 지각에 주의를 기울인다 할지라도 의미 있게 평가될 수 없다. 후크는 그런 경우 현상의 진정성을 점검하기 위해 무엇을 할 수 있는가를 보여 주었고, 적절한 의도와 기술을 가진 사람은 그가 추천한 절차를 수행할 수 있다. 파리 눈의 구조에 대한 관찰 사실은 능동적이고 공적으로 시행할 수 있는 과정의 결과이다.

관찰 가능한 사실로 제안된 것의 적절성을 탐구하기 위해 행위를 취할 수 있다는 주장의 요점은 지각의 주관적인 측면이 과학에서 다루기 어려운 문제가 아니라는 것이다. 동일한 장면에 대한 지각은 앞 장에서 논의한 것처럼 관찰자의 배경, 문화, 기대에 따라 변한다. 이처럼 확실하게 보이는 사실이 제기한 문제는 적절한 행위를 취함으로써 상당 부분 반박될 수 있다. 개인의 지각적 판단이 여러 가지 이유로 신뢰할 수 없다는 것은 많은 사람에게 새로운 뉴스는 아니다. 과학이 당면한 그러한 도전에 대한 해결책은 개인의 판단에 의존하는 것을 완전히 제거할 수는 없더라도 최소한으로 줄일 수 있도록 관찰 상황을 조정하는 것이다. 한두 가지 사례를 통해 살펴보도록 하자.

달에 대한 착각은 통상적인 현상이다. 하늘 높이 떠 있는 달은 지평선 아래 있을 때와 비교하여 대단히 작게 보인다. 이것은 하나의 착각이다. 달의 크기는 변하지 않을 뿐만 아니라, 착각을 일으키도록 상대적 위치가 변하는 그 동안에도 지구로부터의 거리는 변하지 않는다. 그러므로 우리는 달의 크기에 대한 주관적인 판단을 신뢰하지 않는다. 예를 들면, 우리는 관측 튜브(sighting tube)를 달의 위치가 눈금에 나타날 수 있도록 십자 눈금(cross-wires)에 맞추어 설치할 수 있다. 우리는 달의 각 면을 십자 눈금에 맞추고 그에 따라 변하는 각도를 기록함으로써 우리가 관측하는 곳과 달의 위치가 이루는 각도를 알 수 있다. 우리는 달이 하늘 높이 떠 있을 때 이러한 관찰을 하고, 달이 지평선 가까이 갔을 때 반복할 수 있다. 달의 외형적인 크기가 변하지 않았다는 사실은 두 가지 경우 눈금의 측정에 차이가 없다는 사실을 입증해준다.

갈릴레오와 목성의 위성들

이 절에서는 앞 장에서 행한 논의의 적절성을 보여 주기 위해 역사적 사례 하나를 제시하겠다. 1609년 말 갈릴레오는 망원경을 만들고 그것을 사용하여 천체를 관측하였다. 3개월 동안 지속된 그의 새로운 관찰은 많은 논쟁을 불러 일으켰는데, 이 논쟁들은 갈릴레오가 열렬하게 옹호하였던 코페르니쿠스 이론의 타당성에 관한 논쟁과 관련이 있다. 갈릴레오는 행성인 목성을 선회하는 위성 4개를 보았다고 주장하였다. 그러나 그가 그 관찰의 타당성을 다른 사람에게 납득시키는 데는 어려움이 있었다. 이 문제는 대단히 중요하였다. 코페르니쿠스 이론은 지구가 운동한다는 곧 하루에 한 번 자전하면서 일년에 한 번 태양을 공전한다는 논쟁적인 주장을 포함하고 있었다. 16세기 전반에 코페르니쿠스가 도전한 그 당시의 견해에 따르면 지구는 정지해 있고, 태양과 행성들이 지구 주위를 회전한다. 지동설에 반대하는 대단히 중요한 여러 가지 주장 가운데 하나는 코페르니쿠스의 주장과 같이 지구가 회전한다면 달이 뒤에 남게 될 것이라는 것이다. 이러한 주장은 목성이 위성을 가지고 있다는 사실을 받아들이면 무너지게 된다. 코페르니쿠스 반대자들까지도 목성이 움직인다는 사실에는 동의하였다. 결론적으로 목성이 가지고 있는 모든 위성들은 코페르니쿠스의 반대자들이 지구의 경우 불가능하다고 주장한 바로 그 현상을 보여 주게 된 것이다.

목성의 위성에 대한 갈릴레오의 망원경 관찰이 타당한 것인지에 대한 여부는 한동안 의문이었다. 갈릴레오는 초기의 회의론과 그 당시 사람들이 망원경을 통해 위성을 분명하게 확인할 수 없었음에도 불구하고, 2년 안에 경쟁자들을 설득할 수 있었다. 그가 어떻게 그러한 성과를 이룩할 수 있었는지, 그가 어떻게 목성의 위성에 대한 그의 관찰을 '객관화'할 수 있었는지를 살펴보자.

갈릴레오는 수평과 수직으로 눈금이 일정하게 난 자를 망원경에 부착하였으며, 관찰자는 눈금을 보면서 링을 움직여 망원경의 길이 방향의 전후로 움직여서 조정할 수 있었다. 관찰자는 한쪽 눈으로 망원경을 보면서 다른쪽 눈으로는 자를 볼 수 있었다. 작은 램프로 조명을 하여 눈금을 볼 수 있게 한 것이다. 망원경을 목성을 향하게 하고, 한쪽 눈으로 망원경을 통해 본 목성의 상이 다른쪽 눈으로 보고 있는 자의 정중앙에 맺힐 때까지 망원경을 따라 자를 움직인다. 이렇게 함으로써 망원경을 통해 본 위성의 위치를 자에서 읽을 수 있고, 이렇게 읽은 눈금은 목성의 직경의 배수로 목성으로부터 떨어진 거리에 상응하여 증가한다. 목성의 직경은 편리한 단위였다. 왜냐하면 목성의 직경을 표준으로 채택하는 것은 자동적으로 지구에서 본 목성의 외형상의 직경이 목성이 지구에 가까이 오거나 멀어짐에 따라 변한다는 사실을 보여 주기 때문이다.

망원경 관찰을 사용하여 갈릴레오는 목성이 동반하고 있는 4개의 '작은별'의 매일 매일의 역사를 기록할 수 있었다. 그는 이 자료가 작은별이 일정 주기로 목성을 회전하는 위성이라는 가정과 일치한다는 사실을 보여 줄 수 있었다. 이 가정은 양적인 측정뿐만 아니라 작은별이 목성의 앞이나 뒤를 통과하거나 그것의 그림자 속으로 들어갈 때 때때로 시야에서 사라진다는 더 질적인 관찰에 의해 증명되었다.

갈릴레오는 목성의 위성을 육안으로 관찰할 수 없음에도 불구하고, 그것에 대한 그의 관찰의 진실성을 증명하려고 하는 강력한 입장을 취했다. 그는 목성의 위성이 망원경이 만들어 낸 허상이라는 주장을, 그러한 주장은 왜 그 위성들이 다른 곳에서는 나타나지 않으면서 목성 근처에서만 나타나는가를 설명할 수 없다는 사실을 지적함으로써 논박할 수 있었고, 실제로 논박하였다. 갈릴레오는 또한 그의 측정의 일관성과 반복가능성 그리고 위성이 일정한 주기로 목성을 회전한다는 가정과의 일치성에 호소할 수 있었다. 갈릴레오의 정량적인 자료는 코페르니쿠스 이론의 반대자였던 로마 대학과 로마 교황청의 관찰자를 포함한 서로 독립된 관찰자에 의해 검증되었다. 갈릴레오는 위성의 위치와 식(eclipses)의 발생과 통과를 예측할 수 있었다. 그리고 이러한 예측은 스틸맨 드레이크(Stillman Drake, 1978, 175~6면, 236~7면)에 기록되어 있듯이 그 자신과 독립된 관찰자에 의해 입증되었다.

갈릴레오와 동시대의 유능한 관찰자들은 곧 갈릴레오 망원경을 통해서 본 것들이 진실하다는 것을 받아들였다. 처음에는 반대했던 사람들까지도 그것의 진실성을 인정하였다. 어떤 관찰자들은 위성을 결코 식별하지 못했다는 것도 진실이다. 그러나 나는 제임스 더버(James Thurber, 1933, 101~3면)가 현미경을 통해 식물 세포의 구조를 확인하지 못한 것이 중요하지 않은 것과 같이 이 또한 중요하지 않다고 생각한다. 목성의 위성에 대한 그의 망원경 관찰의 진실성을 옹호하는 갈릴레오의 경우가 갖는 위력은 그의 주장을 살아 남게 할 수 있었던 일련의 실천적이고 객관적인 시험에서 나온 것이다. 비록 그의 경우 절대적으로 결정적인 것으로 인정될 수 없었다고 할지라도, 그가 본 것이 망원경이 야기한 착각이거나 인공물(artifacts)이라는 주장과 같은 대안적인 입장과는 비교할 수 없을 정도로 강력하였다.

관찰 가능한 사실은 객관적이지만 오류를 범할 수 있다

우리가 관찰 가능한 사실에 대해서 제기한 비판으로부터 그것을 옹호한다면 다음과 같은 방식의 논의를 전개할 수 있을 것이다. 만일 관찰 언명이 그것에 대한 시험이 감각에 의해 직접적으로 이루어질 수 있고, 그 시험을 견디어 낸다면, 그 관찰 언명은 과학의 기초의 일부를 형성할 만한 가치가 있는 사실을 구성한다. 후보 관찰 언명의 타당성이 관찰자 쪽의 예외적이고 주관적인 판단을 수반하지 않는 상례적이고 객관적인 절차에 의해 시험되어야 한다는 것을 지적하기 위해서 '직접적으로' 라는 말을 사용하였다. 시험을 강조함으로써 관찰 언명 입증의 능동적이고 공적인 성질을 명백히 밝힐 수 있다. 이러한 방식으로 우리는 관찰에 의해 문제없이 확립된 사실이라는 개념을 붙잡을 수 있을 것이다. 결국 정상적인 철학자는 주의 깊게 시각을 사용함으로써, 낮은 오차 한계 안에서 계량기 눈금 읽기가 안전하게 이루어질 수 있다는 사실을 의심하면서 시간을 낭비하지는 않을 것이다.

관찰 가능한 사실이라는 개념에 대해 앞 절에서 지불한 대가는 그렇게 크지 않다. 우리가 지불한 대가는 관찰 가능한 사실은 어느 정도 오류 가능하고 수정될 수 있어야 한다는 것이다. 어떤 언명이 지금까지 가해진 모든 시험을 통과했기 때문에 관찰 언명의 자격을 얻었다고 할지라도, 이러한 사실이 지식과 기술의 진보로 가능하게 될 새로운 종류의 시험을 반드시 통과하게 될 것임을 의미하지는 않는다. 우리는 충분한 근거에 의해 사실로 인정된 관찰 언명이었지만 결국 지식과 기술의 진보에 의해 폐기된 두 가지 중요한 사례 곧 "지구는 정지해 있다"와 "화성과 금성의 외관상의 크기는 일년 내내 감지할 수 있을 만큼 변하지는 않는다"를 살펴보았다.

여기에서 개진된 입장에 따르면, 과학적 지식의 기초를 구성할 수 있는 적절한 관찰은 객관적일 뿐만 아니라 오류 가능하다. 관찰은 직접적인 절차에 의해 공적으로 시험될 수 있다는 의미에서 객관적이고, 과학과 기술의 진보에 의해 가능하게 될 새로운 종류의 시험에 의해 폐기될 수 있다는 의미에서 오류 가능하다. 갈릴레오의 책에서 인용한 다음의 사례는 이러한 사실을 잘 보여 준다. 《두 가지 주요 우주 체계에 관한 대화》(Dialogue Concerning the Two Chief World Systems, 1967, 361~3면)에서 갈릴레오는 별의 직경을 측정할 수 있는 객관적인 방법을 기술하였다. 갈릴레오는 그 자신과 멀리 떨어진 별 사이에 그 별이 가리워질 수 있도록 가는 줄을 끼워 넣었다. 갈릴레오는 가는 줄과 눈의 각은 별과 눈의 각과 같다고 주장하였다. 오늘날 우리는 갈릴레오의 결과가 위조라는 것을 알고 있다. 우리가 지각한 외관상 별의 크기는 전적으로 대기와 잡음 효과(noise effects)에 달려 있으며, 별의 물리적인 실제 크기와는 아무런 관련이 없다. 별의 크기에 대한 갈릴레오의 측정은 오늘날 우리가 거부한 맹목적인 가정에 의존하고 있다. 그러나 이러한 거부는 지각의 주관적인 측면과는 아무런 상관이 없다. 갈릴레오의 관찰은 오늘날 우리가 그 관찰을 반복하면 갈릴레오가 얻었던 것과 동일한 결과를 얻을 수 있는 상례적인 절차에 의존하고 있다는 의미에서 객관적이다. 다음 장에서 우리는 과학에 있어 오류 없는 관찰적 기초가 있을 수 없다는 주장이 오직 지각의 주관적 측면에서만 유도된 것이 아니라는 논의를 전개할 것이다.

더 읽어 볼 만한 문헌

시험을 통과한 언명이 과학의 경험적 기초가 된다는 주장에 대한 고전적인 논의는 Popper(1972, 5장)를 참고하도록 하자. 관찰의 능동적 측면에 대한 강조는 Hacking(1983)의 후반부, Popper(1979, 341~61면), Chalmers(1990, 4장)에 잘 나타나 있으며 Shapere(1982)도 이와 관련이 있다.

제3장

실험

그냥 사실이 아니라 유관된 사실

이 장에서 나는 논의의 편의를 위해 튼튼한 사실(secure facts)은 감각의 조심스런 사용에 의해서 확립될 수 있다고 가정할 것이다. 결국, 이미 내가 제안했듯이, 이 가정이 확실하게 정당화될 수 있는 과학과 유관된 일련의 상황이 존재한다. 가이거 계수기(Geiger counter)에서 나오는 소리를 세는 일과 저울에서 눈금의 위치를 읽는 일은 문제 될 것이 없는 사례이다. 그러나 그러한 사실을 이용할 수 있다는 것이 과학을 위한 사실적 기초에 관한 우리의 문제를 해결해주는가? 관찰에 의해서 확립될 수 있다고 우리가 가정하는 진술은, 과학적 지식이 도출될 수 있는 사실을 이루는 것인가? 우리는 이 장에서 이 질문에 대한 답이 "아니오"라는 것을 알게 될 것이다.

우리가 주목해야 할 한 가지 논점은 과학에서 필요한 것은 그냥 사실이 아닌 유관된 사실(relevant facts)이라는 것이다. 내 방에 있는 책의 수효 혹은 옆집 사람이 갖고 있는 차의 색깔처럼 관찰로 확립시킬 수 있는 대다수의 사실은 과학과 유관성을 전혀 지니지 않으며, 과학자는 이들을 수집하느라 시간만 낭비하게 될 것이다. 어떤 사실이 과학과 유관되고 어떤 사실이 그렇지 않은가 하는 것은 과학의 현재의 발전 상태에 대해서 상대적인 것이 될 것이다. 이상적으로는 과학은 문제를 제기하고, 관찰이 그 문제에 답을 제공한다. 이는 과학에 대해서 무엇이 유관한 사실이 되느냐는 질문에 대한 대답의 일부이다.

하지만 내가 이야기하고자 하는 좀더 실질적인 논점이 있는데 나는 예화를 통해 이 논점을 도입할 것이다. 내가 어렸을 때, 나의 형과 나는 들판의 풀이 다른 부분보다는 쇠똥이 있는 부분에서 더 잘 자란다는 사실을 어떻게 설명할 것인지를 놓고 의견이 분분했는데, 이 사실은, 내가 확신하기로는, 우리가 맨 처음으로 주목했던 것은 아니었다. 나의 형은 쇠똥이 갖는 비료와 같은 효과 때문이라는 의견을 갖고 있었던 반면, 나는 그것은 풀뿌리를 덮는 효과, 즉 쇠똥이 그 아래에 있는 습기를 보존하고 증발을 막는 효과를 낸다고 생각했다. 지금 나는 두 의견 모두 전적으로 옳지는 않았으며, 소들은 단지 그들의 똥 주위에 있는 풀을 먹지 않는 경향을 갖고 있다는 점이 그에 대한 주요한 설명일 것이라는 강한 생각을 갖고 있다. 추정컨대, 이 세 가지 설명 모두가 어떤 역할을 할 수도 있지만, 나의 형과 내가 한 관찰에서 얻는 결과로부터 그러한 효과들의 상대적 중요성을 구별하는 것은 불가능하다. 여기에는 몇몇 개입(intervention)이 필요할 것이다. 예를 들면, 일정 시간 동안 소가 들판으로 나가지 못하도록 소를 붙잡아 매어 놓고 이것이 쇠똥 주위에 있는 풀이 더 자라는 데 영향을 미치는지 그렇지 않은지를 알아보거나, 풀뿌리를 덮는 효과가 나타나지 않도록 쇠똥을 잘게 부수어도 비료와 같은 효과를 내는지를 알아보거나 하는 등의 방법이 그것이다.

  여기서 예시한 상황은 전형적인 것이다. 여러 종류의 과정(processes)이 우리 주변의 세계 속에서 작동하고 있고, 그러한 과정은 서로 복잡한 방식으로 겹쳐 있으며, 상호 작용한다. 떨어지는 잎새는 중력, 공기 저항, 바람의 힘에 의해 영향을 받고, 떨어지면서 조금 썩을 것이다. 이 다양한 과정을 전형적이며 자연적으로 일어나는 사건에 대한 조심스런 관찰을 통해서 이해하기는 불가능하다. 떨어지는 물체에 대한 관찰은 갈릴레오의 낙하 법칙을 산출해 내지 못할 것이다. 여기서 배우게 되는 교훈은 오히려 단순한 것이다. 자연 안에서 작동하는 다양한 과정을 파악하고 규정하는 일과 유관된 사실을 습득하기 위해서는, 일반적으로 탐구되고 있는 과정을 고립시키고 다른 효과들을 제거할 필요가 있다. 즉 실험을 할 필요가 있다는 것이다.

  이 논점에 이르기까지 시간이 좀 걸렸지만, 과학의 기초를 이루는 사실이 있다면 그런 사실은 어떤 오래된 관찰적 사실보다는 실험 결과의 형태가 될 것이라는 점은, 아마도 어느 정도는 명백할 것이다. 이처럼 명백한 것이지만, 과학 철학자들이 실험의 본성과 과학에서 그것이 하는 역할에 관심을 갖게 된 최근 20여 년 이전에는 그렇지가 않았다. 실제로 실험은 이 책의 앞서 나온 판들에서는 거의 관심을 받지 못한 주제였다. 우리가 일단 과학의 기초를 제공하는 것으로서 단순한 관찰보다는 실험에 초점을 두게 되면, 우리가 논의해 왔던 주제들은 다소 다른 양상을 갖게 되는데 이에 대해서는 이 장의 나머지 부분에서 살펴보게 될 것이다.

  ## 실험 결과의 산출과 갱신

  실험 결과는 결코 단순하게 주어지지 않는다. 어떤 실험주의자 그

리고 실제로 어떤 과학도도 알고 있는 것처럼 실험을 작동하게 하
는 일은 쉬운 문제가 아니다. 유의미한 새로운 실험은 그것을 성공
적으로 수행해내는 데에 몇 개월 심지어 몇 년이 걸릴 수도 있다.
1960년대 실험 물리학자로서의 나의 경험을 간단히 밝히면 이 점을
잘 이해할 수 있을 것이다. 독자들이 이 이야기의 세밀한 부분에까
지 주의 깊은 관심을 가질 것인가의 여부는 그다지 중요하지 않다.
나는 단순히 실험 결과의 생산과 관계된 복잡성과 실천적 분투
(practical struggle)에 대한 몇몇 관념을 제시하는 것을 목표로 하고
있다.

　내 실험의 목표는 낮은 에너지의 전자를 분자로부터 산란시키는
것이었는데 이는 그러한 과정에서 전자들이 얼마나 많은 에너지를
잃게 되는가를 알아내고 이를 통해서 분자 자체 내의 에너지 수준
과 관계된 정보를 얻어내기 위한 것이다. 이같은 목적을 이루기 위
해서는, 모두가 똑같은 속도로 움직이고 따라서 똑같은 에너지를 갖
는 전자의 빔을 산출시킬 필요가 있었다. 전자가 하나의 표적 분자
에 충돌되도록 조정할 필요가 있었고, 그렇게 하지 않으면 찾고자
하는 정보를 잃게 되는데, 적절히 설계된 탐지기로 산란된 전자의
속도와 에너지를 측정할 필요가 있었다. 이들 각각의 단계는 실천적
인 도전(practical challenge)이 되었다. 속도 고르개(velocity selector)
는 두 양도체 판을 포함하고 있었는데 이 판들은 둘 사이에 전위차
를 갖는 동심원 모양으로 되어 있었다. 두 판 사이로 들어가는 전자
는, 만일 그들이 판 사이에 존재하는 전위차와 합치하는 속도를 갖
고 있으면, 원형 통로의 다른 쪽 끝으로 나올 수가 있었다. 그렇지
않은 경우 전자는 도체 판 위로 비껴 나가게 된다. 전자를 확실하게
오직 하나의 표적 분자와 충돌하도록 하기 위해서는, 표적 기체의
표본을 포함하여 상당한 정도의 진공상태로 처리된 영역 내에서 매

우 낮은 압력으로 실험을 할 필요가 있었다. 이렇게 하기 위해서는 쓸 수 있는 진공 기술을 그 한계점까지 밀어붙일 필요가 있었다. 특정한 에너지 값을 갖는 빔을 산출시키는 데 쓰였던 것과 유사한 원형의 전극들을 배치함으로써 산란된 전자의 속도를 측정하도록 되어 있었다. 특정 속도로 산란된 전자의 강도는 그 속도를 갖는 전자만이 그 원형을 가로질러서 분석기의 또다른 끝으로 나오게끔 판 사이의 전위차를 조정함으로 측정할 수 있었다. 출현하는 전자를 탐지하는 일은 쓸 수 있는 기술을 극한까지 다시 밀어붙이게 한, 아주 작은 양의 전류를 측정하는 일과 관련되어 있었다.

이것이 전반적인 관념이었지만, 각 단계는 어떤 종류의 일련의 실천적 문제를 제기했으며 이 같은 실천적 문제는 이런 종류의 분야에서 일해 온 누구에게나 친숙할 것이다. 장치를 만드는 데 쓴 다양한 금속에서 나온 원치 않았던 기체를 장치로부터 제거해 내는 일은 아주 어려웠다. 전자 빔에 의해서 이온화 된 이들 기체의 분자는 전극에 달라붙을 수 있는 것이었고, 의사(擬似) 전위의 원인이 될 수 있었다. 우리의 미국쪽 경쟁자는 전극을 금도금하면 이런 문제를 아주 크게 줄일 수 있음을 밝혀 냈다. 우리는 '아쿠아대그'(aquadag)라고 불리는 탄소를 기본 내용물로 하는 용매를 전극에 입히면 금도금만큼 효과적이지는 않더라도 큰 도움이 되고 우리의 연구비에 더 잘 부합하는 것임을 알아냈다. 나의 인내는 (그리고 나의 연구비는) 이 실험이 유의미한 결과를 산출하기 전에 바닥이 나 버렸다. 나는 연구하는 많은 학생들이 유의미한 결과를 궁극적으로 얻어내기 이전에 실패했다는 것을 이해한다. 30년이 지나간 현재, 저에너지 전자 분광학은 상당히 표준적인 기법이다.

나의 노력의 세부 내용과 더욱 성공적이었던 나의 후계자들의 노력이 중요한 것은 아니다. 내가 말하고자 하는 것은, 무엇이 논쟁의 여지가 없는 논점이 되어야 하는지를 설명하기에 충분해야 한다는 것이다. 만일 실험 결과가 과학이 기초로 하는 사실을 이룬다면, 확실히 실험 결과는 감각을 통해서 단순히 주어지는 것이 아니다. 실험 결과는 그것을 얻기 위한 작업이 있어야 하며, 그런 결과의 수립은 유효한 기술의 활용은 물론, 상당한 비결과 실천적 시행착오를 포함한다.

실험 결과의 적절성에 대한 판단도 단순한 것이 아니다. 실험 장비가 적당하며 교란 요인들이 제거되었을 때에만 실험은 적절하며, 그것이 보여 주거나 측정하려는 것을 보여 주거나 측정하는 것으로 해석을 할 수 있다. 이것은 다시 무엇이 교란 요인이며 그것들을 어떻게 제거할 수 있는지를 알아야 함을 요구할 것이다. 이들 요인에 관한 유관된 지식 속의 어떤 부절적성은 부적당한 실험적 측정을 하게 할 수 있고, 결함을 갖는 결론을 내리게 할 수 있다. 그러므로 실험적 사실과 이론이 상호 관련되는 유의미한 방식이 존재한다. 실험 결과는, 실험 결과에 정보를 주는 지식이 불충분하거나 결함이 있으면 결함을 가질 수 있다.

실험의 이런 일반적이며, 어떤 의미로는 아주 평범한 특징이 갖는 귀결은, 실험 결과는 오류 가능하며 상당히 단순한 이유에서 갱신되거나 대체될 수 있다는 것이다. 실험 결과는 기술의 진보 때문에 유행에 뒤질 수 있고, 이해에 (그 이해에 비추었을 때에 실험 장비가 부적당한 것으로 비치게 되는) 있어서의 어떤 진보 때문에 거부될 수 있으며, 이론적 이해 속의 어떤 변화에 비추어서 유관성이 없다고 무시될 수 있는 것이다. 이 같은 논점과 그 중요성은 다음 절에서 역사적 사례를 통해 설명하기로 하자.

과학의 실험적 기초를 전환시키기: 역사적 사례

방전관 현상은 19세기의 마지막 4분기에 커다란 과학적 관심을 끌만한 가치가 있었다. 높은 전압이 유리관의 각 끝에 삽입되어 있는 금속판에 걸리게 되면 방전이 일어나고, 이것은 관 내부에 다양한 종류의 번쩍임을 야기한다. 만일 관 내부의 기체 압력이 그다지 크지 않으면 흐름이 생겨나며, 음극판(음극)과 양극판(양극)을 연결시킨다. 이 흐름은 음극선(cathode rays)으로 알려지게 되었으며, 이것의 본성은 그 당시 과학자들의 상당한 관심사가 되었다. 독일 물리학자 하인리히 헤르츠(Heinrich Hertz)는 그것의 본성을 조명하려는 의도로 1880년대 초반에 일련의 실험을 수행했다. 이 실험의 결과로, 헤르츠는 음극선은 하전된 입자의 흐름이 아니라고 결론내렸다. 그는 부분적으로 그 선, 즉 하전된 빔이 그럴 것으로 기대되었던 바와는 달리, 그 선의 운동 방향에 수직한 전기장에 놓였을 때 편향되지 않는 것으로 보였기 때문에, 이 같은 결론에 도달하게 되었다. 현재 우리는 헤르츠의 결론을 거짓으로 그리고 그의 실험을 부적당한 것으로 여긴다. 19세기 말 J. J. 톰슨(Thomson)은 음극선은 그들이 하전된 입자의 빔이라는 것과 일관성을 띠는 방식으로 전기장과 자기장에 의해서 편향된다는 것을 확실하게 보여 주는 실험을 했고, 그 입자의 질량에 대한 전하의 비율을 측정할 수 있었다.

톰슨이 헤르츠보다 더 나은 실험 결과를 얻고, 그의 실험 결과를 거부할 수 있었던 것은 개선된 기술과 상황에 대한 개선된 이해 때문이었다. 음극선을 이루는 전자는 관 내부의 기체 분자를 이온화, 즉 그들로부터 하나 또는 두 개의 전자를 빠져 나가게 함으로써 그들이 양전하를 띠도록 할 수 있었다. 이들 이온은 장치에 포함되어 있는 금속판에 모일 수 있는 것이고, 지금 우리가 고려중인 실험의 관점에서 볼 때, 의사 전기장이 있게 하는 것이다. 이 의사 전기장으로 톰슨은 편향 효과를 측정하고 산출해낸 것이다. 톰슨의 실험이 헤르츠의 노력보다 더 개선된 실험이 될 수 있었던 것은 관으로부터 더 많은 기체 분자를 제거하게 해주는 개선된 진공 기술을 이용했기 때문이다. 그는 관 속의 표면 여러 곳에 남아 있는 기체를 제거하고자 장치에 오랜 시간 열을 가했다. 그리고 남아 있는 기체를 가능한대로 많이 제거해내기 위해서 며칠 동안 진공 펌프를 가동시켰다. 개선된 진공과 적당한 전극의 배치를 이용해서 톰슨은 헤르츠가 존재하지 않는다고 선언했던 편향효과를 수립시킬 수 있었다. 톰슨이 그의 장치에서 헤르츠가 올렸던 만큼의 압력을 올렸을 때, 그 역시 편향을 탐지할 수 없었다. 여기서는 헤르츠가 내린 결론을 이끌어 냈기 때문에 그가 비난받고 있는 것이 아니라는 점을 깨닫는 것이 중요하다. 상황에 대한 그의 이해를 고려하고 그의 지식에 의존하면, 그가 그의 장치 내의 압력이 충분히 낮았으며 그의 장치가 적절히 준비되었다고 믿을 만한 유효한 이유를 갖고 있었던 것으로 볼 수 있다. 그의 실험이 불충분하다는 것은 그 이후 이어진 이론적 진전과 기술적 진전에 비추어 그렇다. 현재의 실험 결과가 앞으로 다가올 진전에 의해서 불충분한 것으로 증명될지를 누가 알겠는가?

겉만 번지르르한 실험주의자와는 거리가 멀게도, 헤르츠가 가장 최상의 실험주의자였다는 사실은 그가 1888년에 전자파를 성공적으로 산출시킨 최초의 인물이었다는 점에서 증명되는데, 이것은 2년에 걸친 그의 빛나는 실험적 연구의 정점이었다. 실험적으로 탐구되고 발전될 새로운 현상을 나타내 보여 주었다는 것과 별도로, 헤르츠의 파는 상당한 이론적 유의미성을 갖고 있었다. 그것은 그의 파가 맥스웰(Maxwell)의 전자기 이론을 입증했기 때문인데, (맥스웰 자신은 이를 깨닫지 못했음에도 불구하고) 맥스웰은 1860년대에 그의 이론을 정식화했고 이 이론은 그 같은 파가 존재해야 한다는 귀결을 지니고 있었다. 헤르츠의 실험 결과들은 오늘날에도 수용되고 있으며 유의미성을 견지하고 있다. 하지만 그 결과의 일부는 대체될 필요가 있고, 그 결과에 대한 그의 주요한 해석 가운데는 부적절한 것들도 있다. 이 사실들은 그의 실험 결과가 수정되고 개선되는 방식을 설명해준다.

헤르츠는 또한 그의 장치를 이용해 정상파(standing waves)의 파장을 측정했는데, 이 파장으로부터 정상파의 속도를 알아 낼 수 있었다. 그가 긴 파장을 갖는 파는 전선을 통해서보다는 공기 중에서 더 큰 속도로 전달되며 빛보다도 빠르다는 점을 지적한 반면, 맥스웰은 그러한 파가 공기중에서나 헤르츠의 장치의 전선을 따라서나 빛의 속도로 움직인다고 예측했다. 그러나 그 결과는 부적절한 것이었다. 실험실의 벽으로부터 장치로 역으로 반사되는 파는 원하지 않았던 간섭을 일으키고 있었던 것이다. 헤르츠(Hertz, 1962, 14면)는 그 결과에 대해 다음과 같이 회고했다.

독자들은 아마도 왜 나 스스로 실험을 반복함으로써 의심스러운 점을 해결하려 노력하지 않았느냐고 물을지도 모르겠다. 나는 실제로 실험을 반복했지만, 기대했던 대로 똑같은 조건에서의 단순한 반복은 의문을 제거하기보다는 오히려 증가시킨다는 것만을 발견했을 뿐이다. 더 유리한 조건에서 수행된 실험에 의해서만 일정한 결정에 도달할 수 있다. 여기서 더 유리한 조건이란 더 큰 방을 의미하는데, 그것은 내가 이용했던 것이 아니었다. 관찰을 할 때 조심한다고 해서 공간의 부족을 대신할 수 없다는 진술을 나는 다시금 강조한다. 긴 파동이 나타날 수 없는 것이라면, 그것이 관찰될 수 없음은 명확하다.

 헤르츠의 실험 결과는 부적절한 것이었는데 그것은 그의 실험 장비가 진행 중이던 작업에 적합하지 않았기 때문이다. 탐구된 파의 파장은, 만일 반사파에 의해서 생기는 원하지 않았던 간섭이 제거되어야 하는 것이었다면, 실험실의 크기에 비교해서 작아야 할 필요가 있었다. 이미 밝혀진 것처럼, 몇 년 안에 실험이 '보다 유리한 조건에서' 수행되었고 이론적 예측과 부합하는 속도를 산출해냈다.

 여기서 강조되어야 할 점은 실험 결과는 일어난 것에 대한 정확한 기록이라는 의미에서 적절해야 할 뿐만 아니라, 올바르고 유의미해야 한다는 것이다. 실험 결과는 전형적으로 몇몇 유의미한 질문에 답하도록 설계될 것이다. 무엇이 유의미한 질문인가에 대한 그리고 어떤 특수한 집합의 실험이 거기에 답하는 적절한 방식인가에 대한 판단은 실천적 상황과 이론적 상황이 어떻게 이해되고 있는가에 크게 의존하게 될 것이다. 그것은 전자기에 관한 경쟁하는 이론들이 존재하고 있었다는 것인데 주요한 경쟁자의 하나는, 헤르츠의 파의 속도를 측정하려는 기도를 특히 유의미하게 만든 빛의 속도로 전달되는 전자파를 예측했다는 사실이었으며, 헤르츠의 장비가 불충분했다는 평가를 내리게 했던 파동의 반사 행동에 대한 이해였다. 헤르츠의 이런 특수한 결과는 거부되었고 물리학의 관점에서 볼 때 단순하며 신비하지 않다는 이유 때문에 곧 대체되었다.

 실험은 올바르거나 유의미해야 할 필요가 있다는 점, 그리고 실험 결과는 그들이 더 이상 그렇지 못할 때 대체되거나 거부된다는 점을 설명하는 것 외에도, 헤르츠의 연구에서 이 에피소드와 거기에 대한 그의 회고는, 그의 속도 측정값에 대한 거부가 어떤 점에서는 인간의 지각과는 그 어떤 관련성도 지니지 않음을 명확하게 증명한다. 헤르츠가 그의 장치를 조심스럽게 관찰했고, 거리를 측정했으며, 그의 탐지기 안에 있는 간격 사이에서 섬광의 있음과 없음에 주목했고, 도구의 눈금을 기록했다는 점을 의심할, 그것이 무엇이든간에, 그 어떤 이유도 없다. 그의 결과는 그 실험을 반복하는 누구든지 유사한 결과를 얻을 것이라는 의미에서 객관적이라고 가정할 수 있다. 헤르츠 자신도 이 점을 강조했다. 헤르츠의 실험 결과가 갖는 문제는 그의 관찰의 불충분함이나 반복 가능성의 결여에서 나오는 것이 아니라, 오히려 실험 장비의 부적절함에서 나오는 것이다. 헤르츠가 지적한 대로, "관찰을 할 때 조심한다고 해서 공간의 부족을 대신할 수 없다." 그가 조심스런 관찰로 안전한 사실을 수립할 수 있었다는 점을 우리가 시인한다 할지라도 그 자체가 문제의 과학적 작업에 대해서 적절한 실험 결과를 산출시키기에는 불충분했다는 것을 알 수 있다.

위의 논의는 실험 결과의 수용 가능성이 얼마나 이론 의존적이며 이런 관점에서 우리의 과학적 이해가 발전함에 따라서 판단이 어떻게 변화를 겪게 되는지를 설명해주는 것으로 해석할 수 있다. 이는 헤르츠의 전파 산출이 갖는 유의미성이 헤르츠가 그것을 처음으로 산출시킨 이후에 어떤 변화를 겪었는지를 살펴봄으로써 보다 일반적인 수준에서 설명될 수 있다. 그 당시 전자기학의 경쟁 이론 가운데 하나는 맥스웰의 이론이었는데, 맥스웰은 마이클 패러데이(Michael Faraday)의 핵심적 관념을 발전시켰고 전기적 상태와 자기적 상태를 모든 곳에 퍼져 있는 에테르(ether)의 기계적 상태로 이해했다. 이 이론은 전류, 전하, 자석은 서로 원격 작용하며 에테르와 관련이 없다고 가정한 그것의 경쟁자와는 달리, 빛의 속도로 움직이는 전자파의 가능성을 예측했다. 이것은 헤르츠의 결과에 이론적 유의미성을 부여한 물리학의 발전 상태가 갖는 측면이었다. 결과적으로, 헤르츠와 그의 동시대인들은 전자파의 산출을 다름 아닌 에테르의 존재에 대한 입증으로 해석할 수 있었다. 그로부터 20년 후 에테르는

68

아인슈타인의 특수 상대성 이론의 관점에서 배제되어 버렸다. 헤르츠의 연구 결과는 여전히 맥스웰의 이론을 입증하는 것으로 간주되고 있는데 이것은 에테르를 배제하는 그리고 전기장과 자기장 그 자체를 실재하는 존재자로 취급하는 맥스웰 이론의 새로 씌어진 버전에 대해서만 그러하다.

19세기의 분자량 측정과 관련된 다른 예는 실험 결과의 유관성과 해석이 어떤 식으로 이론적 맥락에 의존하는지를 더 잘 설명해준다. 19세기 후반, 자연에서 나오는 원소와 화합물이 갖는 분자량의 측정은 화학 결합에 대한 원자론의 관점에서 근본적인 중요성을 갖는다고 여겨졌다. 이는 수소는 다른 원자를 이루는 기본 벽돌이라는 프라우트(Prout)의 가설을 선호했던 사람들에게 특히 그랬는데, 그것은 이 가설로 인해 사람들은 수소와 비교하여 측정된 분자량들이 정수가 된다고 믿게 되었기 때문이다. 19세기에 화학자들이 해낸 분자량에 대한 힘든 측정은, 자연에서 산출되는 원소는 아무런 특별한 이론적 중요성을 갖지 않는 여러 비율의 동위원소 혼합물을 포함한다는 것이 일단 인식되자 이론 화학의 관점과는 대부분 무관한 것이 되어 버렸다. 이 상황은 F. 소디(Soddy)에게 영감을 주었고 그 결과에 대해 그는 다음과 같이 비평했다(Lakatos and Musgrave, 1970, 140면).

그들의 동시대인들에 의해서 정확한 과학적 측정의 극치이자 완벽함을 표상한다고 정당하게 존경받았던, 이 뛰어난 19세기 화학자 집단의 필생의 작업에 들이닥친 운명 속에는 비극을 넘어서는 것은 아니더라도 비극과 확실히 유사한 어떤 것이 존재한다. 적어도 그 순간에, 그들이 힘들게 성취한 결과는 일부는 꽉 차 있고, 일부는 대체로 비어 있는 일군의 병의 평균 무게를 결정하는 것처럼 별로 중요성이 없는 것으로 보였던 것이다.

여기서 우리는 과거의 실험 결과가 타당하지 않은 것으로 파기되는 것을, 그리고 인간의 지각의 문제를 갖는 특징에서 파생하는 것이 아닌 다른 이유로 파기되는 것을 목격하게 된다. 이와 관련된 19세기 화학자들은 "그들의 동시대인들에 의해서 정확한 과학적 측정의 극치이자 완벽함을 표상한다고 정당하게 존경받았"고, 우리는 그들의 관찰을 의심할 아무런 이유도 갖고 있지 않다. 우리는 그 관찰의 객관성을 의심할 필요도 없다. 나는 오늘날의 과학자들도 똑같은 실험을 반복하면 이와 유사한 결과를 얻으리라는 점을 전혀 의심하지 않는다. 실험이 적절하게 수행되어야 한다는 점은 실험 결과의 수용 가능성을 위한 필요 조건이지만 충분 조건은 아니다. 실험 결과는 또한 유관해야 하며 유의미해야 할 필요가 있다.

이들 사례에 힘입어 내가 추구해 온 논점은, 내가 믿기로 물리학과 화학의 관점에서 그리고 이 분야의 실천의 관점에서 실로 논쟁거리가 안 되는 방식으로 요약할 수 있다. 과학의 적절한 기초로서의 실험 결과의 비축 내용은 계속 갱신된다. 일련의 아주 간단한 이유에서 과거의 실험 결과는 부적합한 것으로 거부되고 더 적합한 것으로 대체된다. 실험 가능한 간섭의 원천에 대하여 부적절한 예방 조치를 포함했기 때문에, 측정이 민감하지 못하고 유행에 뒤진 탐지 방법을 채용했기 때문에, 실험이 당면하고 있는 문제를 해결할 수 없다고 이해되었기 때문에, 또는 실험을 통해 답하고자 했던 문제들이 신뢰를 잃어버렸기 때문에 거부될 수 있다. 이 같은 주목이 오늘날의 모든 과학 활동에 대한 아주 명백한 비평이 된다고 볼 수 있음에도 불구하고 이것은 여러 정통적 과학 철학에 대해 심각한 함의를 갖고 있다. 왜냐하면 이러한 주목은 과학이 안전한 기초 위에 놓여 있다고 널리 주장되고 있는 관념의 기반을 허물기 때문이다. 더욱이 과학이 왜 인간의 지각이 갖는 문제의 소지가 있는 특징과는 별다른 관계가 없는지에 대한 이유들이 존재한다.

과학의 적절한 기초로서의 실험

앞 절에서 나는 실험 결과가 단순히 주어지며 총체적으로 안전하다는 관념에 대해 비판적으로 검토했다. 나는 실험 결과가 확실한 점에서 이론 의존적이며 오류 가능하고 수정 가능하다는 취지에서 사례를 구했다. 이는 과학 지식은 그것이 어떤 특별히 까다롭고 확실한 방식으로 경험에 의해서 지지되기 때문에 특별하다는 관념에 대한 심각한 위협으로 해석될 수 있다. 만일 과학의 실험적 기초가, 내가 그러하다고 논의한 것처럼, 오류 가능하고 수정 가능하다는 주장을 할 수 있다면, 그 기초에 토대하고 있는 지식도 똑같이 오류 가능하고 수정 가능해야 한다. 과학 지식이 실험으로 증명된다고 주장하는 방식에 순환성(circularity)의 위협이 존재한다고 지적함으로써 염려는 더 커질 수 있다. 만일 실험 결과의 적절성을 판정하기 위해 이론에 호소한다면 그리고 똑같은 실험 결과를 그 이론에 대한 증거라고 여긴다면, 우리는 순환에 걸려 든 것처럼 보일 수도 있다. 또한 반대되는 이론의 지지자들 간의 논쟁을 실험 결과에 호소해서 해결하기 위한 자원을 과학이 제공하지 못할 강력한 가능성이 존재하는 것으로 보일 수도 있다. 한 그룹은 일정한 실험 결과를 정당화하기 위해서 자신의 이론에 호소할 수 있고, 반대 진영은 다른 실험 결과를 정당화하기 위해 그 이론과 경쟁하고 있는 이론에 호소할 것이다. 이 절에서 나는 이 같은 극단적인 결론에 저항하고자 하는 이유를 제시할 것이다.

　이론과 실험의 관계에 순환적 논의를 포함할 수 있는 가능성이 존재한다는 점을 인정해야 한다. 이는 나의 교사 시절 이야기를 통해서 설명될 수 있다. 학생들은 다음과 같은 실험을 했다. 말굽 자석의 두 극 사이에 있으며 자석의 두극을 연결하는 선에 수직한 축 주위를 자유롭게 회전하는, 전류가 흐르는 코일의 움직임을 측정하는 것이다. 코일은 전류를 공급하는 전지, 전류를 측정하기 위한 전류계, 전류의 세기를 조정하기 위한 다양한 저항을 포함하는 회로의 일부분으로 되어 있었다. 실험의 목표는 전류계에 기록되며, 회로를 흐르는 다양한 전류값에 상응하는 자석의 움직임에 주목하는 것이었다. 전류 대 자석의 움직임을 그래프로 그려서 이들 사이에 비례가 성립한다는 것을 보여 주는 정확한 직선 그래프를 얻은 학생은 성공했다고 여겨졌다. 아마도 학생들에게 나의 우려를 이야기하지 않았음에도 불구하고, 나는 이 실험 때문에 당황했던 것으로 기억한다. 나의 우려는 전류계 안에 무엇이 있는지를 알고 있다는 사실에서 시작되었다. 안에 있는 것은 두 자극 사이에 존재하는 코일이고 그것은 코일에 흐르는 전류에 의해서 움직이게 되며, 가시적이고 균등하게 조정된 전류계의 눈금 위에서 바늘을 움직이게 하는 것이었다. 그렇다면 이 실험에서 전류에 대한 움직임의 비율은 전류계의 눈금읽기를 전류에 대한 척도로 받아들일 때 이미 전제되고 있었던 것이다. 실험에 의해서 지지될 것으로 여겨졌던 내용이 실험에서 이미 전제되고 있었고, 순환성이 존재하고 있었다.

　나의 예는 순환성이 실험에 호소하는 논변에서 어떻게 일어날 수 있는지를 설명해준다. 그러나 이 똑같은 예는 그것이 그런 경우가 될 필요가 없음을 보여 주는 데에 도움이 된다. 위의 실험은 자기장 내에서 코일의 움직임을 이용하지 않으면서 회로 내의 전류를 측정하는 방법을 사용할 수 있었을 것이고, 실제로 그렇게 했어야 했다.

장비가 적당하며 도구는 실험이 읽어내고자 하는 것을 읽고 있다는 판단을 내리는 데 도움을 주기 위해서 모든 실험은 몇몇 이론의 진리를 가정할 것이다. 그러나 이렇게 가정된 이론이 시험되고 있는 이론과 동일해야 할 필요는 없으며, 좋은 실험적 설계의 선결요건은 이론들이 그런 상황에 처해 있지 않음을 확인하는 것이라고 가정할 수 있을 것이다.

'실험의 이론 의존성'(theory-dependence of experiment)을 전반적으로 파악하는 데 도움이 되는 또 다른 논점은 실험이 아무리 이론에 의해서 정보를 받더라도 강한 의미에서 실험 결과는 이론에 의해서가 아니라 세계에 의해서 결정된다는 것이다. 장치가 갖추어지고, 회로가 완성되고, 스위치가 켜지면 스크린에 번쩍임이 있게 되거나 없게 될 것이고, 빔은 편향되거나 그렇지 않을 수 있으며, 전류계의 눈금값은 증가하거나 감소될 수 있다. 우리는 결과를 이론에 일치시킬 수는 없다. 왜냐하면 물질 세계는, 헤르츠의 실험은 음극선의 어떠한 편향도 산출시키지 못했으나 톰슨의 수정된 실험은 산출시켰던 방식으로, 존재하기 때문이다. 그것은 서로 다른 결과물을 내놓게 된 두 물리학자의 실험적 배치에서의 물질적 차이였지, 그들이 옹호했던 이론에서의 차이는 아니었던 것이다. 이것은 실험 결과는, 세계에 대비해서 이론을 시험할 가능성을 제공해주는 세계에 관한 이론적 견해들에 의해서보다는, 세계의 작동에 의해서 결정된다는 의미이다. 이것은 유의미한 결과는 쉽게 얻어낼 수 있으며 오류 불가능하다는 것이 아니며, 그 결과의 유의미성이 항상 단순하다는 것도 아니다. 그러나 이것은 실험 결과에 대비하여 과학 이론의 적절성을 시험하려는 기도가 유의미한 탐색이라는 점을 수립시키는 데에 도움이 된다. 더욱이 과학사는 그러한 도전이 성공적으로 이루어진 사례를 우리에게 제공해준다.

더 읽어 볼 만한 문헌

Hacking(1983)의 후반부는 과학 철학자들이 실험에서 취해 온 새로운 관심과 더불어 보여 주었던 중요한 초기의 움직임이었다. 이 주제에 대한 그 밖의 탐구로는 Franklin(1986), Franklin(1990), Galison(1987), Mayo(1996)가 있는데, 이 같은 세밀한 논의의 중요성은 '새로운 실험주의'(new experimentalism)에 대해 다루는 13장의 관점을 취할 때에만 완전히 파악될 수 있을 것이다. 이 장에서 제기된 문제는 Chalmers(1984)에 좀더 자세히 논의되어 있다.

제4장

사실로부터 이론의 도출: 귀납

도입

우리는 이 책의 앞부분에서 과학적 지식의 특성은 바로 그것이 사실에서 도출되었다는 것에서 찾을 수 있다는 입장을 살펴보았다. 우리는 비록 관찰 사실과 실험적 사실이 일반적인 생각과는 달리 직접적이고 안전한 것으로 확립될 수 없다는 사실을 알게 되었으나, 과학적 지식이 도출될 수 있는 기초로 간주할 수 있는 관찰 사실과 실험적 사실의 본성에 세심한 주의를 기울이는 단계에 도달하였다. 그러면 과학에서 적절한 사실이 확립될 수 있다고 가정해 보자. 지금 우리는 어떻게 이러한 사실로부터 과학적 지식이 도출될 수 있는가라는 질문에 대답해야 한다.

"과학은 사실에서 도출되었다"라는 문장은 과학적 지식은 우선 사실을 확립함으로써 구성되고 이어서 그 사실에 맞는 이론을 세우는 것이다라는 말로 해석될 수 있다. 우리는 1장에서 이러한 입장을 검토하였고, 그 입장을 불합리한 주장이라고 생각하여 거부하였다.

나는 '도출한다'라는 말을 일상적인 의미가 아니라 논리적인 뜻을 가진 말로 해석하고자 한다. 사실이 먼저인가 이론이 먼저인가에 관계 없이 여기서 문제가 되고 있는 것은 이론이 사실에 의해 어느 정도 입증되는가 하는 것이다. 가장 강한 주장은 이론은 사실에서 논리적으로 도출될 수 있다는 것이다. 말하자면, 사실이 주어지면 이론은 사실의 귀결로 증명될 수 있다는 것이다. 그러나 이 주장은 실제로 증명될 수 없다. 왜 증명될 수 없는가를 알아보기 위해 논리적 추리의 기본적인 모습 가운데 한 측면을 살펴보기로 하자.

아기 논리

논리는 다른 주어진 언명으로부터 언명을 연역해내는 것과 관계가 있고 어떤 것에서 어떤 것을 이끌어 내는 것과 관련이 있다. 여기에서는 논리 또는 연역 논리를 자세하게 설명하고 평가하지는 않겠다. 오히려 몇 가지 지극히 단순한 예를 통해 요점을 지적함으로써 우리의 목적을 달성하려고 한다.

다음은 논리적 논증의 예이다. 이 예는 완벽하게 적절한 논증이며, 논리학자들이 사용하는 전문적인 용어를 사용하면 완벽하게 타당한 추론이다.

예 1
1. 모든 철학 책은 따분하다.
2. 이 책은 철학 책이다.
3. 이 책도 따분하다.

위의 논증에서 (1)과 (2)는 전제이고, (3)은 결론이다. (1)과 (2)가 참이라면 (3)이 참이라는 것은 자명한 사실이다. (1)과 (2)가 참임에도 불구하고 (3)이 거짓이라는 주장은 불가능하다. (1)과 (2)가 참임에도 불구하고 (3)을 거짓이라고 하면 모순에 빠지게 된다. 이 같은 사실은 논리적으로 타당한 연역의 핵심적인 요소이다. 논리적으로 타당한 연역 추리에서는 전제가 참이기만 하면 결론은 필연적으로 참이다.

위의 예를 약간 변형시켜 타당하지 않은 연역 추리의 예를 살펴보기로 하자.

예 2

1. 많은 철학 책은 따분하다.
2. 이 책은 철학 책이다.
3. 이 책도 따분하다.

이러한 예에서 (3)은 (1)과 (2)로부터 필연성을 지니고 유도될 수 없다. (1)과 (2)가 참이면서 (3)이 거짓인 경우는 얼마든지 가능하다. (1)과 (2)가 참이라 하더라도 그 책은 따분하지 않은 많은 철학 책 중의 하나가 될 수 있다. (1)과 (2)를 참이라 주장하면서 (3)을 거짓이라고 하는 것은 어떤 모순도 포함하지 않는다. 그러므로 이 논증은 부당하다.

지금까지 독자들은 따분함을 느꼈을지도 모른다. 이러한 따분함의 경험은 예 1과 2에서의 (1), (3)과 같은 언명의 참과 관계를 맺을 수 있다는 것은 확실하다. 다만 여기에서 강조해야 할 점은 위의 예에 나타난 사실 언명들의 참을 확정하는 문제에는 논리학이나 연역 추리가 절대로 관여하지 않는다고 하는 사실이다. 이러한 문제와 관련하여 논리학이 말할 수 있는 모든 것은 만일(if) 전제가 참이기만 하면(then) 결론도 필연적으로 참이어야 한다는 것이다. 그러나 전제 자체가 참인가 거짓인가 하는 문제는 논리학에 호소함으로써 해결될 수 있는 성질의 것은 아니다. 사실적인 측면에서 볼 때 거짓인 전제를 포함한 논리적 연역 추리도 전적으로 가능하다. 예를 들어보자.

예 3

1. 모든 고양이는 다섯 개의 다리를 가지고 있다.

2. 야옹이(Bugs Pussy)는 나의 고양이이다.

3. 야옹이의 다리도 다섯 개이다.

이 추론은 완전히 타당한 추론이다. 만일 (1)과 (2)가 참이라면, (3)도 참임에 틀림없다. 이 예에서는 (1)과 (3)이 거짓이다. 그러나 그렇다고 하더라도 이 추론이 타당하다는 사실에는 영향을 미치지 못한다.

그런데 논리만으로는 새로운 진리의 원천이 될 수 없다는 말에는 강한 의미가 있다. 추론의 전제를 구성하는 사실적 언명의 참이 논리에 호소함으로써 확립될 수 있는 것은 아니다. 논리는 단순히 우리가 이미 가지고 있는 언명으로부터 무엇을 이끌어 낼 수 있고, 그 언명에 무엇이 들어있는지를 보여 줄 뿐이다. 그러나 우리는 이러한 한계와는 대조적인 논리의 거대한 힘 곧 진리 보존의 성격을 갖게 된다. 만일 우리가 전제의 참을 확신할 수 있다면 우리는 그 전제로부터 논리적으로 이끌어 낸 모든 것 또한 참이라는 것을 확신할 수 있다.

과학 법칙이 사실에서 도출될 수 있는가?

우리는 논리의 본성에 대한 이러한 논의를 통해 과학적 지식이 '도출된다'라는 말을 '논리적 연역'으로 해석한다면, 과학적 지식이 사실에서 도출될 수 없음을 바로 알 수 있다.

과학적 지식의 단순한 예를 통해 이러한 기본적인 사항을 잘 알 수 있다. "금속은 열을 받으면 팽창한다" 또는 "산은 리트머스 시험지를 붉게 한다"와 같은 낮은 차원의 과학적 법칙을 고찰해 보자. 이것들은 일반 언명으로 철학자들이 보편 언명(universal statements)이라고 하는 언명이다. 이 언명은 어떤 종류의 사태 모두를 언급한다. 곧 열을 받는 금속 전체와, 산에 넣은 리트머스 시험지 전체를 언급한다. 과학적 지식은 이러한 종류의 일반 언명을 언제나 포함하고 있다. 일반적인 과학 법칙에 대해 증거를 제공하는 사실을 구성하는 것이 관찰 언명이라면 상황은 완전히 달라질 것이다. 이러한 관찰 사실이나 실험적 결과는 사태에 대한 특정의 시간에 얻은 특별한 주장이다. 철학자들은 이러한 언명을 단칭 언명(singular statements)이라 부른다. 이러한 단칭 언명은 "구리 막대는 열을 받으면 길이가 늘어난다" 또는 "리트머스 시험지를 염산 비커에 담그면 그 시험지는 붉게 된다"와 같은 (우리들의 예에서 금속과 산에 관한) 어떤 과학적 지식을 이끌어 낼 수 있는 기초로서 우리가 마음대로 사용할 수 있는 많은 사실을 가지고 있다고 가정해 보자. 이러한 사실을 전제로 하여 우리가 도출하려고 하는 결론, 즉 과학적 법칙으로 나아가는 논증은 어떤 논증이겠는가? 그 논증은 금속의 팽창과 관련된 다음과 같은 예에서 살펴볼 수 있다.

전제

1. 금속 x_1은 시간 t_1에서 열을 받고 팽창하였다.
2. 금속 x_2는 시간 t_2에서 열을 받고 팽창하였다.
3. 금속 x_n은 시간 t_n에서 열을 받고 팽창하였다.

결론

모든 금속은 열을 받으면 팽창한다.

이것은 논리적으로 타당한 논증이 아니다. 이 논증은 논리적으로 타당한 논증의 기본적인 모습을 가지고 있지 않다. 이 논증에서는 전제가 참이라 하더라도 결론이 참일 수 없다. 열을 받으면 팽창하는 금속에 대한 관찰을 우리가 아무리 많이 한다고 할지라도 곧 우리가 든 예에서 n이 아무리 크다고 할지라도, 모든 금속은 열을 받으면 팽창한다는 것을 논리적으로 보장하지 못한다. 열을 받아 팽창한 금속에 대한 알려진 예와 "'모든 금속은 열을 받으면 팽창한다' 는 언명은 거짓이다"를 동시에 주장하여도 논리적 모순에 빠지지는 않는다.

버트란드 러셀(Bertrand Russell)이 제시한 칠면조의 예는 이러한 사실을 잘 나타낸다. 그것은 칠면조 농장에서 최초의 아침을 맞이하면서 9시에 모이를 먹는 어느 칠면조의 이야기다. 그 칠면조는 몇 주 동안 매일 같은 일을 경험한 후, 안심하고 "나는 항상 9시에 모이를 먹는다"라는 결론을 이끌어 냈다. 그러나 슬프게도 이 결론은 칠면조가 크리스마스 이브에 먹이를 먹는 대신 목이 잘림으로써 부정할 수 없는 거짓으로 판명되었다. 칠면조의 논증은 참인 수많은 관찰로부터 거짓 결론을 이끌어 낸 것이다. 칠면조의 논증은 논리적인 관점에서 볼 때 타당하지 못하다.

금속의 팽창과 같은 예를 통해 보여 준, 제한된 수의 특별한 사실

로부터 일반적인 법칙으로 진행하는, 이러한 종류의 논증을 귀납 논
증(inductive arguments)이라 한다. 귀납 논증은 연역 논증(deductive
arguments)과 다르다. 연역 논증과 구별되는 귀납 논증의 특징은 특
정 종류의 사건에 대한 언명에서 모든 사건으로 나아감으로써 전제
에 포함되어 있는 것을 넘어서는 데 있다. 일반적인 과학 법칙은 그
법칙을 지지하는 이용 가능한 한정된 수의 관찰 언명을 항상 넘어
선다. 바로 이러한 이유 때문에 귀납 논증은 증거에서 논리적으로
연역된다는 의미로는 결코 증명될 수 없다.

무엇이 정당한 귀납 논증을 구성하는가?

우리는 과학적 지식을 사실에서 이끌어 낸 것으로 이해한다면,
"이끌어 내었다"라는 말은 연역적인 의미가 아니라 귀납적인 의미
로 이해해야만 한다는 사실을 살펴보았다. 그렇다면 정당한 귀납의
특성은 무엇인가? 관찰 사실에서 나온 모든 일반화가 정당화되는
것은 아니라는 것이 명백하기 때문에 이 물음은 근본적으로 중요하
다. 어떤 일반화는 지나치게 성급한 일반화일 수도 있다. 이웃 부부
와의 불쾌한 만남을 근거로 그 인종 전체에 어떤 특성을 부여하는
것은 충분하지 못한 증거에 기초한 것이다. 정확하게 어떤 상황에서
과학 법칙이 일련의 관찰 증거와 실험 증거에서 이끌어 내렸다라고
주장하는 것이 정당한가?

이 질문에 대답하려고 하는 첫번째 시도는 다음과 같은 요구를
포함한다. 관찰 사실에서 법칙을 이끌어 낸 귀납 추론이 정당화되려
면, 다음 조건이 충족되어야 한다.

1. 일반화의 기초를 형성하는 관찰의 수가 많아야 한다.

2. 관찰은 다양한 조건 아래에서 광범위하게 반복될 수 있어야 한다.

3. 받아들인 관찰 언명이 도출된 법칙과 모순되지 말아야 한다.

조건 1은 필요 조건이다. 왜냐하면 하나의 금속 막대가 팽창한다는 관찰을 근거로 모든 금속이 열을 받으면 팽창한다라는 결론을 내리는 것은 분명히 타당하지 못하기 때문이다. 달리 말하면 알코올 중독자인 단 한 사람의 오스트레일리아 사람을 근거로 모든 오스트레일리아 사람이 술꾼이라는 판단을 내리는 것과 같기 때문이다. 정당한 귀납 논증은 결론으로 비약하지 않는다.

위에서 예로 제시한 관찰의 수를 확장하는 방법 가운데 하나는 한 종류의 금속 막대에 반복해서 열을 가한다거나, 밤낮을 가리지 않고 술을 마시는 오스트레일리아 사람을 계속해서 관찰하는 것이다. 그러나 이런 방식으로 얻은 관찰 언명의 리스트는 각각의 일반화를 충족시킬 수 있는 만족스러운 근거가 될 수는 없다. 이러한 이유 때문에 조건 2가 필요하다. "모든 금속은 열을 받으면 팽창한다"라는 언명은 이 언명이 근거하고 있는 팽창에 대한 관찰이 다양한 조건의 변화에도 불구하고 아무런 영향을 받지 않을 때 일반화될 수 있다. 긴 금속 막대기, 짧은 금속 막대기, 은 막대기, 구리 막대기 등 여러 종류의 금속에 열을 가해 보아야 하고, 높은 압력과 낮은 압력에서 열을 가해 보아야 하며, 높은 온도와 낮은 온도에서 열을 가해 보아야 한다. 이 모든 경우에 열을 받은 금속이 모두 팽창할 때, 오직 그 경우에만 일반 법칙을 이끌어 내는 것이 정당하다. 만약 어떤 금속 막대가 열을 받아도 팽창하지 않는다면, 법칙으로의 일반화는 정당화될 수 없을 것이다. 그러므로 조건 3은 꼭 필요하다.

지금까지 설명한 것은 다음과 같은 귀납 원리로 요약할 수 있다.

많은 수의 A가 다양한 조건의 변화 아래서 관찰되었고, 그리고 관찰된
A가 모두 예외 없이 B라는 성질을 가지고 있다면, 모든 A는 B라는 성
질을 가지고 있다.

그러나 귀납의 특성에 대한 이러한 규정은 심각한 문제점을 안고
있다. 관찰의 수가 많아야 한다는 조건 1을 검토해 보자. 이 조건이
안고 있는 문제점 가운데 하나는 '많다'라는 말의 애매함이다. 백,
천, 그 이상의 관찰이 필요한 것인가? 정확성을 기하기 위해 여기에
수를 도입한다면 그 수를 선택하는 데는 많은 자의성이 들어가기
마련이다. 문제는 여기에서 끝나는 것이 아니다. 많은 사례라는 요구
가 적절해 보이지 않는 경우도 있다. 이러한 사실을 살펴보기 위해 2
차 대전이 끝나 갈 무렵 최초로 히로시마에 원폭을 투하함으로써
야기된 핵전쟁에 대한 일반인들의 강한 반발을 생각해 보자. 이 반
발은 핵폭탄이 광범위한 파괴를 가져 오고 고통을 수반한다는 사실
을 알게 되었기 때문에 일어난 것이다. 널리 퍼져 있는 이러한 믿음
은 단 한 차례의 극적인 관찰에 기초해 있다. 이와 비슷한 이유로
불이 데이게 한다는 결론을 내리기 위해 여러 차례 불에 손을 대는
사람은 없을 것이다. 과학적 실천과 관련된 좀더 현실성 있는 예를
들어 보자. 최근 과학 잡지에 실린 어떤 실험을 복제하여 그 결과를
출판사에 보냈다고 해 보자. 분명히 잡지의 편집자는 이미 이루어진
실험임을 설명하면서, 나의 논문을 받아들이지 않을 것이다. 조건 1
은 많은 문제점을 안고 있다.

조건 2도 역시 무엇을 상황을 의미 있게 변화시킨 것으로 여길
것인가라는 심각한 난점을 안고 있다. 무엇을 열을 가한 금속의 팽
창을 탐구할 수 있는 의미 있는 상황 변화로 여길 것인가? 금속의
종류, 압력, 열을 가하는 시간대를 달리할 필요가 있는가? 첫번째와

두 번째에 대해서는 "그렇다"고 할 수 있을 것이다. 그러나 세 번째는 "그렇지 않다." 그렇다면 이렇게 대답할 수 있는 근거는 무엇인가? 이 질문은 대단히 중요하다. 왜냐하면 이 물음에 대해 답할 수 없다면, 변화의 목록이 실험실의 크기와 실험자가 신은 양말의 색과 같은 것을 계속 더해감으로써 무한히 확장될 수 있기 때문이다. 만일 이러한 '불필요한' 변화가 제거될 수 없다면, 귀납 추리가 받아들여질 수 있는 조건은 결코 만족될 수 없을 것이다. 그렇다면 변화 중에 어떤 것을 불필요한 것으로 간주할 수 있는가? 상식적인 대답은 아주 간단하다. 우리는 상황에 앞선 지식을 사용하여 우리가 연구하고 있는 체계에 영향을 미칠 수 있는 요소와 그렇지 않은 요소를 구별할 수 있을 것이다. 시간대나 실험자의 양말 색깔이 아니라 금속의 종류나 압력이 그 금속의 물리적 변화에 영향을 미칠 것이라는 기대를 갖게 하는 것은 금속에 대해 우리가 가지고 있는 지식이다. 연구하고 있는 효과의 일반성을 탐구할 때 변화시킬 필요가 있는 상황이 무엇인가를 판단하기 위해 우리는 현재 우리가 가지고 있는 지식을 이용한다.

문제에 대한 이러한 반응은 확실히 옳다. 그러나 이것은 과학적 지식이 귀납에 의해 사실에서 도출되어야 한다는 주장에 대해 하나의 문제를 제기한다. 우리가 (금속의 팽창과 같은) 탐구 중에 있는 현상에 대하여 어떤 상황이 관련이 있는가 그렇지 않은가를 판단할 때, 우리가 호소하고 있는 지식 자체가 어떻게 정당화될 수 있는가라는 물음을 제기할 때 그 문제는 발생한다. 만일 우리가 귀납에 의해 그 지식 자체에 도달해야만 한다는 요구를 한다면 문제는 다시 발생한다. 왜냐하면 이러한 또 다른 귀납 논증은 그것 자체가 관련된 상황에 대한 자세한 설명을 요구하기 때문이다. 각각의 귀납 논증은 그에 앞선 지식에 호소해야 하고, 그 지식을 정당화하기 위해

서는 귀납 논증이 필요하며 그것은 또 그에 앞선 지식에 호소해야
한다. 이러한 과정은 끝없이 계속될 것이다. 그러므로 모든 지식은
귀납에 의해 정당화되어야 한다는 요구는 충족될 수 없는 요구이다.
　조건 3도 문제가 있다. 그것은 알려진 예외가 있어서는 안 된다는
요구를 견디어 낼 수 있는 과학적 지식은 존재하지 않기 때문이다.
나는 7장에서 이 문제를 좀더 자세하게 논의하려고 한다.

귀납주의의 또 다른 문제점

　과학적 지식을 관찰 사실에서 귀납 추리에 의해 도출된 지식이라
고 보는 입장을 귀납주의(inductivism)라 부르고 그러한 입장에 동의
하는 사람들을 귀납주의자(inductivists)라 부르기로 하자. 우리는 이미
이러한 입장이 안고 있는 심각한 문제 곧 하나의 일반화가 어떤 조
건 아래서 정당한 귀납 추론을 구성하는가라는 문제점을 지적하였
다. 말하자면 귀납이 무엇인가는 분명하지 않다. 게다가 귀납주의자
들의 입장에는 또 다른 문제가 있다.
　어느 정도 현금 가치를 지니고 있는 현대 과학적 지식의 경우, 그
지식들은 관찰 불가능한 것을 지시하고 있다는 것을 인정해야 한다.
곧 양성자와 전자, 유전자와 DNA 분자 등을 지시한다. 어떻게 그러
한 지식이 귀납주의자의 입장을 충족시킬 수 있는가? 귀납 추론이
관찰 사실로부터의 어떤 종류의 일반화를 뜻하는 한, 관찰 불가능한
것에 대한 지식을 산출할 수는 없다. 관찰 가능한 세계에 관한 사실
로부터의 일반화는 관찰 가능한 세계에 대한 일반화를 산출할 수
있을 뿐이다. 결론적으로, 관찰 불가능한 세계에 대한 과학적 지식은
우리가 지금까지 논의한 그러한 종류의 귀납 추론에 의해서는 결코
확립될 수 없다. 이러한 사실 때문에 귀납주의자들은 많은 현대 과

학이 관찰 가능한 것으로부터의 귀납적 일반화에 의해 정당화될 수 있는 것을 넘어서 있다는 이유로 그것을 거부해야 하는 불편한 입장에 처하게 된다.

또 다른 문제는 많은 과학적 법칙이 수학적으로 공식화된 엄밀한 법칙의 형식을 띠고 있다는 사실에서 유래한다. 두 물체 사이에 작용하는 힘은 두 물체의 질량의 곱에 비례하고, 두 물체 중심 사이의 거리의 제곱에 반비례한다는 만유 인력의 법칙이 그 간단한 예이다. 이러한 법칙의 엄밀성과 비교하여 이 법칙에 대한 관찰 증거를 구성하는 측정은 모두가 그렇게 엄밀한 것은 아니다. 모든 관찰이 어느 정도의 오류를 갖는다는 것은 잘 알려진 사실이다. 과학자들은 이러한 사실을 잘 알고 있기 때문에 측정의 결과를 표시할 때 $x \pm dx$ 라는 형식으로 표시한다. 여기에서 dx는 오차의 한계를 나타낸다. 만일 과학 법칙이 관찰 사실로부터의 귀납적 일반화라면, 귀납 논증의 전제를 구성하는 엄밀하지 못한 측정의 오류로부터 벗어날 수 없다. 엄밀한 법칙이 엄밀하지 못한 증거에 근거하여 귀납적으로 정당화되는 것은 어려운 일이다.

귀납주의의 세 번째 문제는 귀납의 문제라는 이름을 가진 낡은 철학적 난제이다. 모든 측면에서 과학적 법칙은 (연역) 논리에 호소하여 정당화되거나 경험으로부터 도출됨으로써 정당화될 수 있다는 관점을 취하는 사람들이 공동으로 봉착하는 문제가 귀납의 문제이다. 이 문제를 지적한 사람이 바로 18세기의 철학자 흄(David Hume)이며, 그는 내가 강조하려고 하는 이 문제를 명확하게 표현하고 있다.

이 문제는 우리가 어떻게 귀납 자체가 정당화될 수 있는가라는 물음을 제기할 때 발생한다. 어떻게 귀납 원리의 정당성이 입증될 수 있는가? 귀납 원리의 정당성을 확립하려고 하는 사람은 두 가지 선택지를 가지고 있다. 바꾸어 말하면 논리에 호소하여 그것을 정당화하거나, 경험에 호소하여 그것을 정당화해야 한다. 우리는 이미 첫번째 선택지는 선택할 수 없음을 살펴보았다. 귀납 추리는 논리적 (연역) 추론이 아니다. 그렇기 때문에 우리에게 남겨진 것은 두 번째 선택지뿐이며, 경험에 호소하여 귀납에 대한 정당화를 시도해야 한다. 그러한 정당화는 어떤 형태를 띨 것인가? 아마 그러한 정당화는 다음과 같을 것이다. 무수히 많은 경우에 귀납이 작동되는 것이 관찰되어 왔다. 예를 들면, 실험실 실험의 결과에서 귀납에 의해 도출된 광학의 법칙은 아주 만족스럽게 작동하는 광학 도구를 설계하는 데 오랫동안 사용되어 왔다. 그리고 행성의 위치에 대한 관찰에서 귀납적으로 도출된 행성 운동의 법칙은 식(蝕, eclipses)과 합(合, conjuctions)을 성공적으로 예측하여 왔다. 이러한 사례의 목록은 귀납적으로 도출된 과학적 법칙과 이론에 기초하여 이루어졌다고 생각할 수 있는 많은 수의 성공과 예측으로 광범위하게 확장될 수 있다. 따라서 이러한 논증에 따르면 귀납은 경험에 의해 정당화된다.

그러나 이러한 귀납의 정당화는 받아들여질 수 없다. 이것은 다음과 같이 정리되는 논증 형식에 의해 알 수 있다.

> 귀납 원리는 x_1의 경우에 성공적으로 작용했다.
> 귀납 원리는 x_2 등의 경우에도 성공적으로 작용했다.
> _____
> 귀납 원리는 항상 작용한다.

귀납 원리의 타당성을 주장하는 일반 언명은 그것이 성공적으로 적용되어 온 여러 가지 개별 사례에서 추론되었다. 따라서 이 논증 자체도 귀납 논증이다. 경험에 호소하여 귀납을 정당화하려고 하는 시도는 증명하려고 하는 것을 전제로 삼고 있다. 그것은 귀납에 호소하여 귀납을 정당화하려고 하며, 따라서 여전히 불만족스러운 정당화이다.

귀납의 문제를 피하려는 시도 가운데 하나는 과학적 지식이 참이라고 증명되어야 한다는 요구를 약화시키고, 과학적 주장이 증거에 비추어 확률적인 참임을 보여 주는 것으로 만족하는 방식으로 진행되었다. 공기보다 밀도가 높은 물질은 지구를 향해 떨어진다는 주장을 지지하는 무수히 많은 관찰은, 이 주장의 참을 증명하지는 못하지만 그 주장이 확률적으로 참이라는 주장을 보장한다는 것이다. 이러한 제안을 받아들이는 경우, 귀납의 원리는 "만일 다양한 조건의 변화 속에서 많은 A가 관찰되었고, 이 관찰된 A가 예외 없이 모두 B라는 성질을 가지고 있다고 한다면, 아마도 모든 A는 B라는 성질을 가지고 있을 것이다"로 정식화될 수 있을 것이다. 이러한 재정식화가 귀납의 문제를 극복한 것은 아니다. 다시 형식화된 원리도 여전히 보편 언명이다. 한정된 수라는 관점에서 볼 때, 이 원리의 적용은 항상 확률적으로 참인 일반적인 결론으로 귀착된다. 필연적으로 경험에 호소하여 귀납의 원리에 대한 확률적인 해석을 정당화하려고 하는 시도는 귀납 원리의 원래 형식이 그러하였듯이 정당화되어야만 하는 귀납 논증에 호소해야 한다.

귀납 논증이 참이 아니라 확률적인 참으로 귀결된다고 해석하는 것은 다른 근본적인 문제점을 안고 있다. 법칙이나 이론이 명시된 증거에 비추어 얼마나 확률적인가에 대해 명확한 입장을 취하려고 하면 곧바로 이 문제에 봉착하게 된다. 일반 법칙을 뒷받침해주는 관찰적 지지가 증가하면 그 법칙이 참일 확률 또한 증가하리라는 것은 직관적으로 자명해 보일 수도 있다. 그러나 이러한 직관은 견고한 것이 못 된다. 표준적인 확률론에 따르면, 관찰 증거가 무엇이든 관계없이 모든 보편 언명의 확률이 0이라는 결론을 피하기란 어려운 일이다. 상식적인 방식으로 이 문제에 접근해 보자. 모든 관찰적 언명은 수적으로 제한적인 관찰 언명으로 구성되어 있는 반면, 일반 법칙은 무한히 가능한 경우에 대한 주장을 담고 있다. 증거에 비추어 볼 때 법칙의 확률은 유한한 수를 무한한 수로 나눈 값으로 표시된다. 따라서 증거를 구성하는 관찰 언명의 유한한 수가 증가한다고 하더라도 그 값은 0이 된다. 다른 방식으로 이것을 살펴보자. 유한한 개수의 점으로 그릴 수 있는 곡선이 무한히 존재하듯이, 유한한 개수의 관찰 언명과 양립 가능한 무한한 개수의 일반 언명도 항상 존재할 것이다. 곧 유한한 개수의 증거와 양립 가능한 무한한 수의 가설이 항상 존재할 것이다. 결과적으로 이러한 모든 가설의 확률은 0이다. 12장에서 우리는 이 문제를 중심으로 해결 가능한 방식이 무엇인가를 논의할 것이다.

이 절과 앞의 절에서 우리는 과학적 지식은 귀납 추리에 의해 사실에서 유도된 지식이라는 생각이 안고 있는 두 가지 종류의 문제를 살펴보았다. 첫번째는 적절한 귀납 논증이 무엇인가를 명확히 밝히는 문제였고 두 번째는 귀납을 정당화하려는 시도에 들어있는 순환성이었다. 나는 첫번째 문제를 두 번째 문제보다 더 심각한 문제로 간주하였다. 그러나 내가 전통적으로 귀납의 문제로 불리어 온 것을 심각하게 여기지 않는 이유는 과학을 설명하려고 하는 모든 시도가 유사한 종류의 문제에 봉착하기 때문이다. 만일 우리가 사용하고 있는 모든 원리를 합리적으로 정당화하려고 한다면 항상 문제에 봉착하게 될 것이다. 왜냐하면 우리는 무엇을 논증하려고 하는가를 가정하지 않는다면 합리적 논증 자체에 대한 합리적 논증을 제공할 수 없기 때문이다. 우리는 논리학에서조차도 선결 문제의 오류를 범하지 않는 방식으로 논증을 할 수 없다. 그런데 타당한 연역 논증을 구성하는 것은 대단히 엄밀하게 명시될 수 있지만, 정당한 귀납 논증을 구성하는 것이 항상 명확하게 제시될 수는 없다.

귀납주의의 호소력

이 책의 앞 장에서 논의한 과학에 대한 귀납주의자의 입장을 과학적 지식은 귀납 추리에 의해 사실로부터 도출된다라고 간단히 설명하는 것은 20세기 경제학자의 다음과 같은 글에 잘 나타나 있다.

> 사고의 논리적 과정은 통상적이지만, 초인간적인 힘과 능력을 지닌 마음이 어떻게 과학적 방법을 사용하는가를 상상해 보자. 아마 그 과정은 다음과 같은 것이다. 첫째로, 상대적인 중요성을 생각한 선택이나 선험적인 추측없이, 모든 사실들이 관찰되고 기록될 것이다. 둘째로, 사유의 논리와 필연적으로 관계가 있는 경우를 제외하고는, 가설이나 선결조건 없이 관찰되고 기록된 사실들이 분석되고, 비교되고, 분류될 것이다. 셋째로, 사실에 대한 이러한 분석으로부터 사실들 사이의 관계, 분류 또는 인과와 관련된 일반화가 귀납적으로 이끌어 내어질 것이다. 넷째로, 이전에 확립된 일반화로부터 추론을 행함으로써 그 다음의 연구는 귀납적이면서 연역적일 것이다.[1]

지금까지 살펴보았듯이 모든 형태의 지식의 획득이나 승인에 앞서서 사실을 수집하는 것은 가능하며, 수집해야만 한다는 생각은 받아들여질 수 없다. 만일 그렇지 않다면 오스트레일리아의 숲에 있는 식물에 대한 나의 관찰이 훈련받은 생물학자의 관찰보다 더 가치 있다고 믿어야 한다. 왜냐하면 내가 생물학에 대해 아는 것이 거의

---

1) A. B. Wolfe에 의한 이 인용문은 Hempel(1966, 11면)에서 인용한 것이다.

없기 때문이다. 앞에서 인용한 경제학자가 제시한 과학에 대한 특성 가운데 이 부분은 받아들이지 말자. 남아 있는 설명 가운데 호소력을 지닌 설명은 어떠한 설명인가. 그것은 〈그림 2〉에 요약되어 있다. 과학적 지식을 구성하고 있는 법칙과 이론은 관찰과 실험에서 제공된 사실적 기초에서 귀납에 의해 도출된다. 일단 그러한 지식을 이용할 수 있다면, 예측을 하고 설명을 제공할 수 있다.

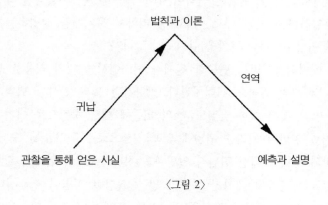

<그림 2>

다음과 같은 논증을 살펴보자.

1. 아주 순수한 물은 (충분한 시간이 주어지면) 0℃에서 언다.
2. 나의 라디에이터는 아주 순수한 물로 채워져 있다.
3. 만일 기온이 0℃이하로 떨어지게 되면, 나의 라디에이터 속에 들어 있는 물은 (충분한 시간이 주어지면) 얼 것이다.

우리는 위의 예를 통해서 1에 포함된 과학적 지식으로부터 예측 3을 연역해내는 것이 타당한 논리적 논증임을 알 수 있다. 1과 2가 참이면 3도 역시 참이어야 한다. 그러나 1과 2, 또는 3이 참이라고 하는 것은 이러한 논증이나 다른 어떤 연역을 통해서 확립될 수 없다. 귀납주의자에게 있어서 진리의 근원은 논리가 아닌 경험이다. 이러한 입장에 의하면 물이 언다라는 직접적인 관찰에 의해 1이 확인될 수 있다. 관찰과 귀납에 의해 1과 2가 확립되면, 예측 3은 1과 2에서 연역될 수 있다.

조금 더 중요성을 가진 예는 그만큼 더 복잡하게 된다. 그러나 복잡한 예에서도 관찰, 귀납과 연역이 수행하는 역할은 본질적인 측면에서 동일하다. 마지막 예로 어떻게 물리학이 무지개를 설명하는가에 대한 귀납주의자의 고찰을 살펴보기로 하자.

앞의 예에서 1이라는 단순한 전제가 여기에서는 빛의 작용을 통제하는 몇 개의 법칙으로 대치된다. 말하자면 빛의 반사의 법칙과 굴절의 법칙, 빛에 대한 굴절도(度)의 의존에 대한 주장으로 대치된다. 이러한 일반적 원리는 귀납에 의해 경험으로부터 유도될 수 있다. 광학의 법칙에 대한 귀납적 일반화를 정당화시키기 위해서 필요한 조건들이 충족될 때까지 무수히 많은 실험실 실험이 행해진다. 곧 거울과 수면으로부터 광선을 반사시키고, 광선이 공기에서 물로, 물에서 공기 등으로 통과할 때의 입사각과 굴절각을 측정하며, 다양한 조건 아래서 여러 가지 색을 띤 빛에 관한 실험을 반복한다.

앞의 예에서 전제 2도 좀더 복잡한 언명들의 배열로 대치된다. 이러한 언명 중에는 하늘에서 태양이 어떤 특정 지점에 자리잡을 때 지구상의 관찰에 대해 미치게 되는 효과에 대한 주장도 포함된다. 또한 관찰자에 대해 상대적인 어떤 특정 지역에 자리한 구름으로부터 떨어지는 빗방울에 대한 주장도 포함된다. 이와 같은 일련의 언명, 즉 탐구라는 상황을 상세히 기술하는 언명들을 초기 조건(initial conditions)이라 한다. 실험 장치에 대한 기술(descriptions)은 초기 조건의 전형적인 예가 된다.

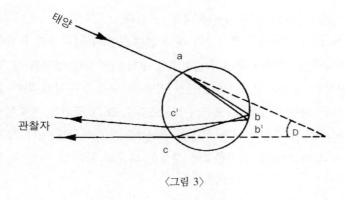

〈그림 3〉

　광학의 법칙과 초기 조건이 주어지면, 관찰자에게 나타나는 무지
개가 어떻게 형성되는가에 대한 설명이 연역에 의해 가능하다. 이
같은 연역은 앞의 예처럼 그렇게 자명하지 않으며, 수학적이고 언어
적인 논의를 포함하게 될 것이다. 이러한 논의는 다음과 같이 개략
적으로 전개될 수 있다. 빗방울이 대체로 둥글다고 가정하면, 빗방울
을 통과하는 광선의 진로는 대략 〈그림 3〉과 같이 나타날 것이다. 만
일 흰 빛의 광선이 빗방울의 a 지점에 투사되면, 그리고 굴절의 법
칙이 참이라면, 붉은 빛의 광선은 ab를 따라 움직이고, 푸른 빛은
ab′를 따라 움직일 것이다. 그리고 반사의 법칙이 참이라 한다면 ab
는 bc와 같이 반사되어야 하며, ab′는 b′c′와 같이 반사되어야 한다.
c 와 c′에서의 굴절은 다시 굴절의 법칙에 의해 결정되기 때문에 빗
방울을 보는 관찰자는 흰 광선에서 붉은 광선과 푸른 광선이 분리
되는 것을 보게 된다. (그리고 스펙트럼의 다른 빛도 모두 그러하
다.) 태양에서 빗방울로 오는 선과 빗방울에서 관찰자로 향하는 선
이 서로 만나 D라는 각도를 이루는 빗방울이면 어느 빗방울이나 관
찰자에게 보여질 수 있는 동일한 색의 분리를 만든다. 기하학적으로
고찰한다면, 만일 비구름이 충분히 확장된다면 색채를 띤 활 모양이

관찰자에게 보여진다는 결론을 내릴 수 있다.

나는 다만 여기에서 무지개에 대한 설명을 요약했다. 그러나 위의 설명만으로도 관련된 추리의 일반적인 형식을 충분히 설명할 수 있다. 광학의 법칙이 참이라면(소박한 귀납주의자들은 귀납에 의한 관찰로부터 확증될 수 있다고 믿는다) 그리고 초기 조건이 정확하게 기술된다면, 무지개에 대한 설명을 필연적으로 수반하게 된다. 모든 과학적 설명과 예측의 일반적인 형식은 다음과 같이 요약될 수 있다.

> 1. 법칙과 이론들
> 2. 초기 조건들
> ─────────────
> 3. 예측과 설명

이것은 〈그림 2〉의 오른쪽에 설명되어 있는 단계이다.

귀납주의자들의 과학에 대한 기본적인 설명은 어떤 직접적인 호소력을 지니고 있다. 그것의 매력은 과학적 지식이 가지고 있는 어떤 특별한 성질, 말하자면 객관성, 신뢰성, 과학의 유용성에 대한 상식적인 직관을 잘 정돈된 방식으로 파악하고 있다는 것이다. 우리는 이 절에서 이미 과학이 예측하고 설명을 하기 때문에 유용하다는 귀납주의자들의 설명을 살펴보았다.

귀납주의자는 관찰, 귀납, 연역 자체를 어느 정도 객관적으로 볼 수 있을 것인가에 따라 과학의 객관성을 해석한다. 귀납주의자에 따르면 주관적인 의견이 개입할 수 있는 여지를 허용하지 않고, 감각을 편견 없이 사용함으로써 객관적인 사실은 확립될 수 있다. 귀납 추리와 연역 추리에 관한 한, 관찰 사실이 어느 정도로 적절성에 대해 공적으로 형식화된 기준을 충족시키는가에 따라 이러한 주장은 적절하다. 반복하자면, 거기에는 사적인 의견이 개입할 여지가 없다. 추리는 객관적인 기준에 맞을 수도 있고, 그렇지 않을 수도 있다.

과학의 신뢰성은 관찰과 귀납 추리 및 연역 추리에 대한 귀납주의자들의 주장에서 나온 것이다. 온전한 귀납주의자에 따르면, 과학의 사실적 기초를 형성하는 관찰 언명은 감각을 주의 깊게 사용함으로써 직접적으로 안전하게 확립될 수 있다. 나아가 적절한 귀납적 일반화에 대한 조건을 충족시킨다면, 이러한 안전은 귀납적으로 유도된 법칙과 이론에도 전달될 것이다. 과학의 기초를 형성하는 것으로 가정된 것은 귀납의 원리에 의해 보장된다.

귀납주의가 매력적으로 보일 수는 있을지라도 이미 우리가 살펴본 것처럼 귀납주의자의 입장은 잘해도 심각한 제한을 받을 수밖에 없으며, 잘못하면 완전히 적절하지 못한 입장이 된다. 우리가 이미 살펴본 것과 같이 적절한 과학적 사실은 결코 직접적으로 주어지는 것이 아니라 실천적으로 구성되어야만 한다. 과학적 사실은 대단히 중요한 의미에서 그것이 전제하고 있는 지식에 의존하고 있으며, 그림 2에 나타나지 않고 있는 복잡한 요소들을 간과하고 있다. 그것은 개선되거나 대치된다. 더욱더 심각한 난점은 우리는 사실에서 이끌어낸 성급하고 경솔한 일반화와 정당한 일반화를 구별할 수 있게 해줄 정도로 귀납을 엄밀하게 규정하지 못했다는 것이다. 낮은 곳에서 높은 곳으로 흐를 수 있는 과냉각된 액체가 잘 보여 주고 있듯이 자연은 놀라운 능력을 가지고 있기 때문에 그것을 엄밀하게 규정하는 것은 대단히 어렵다.

우리는 12장에서 과학에 대한 귀납주의자들의 설명이 안고 있는 난점으로부터 귀납주의를 구해내려고 하는 최근의 시도를 살펴볼 것이다. 그리고 다음의 두 장에서는 귀납을 포함하고 있지 않은 과학관을 제시함으로써 귀납의 문제를 비켜 간 철학자를 논의하려고 한다.

더 읽어 볼 만한 문헌

귀납의 문제에 대한 역사적 연원은 흄의 《인간 본성에 대한 논고》 (*Treatise on Human Nature*, 1939, Part 3)이다. 이 문제를 다룬 또 다른 고전은 Russell(1912, 6장)이고 흄의 논증의 귀결을 처음부터 끝까지 전문적으로 다룬 책은 Stove(1973)이다. 귀납의 문제를 해결했다고 하는 칼 포퍼의 주장은 Popper(1979, 1장)에 있다. 귀납 추리에 대하여 합리적으로 접근 가능한 설명은 Hempel(1966)과 Salmon(1966), 좀더 자세한 논의는 Glymour(1980)에 있다. 라카토슈 자신의 도발적인 개관을 포함하여, 귀납 논리를 구성하려고 하는 논문들을 모아 놓은 책으로는 Lakatos(1968)가 있다.

제5장

반증주의의 도입

서론

칼 포퍼는 귀납주의에 대한 대안으로, 내가 앞으로 '반증주의' (falsificationism)라고 부르려는 것을 가장 강력하게 옹호한 철학자였다. 포퍼는 1920년대 빈에서 교육을 받았다. 이 때 빈 학단(Vienna Circle)으로 알려진 철학자들이 논리실증주의(logical positivism)를 명확하게 표명하였다. 이들 가운데 가장 유명한 철학자는 루돌프 카르납(Rudolf Carnap)이다. 카르납을 지지하는 진영과 포퍼를 지지하는 진영 사이의 충돌과 논쟁이 1960년대까지 과학 철학의 면모를 형성하였다. 포퍼는 과학이 사실에서 도출되었기 때문에 특별하다는 생각과 사실이 많으면 많을수록 좋다는 생각에서 어떻게 깨어나게 되었는가에 대한 이야기를 스스로 하고 있다. 그는 프로이트주의자와 마르크스주의자가 그들 이론의 관점에서 인간의 행위 또는 역사적 변화를 각각 많은 사례들을 해석함으로써 옹호하고, 많은 사례에 의해 그들의 이론이 지지되었다고 주장하는 것을 보고 그들의 방법을 의심하게 되었다. 포퍼는 그들의 이론은 그들의 방법에 따르면 결코 잘못을 범할 수 없다고 생각하였다. 왜냐하면 인간의 행위나 역사적 변화에 나타나는 모든 예들은 그들의 이론과 일치시킬 수 있도록 조정할 수 있는 충분한 유연성을 가지고 있었기 때문이다. 결과적으로, 광범위한 사실에 의해 강력한 이론이 외형적으로 입증되는 것처럼 보일지라도 그 이론들은 사실상 아무 것도 설명하지 못한 것이다. 그것은 그 이론들이 아무 것도 배제할 수 없었기 때문이다. 포퍼는 이러한 이론을 1919년 에딩턴(Eddington)이 수행한 아인슈타인의 상대성 이론에 대한 유명한 시험과 비교하였다. 아인슈타인의 이론에 따르면 빛은 태양과 같이 무거운 물체 가까이를 통과할 때 휘어야만 한다. 그 결과 태양의 뒤편에 있는 별은 이러한 휨이 없는 곳에서 관찰한다면 잘못 놓인 것처럼 보여야만 한다. 에딩턴은 일식에 의해 태양에서 오는 빛이 차단되었을 때 별을 관측함으로써 이러한 위치 이동을 찾아 관찰했고 이로써 아인슈타인의 이론은 입증되었다. 포퍼는 이에 대해 반론을 제기했다. 구체적이고, 시험 가능한 예측을 함으로써 일반 상대성 이론은 위험한 상태에 놓이게 되었다. 즉 이 예측과 충돌하는 관찰을 배제하게 된 것이다. 포퍼는 그가 생각했던 진정한 과학적 이론은 명시적인 예측을 행함으로써 프로이트 이론과 마르크스 이론이 실패를 겪었던 방식에서 나타난 일련의 관찰 가능한 정황을 배제해야 한다는 원리를 이끌어 내었다. 그는 과학 이론은 반증 가능한(falsifiable) 이론이라는 결론에 도달하였다.

반증주의자는 관찰이 이론의 안내를 받는다는 것과 이론을 전제하고 있다는 것을 아무런 거리낌없이 인정한다. 뿐만 아니라 그는 관찰 증거에 의해 이론이 참 또는 확률적 참으로 확립될 수 있음을 함축하는 모든 주장을 미련 없이 버리고 있다. 이론은 그 이전의 이

론이 해결하지 못한 문제를 해결하고 이 세계나 우주의 어떤 측면
을 좀더 적합한 방식으로 설명하기 위해 인간의 지성이 자유롭게
창조해낸 사변적이고 가설적인 추측(conjectures), 짐작(guesses)으로
해석된다. 일단 사변적인 이론이 제안되면 그 이론은 관찰과 실험에
의해 엄격하고 가차없이 시험을 받아야 한다. 관찰이나 실험에 의한
시험을 견디어 내지 못하는 이론은 버림 받고, 다른 대담한 추측이
그 자리를 대신한다. 과학은 시행 착오, 추측과 반박을 통해 진보한
다. 오직 가장 잘 적응한 이론만 살아 남는다. 비록 한 이론이 참이
라고 말하는 것은 정당하지 않을지라도, 그 이론이 가장 유용한 이
론이고 이전의 이론과 비교하여 좋은 이론이라는 이야기는 할 수
있다. 반증주의자에 따르면 과학은 귀납과 아무런 관계가 없기 때문
에 반증주의에서는 귀납의 특성과 정당화와 관련된 문제는 전혀 발
생하지 않는다.

　반증주의에 대해 간략하게 살펴보기로 하자. 반증주의의 자세한
내용은 다음에 나오는 두 개의 장에서 다룰 것이다.

반증주의자를 뒷받침하는 논점

　반증주의에 의하면 관찰이나 실험의 결과에 호소하여 어떤 이론
이 거짓임을 밝혀 낼 수 있다. 여기서 반증주의자를 뒷받침하는 논
점은 아주 간단하다. 필자가 4장에서 이미 지적하였듯이, 참인 관찰
언명은 어느 정도 유용성을 갖기는 하지만, 관찰 언명에 근거한 논
리적 연역을 통해 보편 법칙이나 이론을 지지할 수는 없다. 그 반면
전제로서의 단칭 관찰 언명을 근거로 하여 논리적 연역에 의해 보
편 법칙과 이론이 거짓임을 밝히는 것은 가능하다. 예를 들어 "검지
않은 까마귀 한마리가 x라는 장소에서 t라는 시간에 관찰되었다"라

는 명제가 주어진다면, 이 명제로부터 "모든 까마귀는 검다"라는 명제가 거짓임을 논리적으로 이끌어 낼 수 있다. 즉 다음과 같은 논증은 논리적으로 타당한 연역 추리이다.

> 전제: 검지 않은 까마귀 한 마리가 x라는 장소에서 t라는 시간에 관찰되었다.
> 결론: 모든 까마귀가 검은 것은 아니다.

이 논증에서 전제를 긍정하고 결론을 부정하면 논리적으로 모순에 빠진다. 한두 가지의 예를 더 들어 이와 관련된 논리적인 측면을 좀 더 자세히 살펴보자. 시험 실험을 관찰하여 만일 10파운드의 무게를 가진 물체와 1파운드의 무게를 가진 물체가 거의 동일한 속도로 자유 낙하했다라는 언명이 확립되었다면, 떨어지는 물체의 속도는 무게에 비례한다라는 언명이 거짓이라는 결론을 내릴 수 있다. 만일 태양에 근접하여 통과하는 광선은 곡선으로 굽어진다라는 주장이 의심할 여지없이 증명될 수 있다면 광선은 항상 직선으로 진행한다는 주장은 성립될 수 없다.

보편 언명이 거짓이라는 것을 적절한 단칭 언명에서 연역해낼 수는 있다. 반증주의자들은 이러한 논점을 철저히 활용하고 있다.

이론을 평가하는 기준으로서 반증 가능성

반증주의자는 과학을 세계나 우주의 어떤 측면의 움직임을 정확하게 기술하거나 설명하기 위해 잠정적으로 제시된 일련의 가설이라고 생각한다. 그렇지만 모든 가설이 그런 것은 아니다. 어떤 가설이나 이론의 체계가 과학적 법칙이나 이론의 자격을 얻기 위해서 충족시켜야 하는 하나의 기본적인 조건이 있다. 가설이 과학의 울타리 안에 들어오려면 그 가설은 반증 가능해야 한다. 논의를 더 전개하기 전에 반증주의자들이 사용하는 '반증 가능성'이라는 말의 분명한 의미를 살펴보자.

다음 예는 반증주의자가 이 말을 사용하는 의미와 동일한 의미에서 반증 가능한 주장들이다.

1. 수요일에는 비가 오지 않는다.
2. 모든 물체는 열을 받으면 팽창한다.
3. 벽돌과 같이 무거운 물체를 지상에서 얼마 떨어지지 않은 지점에서 떨어뜨릴 때, 그 물체가 외부의 어떤 힘을 받지 않으면, 그 물체는 직선으로 떨어진다.
4. 빛이 평면 거울에서 반사될 때, 입사각의 크기와 반사각의 크기는 동일하다.

언명 1은 반증 가능하다. 왜냐하면 언명 1은 수요일에 비가 내렸다는 사실을 관찰함으로써 반증될 수 있기 때문이다. 언명 2도 반증 가능하다. x라는 어떤 물체가 t라는 시간에 열을 받았는데도 팽창하지 않았다는 관찰 언명에 의해 반증될 수 있다. 빙점 가까이 있는 물은 언명 2를 반증하는 사례가 된다. 1과 2는 모두 반증 가능하며 거짓이다. 언명 3과 4는 지금까지의 지식에 비추어 본다면 참일 수 있다. 그렇지만 3과 4도 반증 가능하다. "벽돌을 놓으면 위로 떨어진다"라는 주장은 비록 관찰에 의해 지지될 수는 없지만 논리적으로 모순은 아니다. 언명 4도 반증 가능하다. 왜냐하면 거울에 비스듬히 입사한 광선이 거울에서 수직의 방향으로 반사될 수 있기 때문이다. 반사의 법칙이 참이라면 이러한 일이 일어나지 않겠지만, 이러한 일이 일어나는 것은 논리적 모순이 아니다. 3과 4는 참일 수 있지만 반증 가능한 언명이다.

한 가설은 그 가설과 모순되는 관찰 언명이나 일련의 관찰 언명이 논리적으로 존재할 수 있으면, 달리 말해 관찰 언명이 참으로 입증되고, 그것에 의해 가설이 반증될 수 있으면 그 가설은 반증 가능한 언명이다.

다음과 같은 언명은 이 조건을 충족시키지 못하기 때문에 결과적으로 반증 가능하지 않다.

5. 비가 오거나 오지 않거나이다.
6. 유클리드 기하학에서 원주상의 모든 점은 중심에서 등거리에 있다.
7. 모험적인 투기에서 행운이 온다.

5를 반박할 수 있는 관찰 언명이 존재하는 것은 논리적으로 불가능하다. 날씨와 관계없이 5는 참이다. 언명 6은 필연적으로 유클리드 기하학의 원의 정의(定義)에 따라 참이다. 원주상의 점들이 중심에서 등거리에 있지 않으면 그 도형은 유클리드의 원이 아니다. "총각은 모두 결혼하지 않았다"라는 언명도 이와 유사한 이유로 반증 가능하지 않다. 언명 7은 신문의 운수 풀이에서 인용한 것으로 이는 점쟁이의 책략을 잘 드러내 주고 있다. 이 언명 또한 반증 가능하지 않다. 이 점쟁이의 말은 독자들에게 만일 내기를 걸면 그가 이길 수 있음을 말하고 있는데, 이 말은 그가 내기를 걸었든, 걸지 않았든 참이 되며, 만일 그가 내기를 걸었다면 이겼든, 이기지 않았든 참이 된다.

반증주의자는 지금까지 필자가 논의한 의미로 과학적 가설은 반증 가능해야 한다고 주장한다. 반증주의자가 이렇게 주장하는 이유는 법칙이나 이론이 경험적인 정보 내용을 가지려면 논리적으로 가능한 관찰 언명에 의해 배제될 수 있는 성질을 지녀야 하기 때문이다. 만일 한 언명이 반증 가능하지 않다면, 이 세계는 그 언명과 모순을 일으키지 않고 어떠한 성질이라도 다 가질 수 있으며, 어떠한 방식으로도 운행될 수 있다. 언명 1, 2, 3, 4와 달리 언명 5, 6, 7은 우리에게 세계에 대해서 아무 것도 말해주지 않는다. 과학적 법칙이나 이론은 세계가 실제로 어떻게 운행되고 있는가에 대한 정보를 줄 수 있어야 하고, 그렇게 함으로써 논리적으로는 가능하지만 실제로는 그렇지 않은 주장들을 배제할 수 있어야 한다. "모든 행성은 태양 주위를 타원형 궤도로 운동한다"라는 법칙은 실제로 행성이 타원형 궤도로 운동한다라는 사실을 주장하면서, 궤도가 정사각형이거나 계란형이라는 것을 배제하기 때문에 과학적인 법칙이다. 이 법칙은 행성의 궤도에 대한 구체적인 주장을 하면서 경험적인 내용을 가지고 있기 때문에 반증 가능하다.

전형적인 과학 이론에 속하는 법칙들은 얼핏 보기만 해도 그 법칙들이 반증 가능성의 기준을 만족시키고 있음을 알 수 있다. "서로 다른 자극(磁極)은 서로 당긴다", "염기에 산을 넣으면 소금물이 나온다"와 같은 법칙 또는 이와 유사한 법칙은 반증 가능하다. 그러나 반증주의자는 어떤 이론은 얼핏 보면 좋은 과학적 이론의 성질을 가지고 있는 것처럼 보이지만 반증될 수 없기 때문에 실제로는 과학적 이론처럼 위장하고 있는 것이므로 거부되어야 한다고 주장한다. 포퍼는 적어도 마르크스의 역사 이론, 프로이트의 정신 분석, 아들러(Adler) 심리학의 몇 가지 버전은 이러한 결함을 지니고 있다고 주장한다. 포퍼가 예로 든 아들러의 심리학을 살펴보기로 하자.

아들러 이론의 기조는 열등감이 인간 행동에 동기를 부여한다는 것이다. 이러한 교의는 다음과 같은 사건을 지적함으로써 지지될 수 있다. 한 사람이 위험한 강둑에 서 있는데 바로 그때 얼마 떨어져 있지 않은 곳에서 어린아이가 물에 빠졌다. 이 사람은 어린아이를 구하기 위해 강으로 뛰어들거나, 뛰어들지 않거나 할 것이다. 만일 그가 강으로 뛰어들면, 아들러주의자는 이 행위가 어떻게 그들 자신의 이론을 뒷받침하는지를 설명할 것이다. 분명히 이 사람은 위험을 무릅쓰고 강으로 뛰어들 수 있을 정도로 용감했다는 사실을 보임으로써 그가 가진 열등감을 극복하려고 했다는 것이다. 만일 그 사람이 강으로 뛰어들지 않았다 하더라도 아들러의 이론을 옹호하는 심리학자들은 자기들의 이론이 지지되었다고 주장할 것이다. 그 사람은 어린아이가 물에 빠져 죽어 가는 현장에서도 침착하게 강둑에 서 있을 수 있는 담력이 있음을 보여 줌으로써 그가 열등감을 극복하려고 한다는 것이다.

　이상과 같은 희화화가 옳은 것이라면 아들러 이론에 대한 반증은 불가능하다. 이 이론은 인간의 모든 행동과 부합하며 따라서 우리에게 인간 행동에 대해 어떤 것도 말해주지 못한다. 물론 이러한 사실을 토대로 아들러의 이론을 거부하기 전에 위에서 예로 든 이야기보다는 그 이론을 자세하게 탐구해 볼 필요는 있을 것이다. 모든 것을 다 설명하려고 하면서 정작 아무 것도 설명하지 못하는 것이 아닌가 하는 의구심을 자아내는 많은 사회적·심리적·종교적 이론들이 존재한다. 그것들은 우리의 믿음을 저울질하거나 우리를 벌하기 위해 재해를 주었다고 해석함으로써, 자비로운 신이 존재한다는 것과 어떤 재해가 일어나는 것을 동시에 인정할 수 있으며, 모든 것이 다 설명될 수 있다. 동물의 행태에 관한 많은 예는 "동물들은 그들이 의도하는 것을 가장 효과적으로 성취할 수 있도록 만들어졌다"라는 주장을 지지하는 증거 구실을 할 수 있다. 이러한 방법을 택한 이론가들은 점쟁이의 속임수와 다를 바 없는 속임수를 쓰고 있으며,

반증주의자의 비판에서도 벗어날 수 없다. 반증될 수 있는 위험을 안고 있는 이론만이 경험적인 정보 내용을 가진 이론이 될 수 있다.

반증 가능성, 명확성, 엄밀성의 정도

좋은 과학 법칙이나 이론은 그것이 세계에 대한 구체적인 주장을 하기 때문에 반증 가능하다. 반증주의자는 이러한 사실에서 더 잘 반증될 수 있는 이론이 매우 느슨한 의미에서 더 좋은 이론이라는 사실을 이끌어 낼 수 있다. 이론이 주장하는 바가 많으면 많을수록 그 이론이 지적하는 방식으로 실제로 이 세계가 운행되지 않을 잠재적 가능성이 높아진다. 세계에 대해 주장하는 바가 많은 이론이 결국 반증 가능성이 높으며, 시험에 붙여질 때마다 반증을 견디어 낼 수 있다면 그러한 이론이 좋은 이론이다.

간단한 예를 들어 이 점을 분명하게 살펴보기로 하자. 다음의 두 가지 법칙을 고찰해 보자.

(a) 화성은 타원형 궤도로 태양 주위를 돈다.
(b) 모든 행성은 타원형 궤도로 태양 주위를 돈다.

나는 과학적 지식의 일부로서 (a)보다 (b)가 더 높은 과학적 지위를 갖는다고 생각한다. 법칙 (b)는 법칙 (a)가 우리에게 알려 주는 것을 알려 주면서 그 밖에 다른 것도 알려 준다. (b)는 (a)보다 반증 가능성이 높은 더 좋은 이론이다. 만일 화성을 관찰하여 (a)를 반증하는 결과가 나왔다면, 그 결과는 (b)도 반증할 수 있다. (a)의 반증은 (b)의 반증이 된다. 그러나 그 역은 성립하지 않는다. (b)의 반증으로 생각될 수 있는 금성이나 목성 등의 궤도를 말하는 관찰 언명은 (a)와는 아무 관계가 없다. 포퍼의 표현 방식을 따라 법칙이나 이론을 반증할 수 있는 관찰 언명을 그 법칙이나 이론의 **잠재적 반증자** (potential falsifiers)라 부른다면 (a)의 잠재적 반증자의 집합은 (b)의 잠재적 반증자 집합의 부분 집합이다. 법칙 (b)는 법칙 (a)보다 더 반증 가능성이 높으며, 이는 (b)가 더 많은 주장을 담고 있으며, 더 좋은 이론임을 의미한다.

태양계에 대한 케플러(Kepler)의 이론과 뉴턴의 이론을 실례로 들어보자. 여기서 말하는 케플러의 이론이란 행성의 운동에 대한 세 가지 법칙을 가리킨다. 이 이론의 잠재적 반증자는 지정된 시간에 태양에 관계가 있는 행성의 위치를 말하는 언명들로 구성되어 있다. 케플러의 뒤를 이은 뉴턴의 이론은 케플러의 이론보다 더 포괄적이다. 뉴턴의 이론은 운동의 법칙과 만유 인력의 법칙으로 구성되어 있는데, 만유 인력의 법칙에 따르면 우주에 있는 모든 물체는 서로 인력을 가지며, 두 물체 간의 인력은 거리의 제곱에 반비례한다. 지정된 시간에 행성의 위치를 가리키는 언명은 뉴턴 이론의 잠재적 반증자 가운데 일부이다. 뉴턴의 이론에는 낙하하는 물체와 진자의 운동을 말하는 잠재적 반증자를 포함하며 조수와 태양, 달의 위치와 상호 관계 등을 나타내는 잠재적 반증자들로 구성되어 있다. 케플러의 이론이 반증될 가능성보다는 뉴턴의 이론이 반증될 가능성이 훨씬 높다. 그럼에도 불구하고 반증주의자의 주장에 의하면, 뉴턴의 이론이 시도된 반증들을 견디어 왔으며 따라서 케플러의 이론보다 더 우수한 이론이다.

반증 가능성이 높은 이론은 그것이 실제로 반증되지 않는 한, 반증 가능성이 낮은 이론보다 더 좋은 이론이다. 반증주의자에게 이 조건은 매우 중요하다. 일단 반증된 이론은 가차없이 폐기되어야 한다. 과학이라는 작업은 반증 가능성이 높은 가설을 제시하고, 그 가설을 반증하려는 신중하고도 집요한 노력이다. 포퍼(Popper, 1969, 231면, 고딕은 원저자)는 다음과 같이 말한다.

> 나는, 나 자신과 같은 반증주의자는 평범한 진리들을 이야기하는 것보다는 흥미 있는 문제를 해결하기 위해, 비록 (그리고 특히) 거짓으로 밝혀진다고 할지라도 대담한 추측을 제기함으로써 그 문제를 해결하려고 하는 노력을 더 좋아한다. 우리들이 이것을 더 좋아하는 이유는 우리가 오류를 통해서 배울 수 있는 방법이 이 방법뿐이라고 믿기 때문이다. 그리고 우리들의 추측이 거짓임을 발견함으로써 우리는 진리에 대해 더 많은 것을 배울 수 있고, 진리에 더 가까이 나아갈 수 있다.

우리는 실수(mistakes)를 통해서 배운다. 시행 착오(error)를 통해서 과학은 진보한다. 관찰 언명에서 보편 법칙이나 이론을 유도해내는 것은 논리적으로 불가능하지만, 그것의 거짓은 연역될 수 있기 때문에 과학에서 반증(falsifications)은 중요한 획기적 사건이 되었고, 빛나는 성과이며, 성장의 주요 특징이 되었다. 그러나 반증의 중요성에 대해 어느 정도 직관에 어긋날 정도로 강조하는 좀더 극단적인 반증주의자들의 강조는 다음 장에서 비판을 받게 될 것이다.

경험적 내용이 풍부한 이론의 추구가 과학의 목적이기 때문에, 반증주의자는 대담한 추측의 제안을 환영한다. 거리낌없는 대담한 추측은 반증 가능할 때 격려를 받으며, 반증되면 받아들여지지 않는다. 사느냐 죽느냐 하는 대담한 태도는 귀납론자들이 옹호하는 조심스러움과 정면으로 대립된다. 귀납주의자는 참 또는 개연적 참으로 확증될 수 있는 이론을 과학에 포함시킨다. 우리가 타당한 귀납을 가지기만 하면 경험의 직접적인 결과를 넘어서 나아갈 수 있는 것이다. 이와 반대로 반증주의자는 귀납의 한계를 받아들이면서 관찰이 이론에 기여할 수 있는 길을 모색한다. 자연의 비밀은 오직 독창적이고 통찰력 있는 이론의 도움을 받아야만 밖으로 드러난다. 세계의 실재를 보여 주는 추측된 이론이 많으면 많을수록, 이 추측이 대담하면 대담할수록 과학에서 중요한 진보가 이루어질 기회는 많아지게 된다. 대담한 이론이 아무리 증가해도 그것은 조금도 문제가 되지 않는다. 세계를 제대로 기술하지 못하는 이론은 관찰이나 시험의 결과를 통해 가차없이 제거될 수 있기 때문이다.

이론은 반증 가능성이 높아야 한다는 요청은 이론이 정밀하고 명확하게 진술되어야 한다는 흥미로운 귀결을 수반한다. 만일 이론이 애매하게 진술되어 그것이 주장하는 바가 무엇인지가 명확하지 않으면, 관찰이나 실험을 통해 그 이론을 시험하려고 할 때, 항상 그 시험의 결과와 일치하도록 이론이 해석될 수 있다. 이렇게 하면 이론은 반증을 피할 수 있게 된다. 예를 들면 괴테(Goethe, 1970, 295면)는 전기에 대해 다음과 같이 적고 있다.

> 그것은 아무 것도 아니며, 무(無)이고, 단지 점에 불과하다. 그러나 모든 물체에 존재하며, 그와 동시에 그것은 근원점이며, 조그마한 자극에도 믿을 수 없는 모습으로 스스로를 나타내며, 이러한 나타남은 그 스스로 사라지기 위해 나타나는 것이다. 특수한 물체의 본질에 따라서 이러한 나타남의 조건은 무한히 변한다.

만일 우리가 이 인용구를 액면 그대로 받아들인다면, 어떠한 물리적 상황이 그것을 반증할 수 있는가를 아는 일은 어렵게 된다. 그것이 매우 애매하고 불분명하기 때문에(적어도 위의 문맥에서 본다면), 그것은 반증될 수 없다. 정치가나 점쟁이는 애매한 말로 어떠한 결과가 발생하든 항상 그것과 부합하도록 자신의 말을 해석하여 잘못을 범했다는 비난을 면할 수 있다. 우리는 높은 반증 가능성의 정도를 요청함으로써 이러한 책략을 배제할 수 있다. 반증주의자는 이론이 반증의 위험 앞에 노출될 수 있도록 충분하고 분명하게 진술되어야 한다고 생각한다.

이것은 정밀성에도 해당한다. 한 이론이 정밀하게 구성되면 될수록 반증 가능성은 높아진다. 우리가 반증 가능성이 높은 이론이 좋은 이론이라는 주장을 받아들인다면(만일 그것이 반증되지 않는다면), 주장하는 바가 정밀한 이론이 더 좋은 이론이라는 주장도 받아들여야 한다. "행성은 타원형 궤도로 태양 주위를 회전한다"라는 언명은 "행성은 닫혀진 곡선 궤도로 태양 주위를 회전한다"라는 언명보다 더 정밀하며 따라서 더 손쉽게 반증될 수 있다. 타원형의 궤도는 첫번째 언명을 반증할 수 있지만 두 번째 언명은 반증할 수 없다. 그런데 두 번째 언명을 반증하는 궤도는 모두 첫번째 언명을 반증한다. 반증주의자는 첫번째 언명을 선택한다. 첫번째 언명이 반증 가능성이 높기 때문이다. 이와 동일한 이유에서 반증주의자는 진공상태에서 빛의 초속은 대략 300×10^6m라는 진술보다는 299.8×10^6m라는 더 정밀한 진술을 선택해야 한다. 그것은 299.8×10^6이 300×10^6보다 반증 가능성이 높기 때문이다.

반증주의자의 과학에 대한 설명으로부터 자연스럽게 표현은 정밀하고 명확해야 한다는 밀접히 연관된 요청을 이끌어 낼 수 있다.

반증주의와 진보

반증주의자가 생각하는 과학의 진보는 다음과 같이 요약될 수 있다. 과학은 문제에서 출발하며, 문제는 세계와 우주의 여러 측면의 거동을 설명하는 것과 관련이 있다. 과학자들은 이 문제를 해결하기 위해 반증 가능한 가설을 내놓는다. 어떤 가설은 곧 제거될 것이다. 또 어떤 가설은 좀더 성공적인 가설로 증명된다. 더욱더 엄중한 비판과 시험을 성공적으로 통과한 가설이 결국 반증을 받게 되면, 이미 해결된 문제가 아닌 새로운 문제가 나타난다. 이 새로운 문제는 새로운 가설의 고안을 필요로 하며, 새로운 가설이 고안되면 그 가설은 새로운 비판과 시험을 받아야 한다. 그리고 이러한 과정은 무한히 계속된다. 아무리 엄격한 시험을 잘 견디어 낸 이론이라 하더라도, 결코 그 이론이 참이 될 수는 없다. 그러나 지금의 이론이 그 전의 이론을 반증한 시험을 통과했다는 의미에서 그 전의 이론보다 우수하다고 말할 수 있다.

반증주의자가 말하는 과학의 진보라는 개념을 잘 설명해주는 몇 가지 예를 살펴보기 전에 "과학은 문제에서 출발한다"라는 주장의 의미를 살펴보기로 하자. 과거 과학자들이 부딪친 문제로는 다음과 같은 것들이 예시될 수 있다. 아주 작고 시력이 약한 박쥐가 어떻게 밤중에 잘 날아다닐 수 있는가? 고도가 높은 곳이 낮은 곳보다 기압이 낮은 이유는 무엇인가? 뢴트겐(Roentgen)의 실험실에 있던 사진 감광판이 왜 계속 검게 되었는가? 행성인 수성의 근일점(perihelion)은 왜 이동하는가? 이런 문제들은 어느 정도 직접적인 관찰을 통해서 제기된다. 그렇다면 과학이 문제에서 출발한다고 주장하는 것은 반증주의자들이 소박한 귀납주의자들을 비판할 때 들고 나온, 과학이 관찰에서 출발한다는 주장과 동일한 것이 아닌가? 그렇지 않다. 위에서 언급된, 문제 제기를 하는 관찰은 어떤 이론에 비추어 볼 때만 문제가 되는 것으로 보인다. 모든 생물체는 눈으로 '본다'라는 이론에 근거했을 때에 그 첫번째 문제가 나타나게 된다. 두 번째 예는 갈릴레오 이론의 지지자가 볼 때 문제가 된다. 이것은 갈릴레오 추종자들이 왜 수은주가 기압계 튜브에서 떨어지지 않는가에 대한 설명으로 받아들이고 있는 '진공의 힘'에 대한 이론에 적합하지 않기 때문이다. 세 번째 예가 뢴트겐에게 문제가 되는 이유는 그 당시에는 사진 감광판의 컨테이너를 통과하여 그것을 검게 할 수 있는 방사선이나 방사물은 존재하지 않는 것으로 암암리에 가정하였기 때문이다. 네 번째 예가 문제가 되는 이유는 그것이 뉴턴의 이론과 상충되기 때문이다. 과학은 문제에서 출발한다는 주장은 관찰과 관찰언명에 대해 이론이 우선한다는 주장과 완전히 일치한다. 과학은 순수한 관찰에서 출발하지 않는다.

"과학이 관찰에서 출발한다"라는 주장에 대한 논의는 이 정도로 마치고 문제에서 대담한 가설로, 가설에서 비판과 그 가설의 반증으로, 거기에서 다시 새로운 문제로 나아가는 과정으로서 과학의 진보에 대한 반증주의자들의 개념을 고찰해 보자. 여기서는 박쥐가 나는 것에 관련된 간단한 예와 물리학의 진보와 관련된 다소 복잡한 예를 들어보기로 하자.

우리는 문제에서 출발한다. 박쥐는 나뭇가지를 피하고, 전신줄을 피하고, 다른 박쥐 등을 피하며 아주 쉽게 속도를 내어 날면서 벌레를 잡을 수 있다. 박쥐의 시력은 매우 약함에도 불구하고 대부분 밤에 날아다닌다. 이런 사실이 문제가 되는 것은 이것이 인간과 같이 동물들은 눈으로 본다는 믿을 만한 이론을 명백히 반증하기 때문이다. 반증주의자는 추측이나 가설을 제기함으로써 이 문제를 해결하고자 한다. 아마도 그들은, 비록 박쥐들의 시력이 매우 약하다 하더라도 우리가 이해할 수 없는 방법으로 그들의 눈을 효과적으로 사용하여 볼 수 있다는 주장을 할 것이다. 이 가설은 시험될 수 있다. 장애물이 있는 어두운 방에 박쥐들을 풀어놓고, 어떤 방법으로 박쥐들이 장애물을 피하는지를 측정한다. 조금 전 실험을 했던 박쥐들의 눈을 가리고 다시 그 방에 풀어놓는다. 이 실험에 앞서 실험자는 다음과 같은 연역 추리를 할 수 있다. 이 연역 추리의 첫번째 전제는 실험자의 가설이며, 그 가설의 내용은 "박쥐는 그들의 눈을 통해 장애물을 피해 날 수 있으며, 눈을 사용하지 않고서는 날지 못한다"라는 것이 될 것이다. 두 번째 전제는 실험 장치에 대한 기술이 되며, 거기에는 "실험의 대상이 된 박쥐는 눈을 가렸으므로, 눈을 사용하지 못한다"는 언명이 포함될 것이다. 실험자는 이 두 전제에서 연역적으로 실험의 대상이 된 박쥐는 실험실에서 장애물을 피할 수 없다는 결론을 이끌어 낼 수 있다. 이제 실험은 끝나고, 이전과 같이 박쥐는 충돌하지 않고 장애물을 잘 피했다는 사실을 알게 될 것이다. 이 가설은 반증되었다. 다시 상상력을 동원하여 새로운 추측이나 가설 또는 추정을 제시해야 한다. 아마도 과학자들은 박쥐가 청력을 이용하여 장애물을 피할 수 있다는 가설을 내세울 수도 있으며, 이 가설은 이것을 반증하려는 다음과 같은 실험을 통해서 시험될 수 있다. 실험 전 박쥐의 귀를 막아 실험실에 풀어놓는 실험을 통해서 우리는 박쥐가 장애물을 피하는 능력이 뚜렷하게 낮아졌다는 사실을 알 수 있다. 이 가설은 지지되었다. 이제 반증주의자는 그의 가설을 좀더 정확하게 기술하여 반증이 용이하도록 해야 한다. 박쥐는 자신이 낸 소리가 벽에 부딪쳐 반사되어 나오는 소리를 듣는다는 가설이 제시될 수 있다. 이 가설은 울음소리를 내지 못하게 한 박쥐를 실험실에 풀어놓음으로써 시험될 수 있다. 박쥐는 벽에 부딪치게 될 것이고, 이 가설은 다시 지지된다. 이렇게 되면 반증주의자는 비록 그 자신이 박쥐가 나는 동안 장애물을 어떻게 피하는가를 실험을 통해 증명했다고는 볼 수 없지만, 문제에 대한 잠정적인 해결에 도달했다고는 볼 수 있다. 그렇지만 그가 범한 오류를 지적하는 몇 가지 요소는 있을 수 있다. 아마도 박쥐는 귀로 반사음을 감지하지 않고 귀 가까이 있는 아주 예민한 부분이 반사음을 감지하며, 귀가

막혔을 때도 이 부분은 작용했을 수 있다. 아니면 다른 종류의 박쥐는 다른 방법으로 장애물을 감지하기 때문에 실험에 사용된 박쥐들이 박쥐의 표준이 되지 못할 수도 있다.

아리스토텔레스에서 출발하여 뉴턴을 거쳐 아인슈타인에 이르는 물리학의 발전은 매우 폭넓은 예가 된다. 여기에 대한 반증주의자의 설명은 다음과 같다. 아리스토텔레스의 물리학은 다양한 현상들을 설명하고 있는데 무거운 물체가 땅으로 떨어지는 (물체의 원위치를 우주의 중심에서 찾아) 원리, 사이펀과 흡입 펌프의 작용 (이 설명은 진공이 가능하지 않다는 전제에 기초하였다.) 등이 그것이다. 그러나 결국 아리스토텔레스의 물리학은 여러 가지 방법으로 반증되었다. 등속도로 운동하는 배의 돛대 위에서 떨어뜨린 돌은 그곳에서 조금 떨어진 지점에 떨어지지 않고 돛대 바로 아래로 떨어졌는데, 이 실험은 아리스토텔레스의 예측과 일치하지 않았다. 목성의 위성들은 지구 궤도가 아닌 목성의 궤도를 따라 회전하였다. 17세기에도 다른 많은 반증 사례가 지적되었다. 그렇지만 뉴턴의 물리학은 그것이 고안되자마자 갈릴레오와 뉴턴 자신의 추측을 통해서 발전되었고, 아리스토텔레스적 물리학을 대체하는 우수한 이론이 되었다. 뉴턴의 이론은 낙하하는 물체, 사이펀과 흡입 펌프의 작용을 설명할 수 있었고, 그 밖에도 아리스토텔레스의 이론이 설명할 수 있는 것뿐 아니라 아리스토텔레스의 이론에서 문제가 되던 현상까지 설명할 수 있었다. 이와 더불어 뉴턴의 이론은 조수와 달의 위치와의 상호 관계, 해저보다 높은 고지에서의 중력의 편차와 같은 아리스토텔레스의 물리학이 포괄하지 못한 현상들까지도 설명했다. 이 이론에 의해 새로운 행성인 해왕성까지 발견되었다. 뉴턴의 이론은 성공적이었다. 그러나 이 같은 성공에도 불구하고, 그 이론을 반증하려는 끈질긴 노력은 성공에 이르렀다. 뉴턴의 이론이 여러 측면에서 반증

114

된 것이다. 뉴턴 물리학은 행성인 수성의 궤도에 대한 세부 사항을 설명할 수 없었고, 방전관에서 고속으로 움직이는 전자의 질량 변화를 설명하지 못했다. 19세기에서 20세기로 넘어가면서 물리학자들은 도전적인 문제에 직면하게 되었고, 이러한 문제는 진보적인 방법으로 문제를 극복할 수 있는 대담한 새로운 가설의 출현을 요구하게 되었다. 아인슈타인은 이러한 도전을 받아들일 수 있었다. 그의 상대성 이론은 뉴턴의 이론을 반증한 현상을 설명할 수 있었을 뿐만 아니라 뉴턴의 이론이 성공적으로 설명한 영역까지 포괄할 수 있었다. 이와 더불어 아인슈타인은 극적인 새로운 현상을 예측했다. 그의 특수 상대성 이론은 질량이 속도의 함수라는 것과 질량은 에너지로, 에너지는 질량으로 바뀔 수 있다는 것을 예측했다. 그리고 그의 일반 이론은 광선은 강한 중력장에 의해 휘어져야 한다는 것을 예측했다. 아인슈타인의 이론을 반박하려는 시도는 성공하지 못했다. 아인슈타인의 이론에 대한 반증은 현대 물리학자들에게 하나의 도전으로 남아 있다. 만일 아인슈타인의 이론을 반증하는 데 그들이 성공한다면, 이 성공은 물리학의 진보를 향해 새로운 걸음을 내딛게 되는 이정표가 될 것이다.

전형적인 반증은 물리학의 진보의 근거가 된다. 이러한 주장의 정밀성과 타당성은 이후에 살펴보기로 한다.

진보의 개념, 곧 과학의 성장은 반증주의자들이 지닌 과학관의 중심적인 개념 중의 하나임이 지금까지의 논의를 통해 분명히 밝혀졌다. 다음 장에서 이 문제를 좀더 자세히 고찰해 보기로 하자.

더 읽어 볼 만한 문헌

반증주의에 대한 고전적인 교과서는 포퍼의 《과학적 발견의 논리》(*The Logic of Scientific Discovery*, 1972)이다. 이 책은 1934년 독일어로 출판되었고, 1959년에 영어로 번역되었다. 더 최근에 나온 그의 논문 모음집은 Popper(1969)와 Popper(1979)이다. 프로이트, 아들러, 마르크스를 아인슈타인과 비교하여, 그가 어떻게 그의 핵심 개념에 도달하게 되었는가에 대한 그 자신의 이야기는 그의 1969년 책 1장을 참고하기 바란다. 반증주의와 관련된 더 많은 자료는 6장 끝부분에 제시되어 있다.

제6장

세련된 반증주의, 참신한 예측, 과학의 성장

절대적이 아니라 상대적인 반증 가능성의 정도

앞 장에서 한 가설이 과학자가 관심을 기울일 만한 가치가 있는 가설이 되기 위해 만족시켜야 할 조건에 대해서 언급하였다. 가설은 반증 가능해야만 한다. 반증 가능성이 높으면 높을수록 좋은 가설이다. 그러나 반증되지는 말아야 한다. 좀더 세련된 반증주의자들은 이러한 조건만으로는 충분하지 않다는 것을 깨달았다. 더 필요한 조건은 과학의 진보의 필요성과 관련이 있다. 한 가설은 그 가설이 대치하려고 하는 가설보다 반증 가능성의 정도가 높아야 한다.

세련된 반증주의자의, 과학의 성장을 강조하는 설명은 주목해야 할 초점을 단일 이론의 장점에서 경합하는 이론들의 상대적 장점으로 옮겼다. 세련된 반증주의는 가장 소박한 반증주의자의 정적인 설명이 아니라 과학에 대한 역동적인 그림을 우리에게 제시한다. 한 이론에 대해서 "그 이론이 반증 가능한가?", "어떻게 반증될 수 있는가?", "반증되었는가?"라고 묻는 대신에, "새롭게 제안된 이론이 그것이 도전하고 있는 이론보다 더 생존력이 있는 이론인가?"라고 묻는다. 일반적으로 새롭게 제안된 이론이 경쟁 이론보다 반증 가능성이 높고, 특히 경쟁 이론이 미치지 못하는 새로운 종류의 현상을 예측한다면, 과학자들은 그것을 고려할 만한 가치가 있는 이론으로 받아들일 것이다.

과학을 성장하고 진화하는 지식의 체계로 강조하게 됨으로써 나타나게 된, 일련의 이론이 갖고 있는 반증 가능성의 정도를 비교하는 것에 대한 강조는 전문적인 문제를 피해갈 수 있게 하였다. 왜냐하면 하나의 단독 이론이 얼마나 반증 가능한가를 명시하는 것은 대단히 어렵기 때문이다. 반증 가능성의 절대적인 정도는 단순하게 규정될 수 없다. 왜냐하면 한 이론의 잠재적 반증자의 수는 항상 무한하기 때문이다. "뉴턴의 중력의 법칙이 얼마나 반증 가능한가?"라는 물음에 대답하기란 어려운 일이다. 그렇지만 법칙들이나 이론들의 반증 가능성의 정도를 비교하는 것은 가능하다. 예를 들면, "모든 물체 사이에 작용하는 힘은 물체 사이의 거리의 제곱에 반비례한다"라는 주장은 "태양계에 존재하는 행성 사이에 작용하는 힘은 행성 사이의 거리의 제곱에 반비례한다"라는 주장보다 반증 가능성의 정도가 높다. 첫번째 주장은 두 번째 주장을 함축한다. 두 번째 주장을 반증하는 모든 것은 첫번째 주장을 반증하지만, 그 역은 참이 아니다. 이상적으로 반증주의자들은 과학의 역사적 진화를 구성하고 있는 일련의 이론은 반증 가능한 이론으로 구성되어 있으며, 이 계열에서 한 이론은 그것의 선행 이론보다 반증 가능성의 정도가 더 높다고 말하고 싶어 할 것이다.

반증 가능성의 증가와 애드 호크 수정

과학이 진보함에 따라 이론의 반증 가능성이 점점 더 높아져 더욱더 많은 내용과 정보를 가져야 한다는 요청이 있다. 이 요청에 부응하기 위해 반증의 위협으로부터 다만 그 이론을 보호하기 위해서 이론을 수정하는 것은 금하게 된다. 임시방편적인 가정을 덧붙이거나 기존의 이론을 일부 바꾸는 것과 같은 이론의 수정을 애드 호크 (ad hoc) 이론 수정이라 부른다. 애드 호크 수정에서의 시험 가능한 이론적 귀결은 수정되기 전의 이론에서보다 증가된 것이 없다. 여기서는 여러 가지 예를 들어 애드 호크 수정이라는 개념을 좀더 분명하게 설명할 것이다. 필자는 우선 반증주의자들이 받아들이지 않는 애드 호크 수정을 고찰해 보고, 그 다음에는 반증주의자들이 기꺼이 받아들이는 수정과 이를 대비해 볼 예정이다.

아주 사소한 예로, "빵에는 영양분이 있다"라는 일반화를 고찰해 보자. 이 같은 낮은 단계의 이론을 풀어 자세히 설명하면 다음과 같다. 밀이 재배되고, 빵으로 만들어져 정상적으로 사람이 먹는다면, 그 사람은 영양분을 취하게 된다. 분명히 아무 문제가 없어 보이는 이 이론은 프랑스의 한 마을에서 일어난 사건으로 인해 난처한 지경에 처하게 되었다. 프랑스의 한 마을에서 재배한 밀로 빵을 만들어 먹은 사람들이 여러 명 사망한 것이다. 이로써 "(모든) 빵에는 영양분이 있다"는 이론은 반증되었다. 이 이론은 이러한 반증을 피하기 위해 "문제시된 프랑스의 마을에서 생산된 특별한 빵을 제외한 (모든) 빵에는 영양분이 있다"라는 언명으로 수정될 수 있다. 이것이 애드 호크 수정이다. 수정된 이론은 원래 이론을 시험한 방법으로밖에 시험할 수 없다. 어떤 사람이 빵을 먹는 것은 원래 이론에 대한 시험이다. 따라서 수정된 이론의 시험은 프랑스에서 끔찍한 결과를 초래한 그 특별한 빵이 아닌 다른 빵을 먹어 보는 것으로 제한된다. 수정된 이론은 원래의 이론과 비교해서 반증 가능성이 증가하지 않는다. 반증주의자는 이러한 퇴행적 반응을 거부한다.

　다음은 아주 설득력 있는 예이다. 이것은 17세기 아리스토텔레스의 이론을 지지하는 과학자와 갈릴레오 사이에 실제로 있었던 사건에 근거하고 있다. 새롭게 발명한 망원경으로 달을 주의 깊게 관찰한 갈릴레오는 달의 표면이 평평하지 않고 그 표면에는 산맥과 분화구가 많이 있다는 의견을 내놓았다. 아리스토텔레스 이론을 신봉하던 과학자들은 스스로 반복된 관찰을 한 후 갈릴레오의 주장을 인정할 수밖에 없었다. 그러나 이러한 관찰은 아리스토텔레스 이론을 추종하는 많은 과학자들이 기본으로 삼고 있는 원리 곧 모든 천체는 완전한 구형이라는 원리를 위협하게 되었다. 갈릴레오의 경쟁자들은 명백한 반증에 직면하여 그들의 이론을 옹호하기 위해 애드호크 수정을 제시했다. 그들은 눈에는 보이지 않는 어떤 물질이 달 표면에 있는 산들을 덮고 분화구를 메우고 있어 달의 표면은 완전히 둥글다는 주장을 내세웠다. 보이지 않는 물체가 존재한다는 것을 어떻게 탐지할 수 있는가 하는 물음을 제기했을 때, 그들은 어떠한 방법으로도 그것은 탐지될 수 없다고 했다. 의심할 여지없이 수정된 이론에서는 새롭게 시험할 수 있는 언명을 유도해낼 수 없으며, 반증주의자는 이렇게 수정된 이론은 받아들이지 않을 것이다. 갈릴레오는 상대자의 입장이 부당함을 그 특유의 재치로 공격하였다. 그는 보이지 않고 탐지될 수 없는 물체가 달에 존재한다는 사실을 받아들일 용의가 있음을 공언하고, 그러한 물체는 그의 상대자가 주장하는 방식으로 존재하는 것이 아니라 사실은 그러한 물체가 산의 꼭대기를 덮고 있기 때문에 오히려 산의 실제 높이는 망원경을 통해 볼 수 있는 것보다 몇 배 더 높다고 주장했다. 이로써 이론을 보호하기 위해 애드 호크 가설을 만들어낸 소득 없는 놀이에서 갈릴레오는 그의 경쟁자의 허를 찌를 수 있었다.

과학사에서 애드 호크 가설의 예를 하나하나 찾아 간단히 살펴보자. 라부아지에(Lavoisier) 이전에는 플로지스톤(phlogiston) 이론이 연소에 대한 정설로 받아들여져 왔다. 이 이론에 따르면 물질이 연소할 때, 그 물질에서 플로지스톤이 방출된다. 대부분의 물질은 연소 후에 무게가 늘어난다는 사실이 발견됨으로써 이 이론은 위협을 받게 되었다. 이러한 명백한 반론을 피할 수 있는 방법 중의 하나는 플로지스톤이 음의 무게(negative weight)를 가진다는 주장을 전개하는 것이었다. 이 가설은 오직 물질의 연소 전과 후의 무게를 측정함으로써 시험될 수 있었으므로 이 가설은 애드 호크 가설이었다. 이 것은 결코 새로운 시험이 아니다.

난점을 피하기 위한 이론의 수정이 모두 애드 호크 수정은 아니다. 애드 호크 수정이 아닌 몇 가지 예를 살펴보자. 이러한 수정은 반증주의자들도 받아들일 것이다.

"빵에는 영양분이 있다"라는 언명의 반증으로 되돌아가 이 언명이 어떻게 승인 가능한 방법으로 수정될 수 있는지를 살펴보자. 원래 반증된 이론을 "특별한 종류의 균류(菌類)를 포함하고 있지 않은 밀로 만든 모든 빵에는 영양분이 있다"라는 언명으로 바꾼다면, 이 수정은 받아들여질 수 있다. (균류와 그것의 특성에 대한 자세한 논의가 첨부되어야 한다.) 이 수정은 새로운 시험을 허용하기 때문에 수정된 이론은 애드 호크 수정이 아니다. 포퍼의 의견(1972, 193면)을 따른다면, 이 수정은 독립적으로 시험될 수 있다. 가능한 시험 가운데에는 균류의 존재를 확인하기 위해 독성이 들어 있는 빵의 원료가 된 밀에 대한 시험, 독성이 들어 있는 빵의 원료가 된 밀에 붙어 있는 균류의 배양과 이 밀로 만든 빵의 영양 효과에 대한 시험, 독을 확인하기 위하여 균류를 화학적으로 분석하는 일 등이 포함된다. 이 중 많은 시험들은 원래 가설에 대한 시험이 아니기 때문에 수정된 가설에 대한 반증의 구실을 할 수 있다. 만일 반증 가능성이 더 높은 수정된 가설이 새로운 시험을 통해 나타날 수 있는 반증을 견디어 낼 수 있다면, 우리는 그 가설에서 새로운 사실을 배울 수 있고 과학은 진보하게 될 것이다.

작위적이 아닌 예를 찾아 과학사로 눈을 돌려 해왕성의 발견을 가능하게 한 일련의 사건들을 살펴보자. 천왕성의 운동에 대한 관찰의 결과, 천왕성의 궤도가 뉴턴의 만유 인력설을 근거로 하여 예측된 궤도와 너무 멀리 떨어져 있음이 19세기의 관찰들에서 밝혀지게 되어, 뉴턴의 중력 이론에 대한 문제점이 제기되었다. 이러한 난점을 극복하기 위해 프랑스의 르브리에(Le Verrier)와 미국의 애덤스(Adams)는 천왕성 가까이에 지금까지 알려지지 않은 행성이 있을 수 있음을 시사했다. 이것은 존재하는 것으로 추정된 행성과 천왕성 사이에 작용하는 인력으로 인해 처음 예측된 천왕성의 궤도에 차질이 생긴 것에 대한 설명이 될 수 있었다. 이런 제안은 애드 호크 수정이 아니었다. 그 후에 일어난 사건들이 이를 뒷받침해준다. 존재하는 것으로 추정된 행성이 어느 정도 크기를 가지고 있으며, 그것이 천왕성 궤도의 차질의 원인이라고 한다면, 그 행성과 천왕성과의 거리를 근사적으로 계산할 수 있다. 망원경을 통해 하늘의 적당한 영역을 찾아본다면 새로운 미지의 행성이 존재한다는 가설을 시험하는 것이 가능하다. 갈러(Galle)는 이러한 방법을 통해 오늘날 해왕성으로 불리는 행성을 처음 발견하게 되었다. 천왕성의 궤도의 차질로 인한 반증에서 뉴턴 이론을 구출하기 위해 이러한 수단을 사용한 것은 결코 애드 호크 수정이 아니었다. 이것은 오히려 뉴턴 이론이 극적이고 진보적인 방식으로 시험되도록 해주었다.

과학에 대한 반증주의적 설명에서 입증

앞 장에서 반증주의가 귀납주의에 대한 대안으로 도입되었을 때, 이론의 반증(곧 이론이 관찰과 실험을 통한 시험을 견디어 내지 못하는 것)이 중요한 개념으로 부각되었다. 이용 가능한 관찰 언명에 근거하여 이론이 진리라는 사실을 밝힐 수 없어도 그 이론이 거짓이라는 사실은 밝힐 수 있음이 논의되었다. 문제를 해결하기 위해 대담하고 반증 가능성이 높은 추측을 제안함으로써 과학은 진보하며, 뒤이어 그 제안을 반증하기 위한 끈질긴 시도가 나온다는 것도 아울러 주장하였다. 과학은 대담한 추측이 반증될 때 의미있는 진보를 이루게 된다는 논의도 함께 전개하였다. 자칭 반증주의자인 포퍼는 이 책 107면에서 인용한 구절에서와 같이 이 점에 대해 많은 이야기를 하였다. 인용 구절에서 고딕체로 표시된 문장은 포퍼 자신이 한 것이다. 그러나 오로지 반증 사례들에만 주의를 쏟게 되면 세련된 반증주의자의 입장을 잘못 전달할 우려도 있다. 앞 절의 마지막 부분에서 거론된 예는 이에 대한 힌트를 충분히 담고 있다. 대담한 가설을 제시함으로써 뉴턴의 이론을 구하려 한 독립적으로 시험 가능했던 시도는 성공적이었다. 왜냐하면 그 가설은 반증되었기 때문이 아니라 해왕성의 발견으로 입증(confirm)되었기 때문이다.

대담하고 반증의 정도가 높은 추측에 대한 반증만을 과학에 있어서 의미 있는 진보로 생각하는 것은 잘못이다. 여러 극단적인 가능성을 고려할 때 이러한 사실은 분명히 드러난다. 대담하고 모험적인 추측의 형태를 띠고 있는 이론과 모험적인 주장을 조금도 포함하고 있지 않은 조심스러운 추측의 형태를 띤 이론을 가정해 보자. 만일 어느 하나의 추측이 관찰과 실험에 의한 시험을 통과하지 못하면 그 추측은 반증되지만 그 시험을 통과하는 경우 그 추측은 **입증되었**

다고 말할 수 있다. 대담한 추측이 입증되거나 조심스러운 추측이 반증되면 의미 있는 진보가 성취될 것이다. 전자의 경우에는 그 추측의 정보 내용이 풍부하며, 과학 지식에 중요한 기여를 하게 된다. 그 추측은 새로운 발견을 통해 이전에는 들어 볼 수 없고, 생각할 수 없던 것을 우리에게 주기 때문이다. 해왕성의 발견, 전파의 발견, 강한 중력장에서 광선이 굽어야 한다는 아인슈타인의 모험적인 예측에 대한 에딩턴의 입증은 모두 중요한 것으로 과학의 진보에 기여하였다. 이것은 모험적인 예측이 입증됨으로써 이루어진 진보이다. 조심스러운 추측에 대한 반증은, 문제없이 참으로 여겨지던 것이 사실은 거짓임을 보여 주기 때문에 유익하다. 자명한 것처럼 보이는 명제에 근거한 소박한 집합론이 모순이라는 러셀의 논증은 모험을 피한 추측에 대한 반증도 유익하다는 것을 가르쳐 주는 좋은 예이다. 이와 반대로 대담한 추측이 반증되거나 조심스러운 추측이 입증되는 경우에는 아무 배울 것이 없다. 대담한 추측이 반증될 때 우리가 얻는 것은 또 하나의 무모한 생각이 거짓으로 판명되었다는 것뿐이다. 행성 궤도의 거리가 플라톤의 다섯 개의 정다면체에 의해 설명될 수 있다고 하는 케플러의 추론에 대한 반증은 물리학의 진보 과정에서 아무런 역할도 하지 못했다. 이와 마찬가지로 조심스러운 가설의 입증도 과학의 발전에 도움이 되지 못한다. 이러한 입증은 다만 지지되는 이론과 문제가 없는 것으로 알려진 이론이 다시 한 번 성공적인 시험을 통과했다는 것을 알려 줄 뿐이다. 예를 들면 새로운 과정으로 철광석에서 뽑아 낸 철도 다른 철과 마찬가지로 열을 받으면 팽창할 것이라는 추측에 대한 입증은 거의 중요성을 지니지 못한다.

반증주의자는 애드 호크 가설을 받아들이지 않고, 반증된 이론에 대한 잠정적인 개선으로서 대담한 가설의 제안을 권한다. 이러한 대담한 가설은 반증된 원래 이론에서는 유도될 수 없는 새롭고 시험

가능한 예측의 도출을 가능하게 한다. 대담한 가설이 새로운 시험 가능성을 열어 줌으로써 그 가설을 탐구할 가치가 있는 것으로 만들어 주기는 하지만, 적어도 몇 개의 시험을 통과하기 전에는 그것이 대체하려고 한 문제 있는 이론에 대한 개선으로 받아들여지지 않는다. 이것은 새롭고 대담하게 제시된 이론이 어떤 반증된 이론을 적절하게 대신한 것으로 생각되기 전에 그 이론이 참신한 예측을 통하여 입증되어야 한다는 것과 동일하다. 무모하고 급작스러운 추측이 잇달은 시험을 통과하지 못하면 결국 과학적 지식의 성장에 기여하지 못한다. 때로는 무모하고 급작스러운 추측이 새롭고 예상치 못한 추측을 하여 뜻밖에 관찰과 실험을 통하여 입증되는 경우도 있는데, 이러한 경우 그 추측은 과학 성장의 역사에 주요한 사건으로 기록된다. 대담한 추측에서 유도된 새로운 예측에 대한 입증은 과학의 성장에 대한 반증주의자의 설명에서 매우 중요한 구실을 한다.

대담성, 참신성, 배경 지식

가설이 '대담하다'거나 예측이 '참신(novel)하다'고 할 때 '대담하다'거나 '참신하다'는 말의 의미를 좀더 자세히 살펴볼 필요가 있다. 이 말들은 모두 역사적인 관점에서 볼 때, 상대적인 개념이다. 과학사의 어느 단계에서 대담한 추측으로 받아들여지던 것이 얼마 뒤에는 더 이상 대담하다는 말을 듣지 못하는 경우도 있다. 1864년 맥스웰(Maxwell)이 '전자기장에 대한 동역학적 이론'을 제시했을 때, 이 이론은 대담한 추측이었다. 맥스웰의 이론이 대담한 이론으로 받아들여진 이유는 그 당시 널리 인정되어 온 이론, 곧 전자기적 체계(자석·전파·전도체 등)는 서로 진공 속에서 순간적으로 작용하여,

전자기적 효과는 일정한 속도로 물질적 실체를 거쳐서만 전달될 수 있다는 가정을 포함하고 있는 이론과 양립할 수 없었기 때문이다. 맥스웰의 이론은 이같이 일반적으로 받아들여진 가정과 상충되었는데 이것은 맥스웰의 이론이 빛이 전자기적 현상임을 예측하고, 전류 변동은 진공 속을 일정한 속도로 움직이면서 새로운 종류의 방사인 전자파를 낸다는 예측을 하였기 때문이다. 실제로 이러한 예측의 타당성은 그 후에 입증되었다. 따라서 1864년 맥스웰의 이론은 대담한 이론이었으며, 뒤에 나온 전파에 대한 예측은 참신한 예측이었다. 오늘날 맥스웰의 이론은 넓은 영역의 전자기적 체계의 형태를 정확하게 설명할 수 있는 과학적 지식의 일부로 받아들여지고 있다. 따라서 전파의 존재와 그 성질에 대한 주장은 더 이상 참신한 예측으로 간주되지 않는다.

　과학사의 어느 단계에서 일반적으로 받아들여지거나 잘 입증된 과학 이론을 통틀어 그 당시의 배경 지식(background knowledge)이라고 한다면, 여기에 비추어 보아 그럴 듯하지 않은 주장을 담고 있는 추측을 대담한 추측이라 할 수 있다. 아인슈타인의 일반 상대성 이론은 1915년 당시에는 대담한 이론이었다. 빛은 직선으로 운동한다는 것이 그 당시 배경 지식에 포함된 가정이었기 때문이다. 이것은 일반 상대성 이론에서 도출된 논리적 귀결, 곧 광선은 강한 중력장 안에서는 굽는다는 주장과 서로 충돌했다. 1543년 당시 지구는 우주의 중심에 위치하여 정지되어 있다는 배경 지식이 깔고 있는 가정과, 코페르니쿠스의 천문학이 서로 모순되었기 때문에 그의 천문학은 대담했다. 그러나 오늘날에도 그의 천문학이 대담하다고는 말하지 않는다.

　추측이 대담한가, 그렇지 않은가 하는 것이 관련된 배경 지식에 의해 결정되듯이 그 당시의 배경 지식에 나타나 있지 않거나, 배경 지식이 배제하고 있는 현상을 예측이 포함하고 있을 때 그 예측을 참신하다고 말한다. 1846년에 있었던 해왕성에 대한 예측이 참신한 예측으로 간주되었던 이유는, 그 당시의 배경 지식이 그러한 행성에 대한 언급을 하지 않았기 때문이다. 푸아송(Poisson)이 프레넬 (Fresnel)의 빛의 파동설에서 1818년에 유도해낸 예측, 다시 말하면 다른 쪽에서 빛이 비추어질 때 불투명한 원판의 한 면의 중앙에서 밝은 점이 관찰되어야 한다는 주장도 참신한 예측이었다. 그 당시 배경 지식인 빛의 입자설은 밝은 점의 존재를 배제하고 있었기 때문이다.

앞 절의 논의에서 뚜렷해진 바와 같이 대담한 추측이 입증되거나 조심스러운 추측이 반증되는 경우에 과학적 지식의 성장은 이루어진다. 우리는 배경 지식이라는 개념을 도입함으로써 단 하나의 실험 결과에 의해 이 두 가지 가능성이 동시에 발생하게 된다는 사실을 알게 되었다. 배경 지식은 그 지식이 잘 입증되어 문제점이 없는 것으로 간주되기 때문에, 조심스러운 추측으로 구성되어 있는 것이 된다. 대담한 추측의 입증은 배경 지식의 일부에 대한 반증을 포함하게 되기 때문에 그 대담한 추측에 비해서 보다 조심스러운 추측에 대한 반증이기도 하다.

입증에 대한 귀납주의자와 반증주의자의 견해 비교

세련된 반증주의자가 해석한 바와 같이 입증은 과학에서 매우 중요한 역할을 하고 있다. 그러나 이것이 '반증주의'로 규정될 수 있다는 사실을 부정하는 것은 아니다. 세련된 반증주의자들은 여전히 이론이 반증되거나 거절될 수는 있어도 참 또는 개연적인 참으로 입증될 수 없다는 입장을 견지하고 있다. 과학의 목적은 이론을 반증하는 것이고, 시험에 더 잘 견딜 수 있는 능력을 지닌 이론으로 반증된 이론의 자리를 대신하도록 하는 것이다. 새로운 이론에 대한 입증이 중요성을 지닐 수 있으려면, 그 이론이 대체한 이론, 곧 새로운 이론의 도움이나 새로운 이론에 의해 발견된 증거에 의해 반증된 이론보다 더 개선된 점을 가지고 있다는 사실을 보여 주어야 한다. 새롭게 제시된 대담한 이론은 경쟁 이론을 폐기하자마자 다시 엄격한 시험이 노리는 과녁이 되는 것이다. 이러한 엄격한 시험은 대담하게 추측된 이론이 있기에 준비된다.

반증주의자는 과학의 성장을 강조하기 때문에 입증에 대한 그들의 생각은 귀납주의자와 중요한 점에서 구별된다. 4장에서 논의한 바와 같이 극단적 귀납주의자의 입장에 의하면, 한 이론의 입증 사례는 입증된 관찰 언명과 그 관찰 언명이 지지하는 이론 사이에 존재하는 논리적 관계에 의해서만 결정된다. 갈러가 행한 해왕성에 대한 관찰이 뉴턴의 이론을 지지하는 입증의 정도는 오늘날 해왕성을 관찰하여 주어진 지지 정도와 다르지 않다. 증거가 얻어지는 역사적 맥락도 지지 정도와는 무관하다. 이론을 귀납적으로 지지하는 사례만이 입증 사례가 될 수 있으며, 더욱더 많은 입증 사례가 찾아지면 찾아질수록 이론의 지지도는 높아지고 그 이론이 참이 될 가능성 또한 높아진다고 한다. 이러한 비역사적인 입증 이론은 흥미 있는 결론을 이끌어 내지 못한다. 떨어지는 돌, 행성의 위치에 대한 무수히 많은 관찰은 그것이 인력의 법칙이 참이 될 가능성을 높여 주는 한 의미 있는 과학 활동으로 간주될 수 있다고 하는 설득력 없는 결론으로 귀착된다.

이와 반대로 반증주의자의 견해에서는 입증의 의의가 역사적 맥락에 의존하고 있다. 한 이론이 시험에 의해 새로운 사실에 대한 예측을 입증하면, 그 이론은 높이 평가된다. 곧 입증은 그 당시의 배경 지식에 비추어 볼 때 나타날 것 같지 않은 그러한 입증으로 평가될 때만 의미를 지니게 된다. 이미 알고 있는 결론에 대한 입증은 아무 의미가 없다. 오늘날 만일 내가 땅에 돌을 떨어뜨림으로써 뉴턴의 이론을 입증한다면 과학에 아무 기여도 하지 못하는 것이 된다. 이와 달리 두 물체 간의 인력은 그 물체의 온도와 함수 관계에 있다는 대담한 이론을 내가 내일 입증하여 뉴턴의 이론을 반증한다면, 과학적 지식의 증대에 중요한 공헌을 하게 된다. 뉴턴의 만유 인력설과 그것의 한계는 현행 배경 지식의 일부를 이루고 있지만 중력이 온도의 영향을 받는다는 이론은 아직 배경 지식에 속하지 않는다. 반증주의자가 입증에 도입한 역사적 조망을 뒷받침하는 예를 하나 더 들어 보자. 헤르츠(Hertz)는 처음으로 전파를 검출함으로써 맥스웰의 이론을 입증하였다. 라디오를 들을 때마다 필자는 맥스웰의 이론을 입증하는 것이 된다. 이 두 경우의 논리적 상황은 유사하다. 각 경우에 있어서 이론은 라디오파가 감지되어야 한다는 것을 예측하고 이러한 예측이 성공적으로 이루어지는 경우, 그 예측은 이론에 대한 귀납적 뒷받침이 된다. 그럼에도 불구하고 그가 제시한 입증으로 말미암아 헤르츠는 유명하게 되었지만, 필자의 빈번한 입증은 과학에서 무시된다. 헤르츠는 의미 있는 진보를 이룩하였지만 필자는 라디오를 들을 때 다만 시간만 보내고 있을 뿐이다. 역사적 맥락에서 양자는 서로 다르다.

귀납주의와 비교되는 반증주의의 이점

지금까지 우리는 반증주의의 기본적인 모습을 요약하였다. 이제 이 책의 앞장에서 논의한, 과학적 지식은 주어진 사실에서 귀납적으로 도출된 것이라고 보는 귀납주의의 입장에 대해 반증주의가 갖는 이점이 무엇인가를 살펴보도록 하자.

우리가 살펴본 것과 같이 실험 결과는 중요한 의미에서 이론 의존적(theory-dependent)이며, 오류를 범할 수 있다. 이러한 사실은 과학은 전혀 문제가 없는 주어진 사실적 기초를 가져야 한다고 요구하는 귀납주의자들의 토대를 위태롭게 한다. 반증주의자들은 이론뿐만 아니라 사실 또한 오류를 범할 수 있다는 것을 인정하고 있다. 그럼에도 불구하고, 그들에게는 과학 이론을 시험하는 토대를 구성하는 중요한 일련의 사실이 존재한다. 이러한 토대는 엄격한 시험을 통과한 사실적 주장으로 구성되어 있다. 과학의 사실적 토대가 오류 가능하다는 결론이 나오지만, 이것이 귀납주의자들에 대해 제기했던 것만큼 반증주의자들에 대해서도 큰 문제를 야기하지는 않는다. 왜냐하면 반증주의자들은 진리 또는 확률적 진리를 증명하려고 하지 않고 과학에서 끊임없는 개선만을 추구하기 때문이다.

귀납주의자들은 정당한 귀납추리의 기준을 명시하는 데 커다란 어려움을 갖고 있었으며, 따라서 그들은 어떤 상황 아래서 사실이 이론을 의미 있게 지지한다고 말할 수 있는가라는 물음에 대해 대답하기도 곤란했다. 반증주의자들은 이러한 측면에서 좀더 나은 처지에 있다. 사실이 이론에 대해 엄격한 시험을 구성할 때 그 사실은 이론을 의미 있게 지지한다. 참신한 예측의 입증은 이러한 범주를 구성하는 중요한 요소이다. 이러한 사실 때문에 반복적인 실험이 한 이론에 대한 경험적인 지지를 의미 있게 증가시켜 주는 것으로 볼 수 없다. 극단적인 귀납주의자들은 이러한 사실을 수용하는 데 어려움을 겪는다. 특별한 실험 행위는 이론에 대한 엄격한 시험을 구성한다. 그러나 만일 실험이 적절하게 수행되었고, 이론이 그 시험을 통과하였다면, 반복적으로 동일한 실험이 이루어진다고 하더라도 그 반복적인 실험은 그 이론에 대한 엄격한 시험으로 여겨지지 않는다.

따라서 그 실험은 이론에 대해 의미 있는 지지를 제공하지 못하게 될 것이다. 한편 귀납주의자는 어떻게 관찰 불가능한 지식이 관찰 가능한 사실에서 이끌어 내어질 수 있는가를 설명하는 어려움을 갖지만, 반증주의자는 그러한 어려움에 직면하지 않는다. 관찰 불가능한 것에 대한 주장은 그것의 참신한 귀결을 발견함으로써 엄격하게 시험될 수 있고 따라서 지지될 수 있다.

지금까지 우리는 이론이 참임을 보여 주거나 확률적으로 참임을 보여 주는 것을 의미하는 귀납 추리의 특징을 규정하거나 귀납주의의 정당화를 제시함에 있어 귀납주의자들이 직면한 어려움을 살펴보았다. 반증주의자들은 과학은 귀납을 포함하고 있지 않다고 주장함으로써 이러한 문제를 피해갈 수 있다고 생각한다. 연역을 통해 이론의 귀결들을 이끌어 내며, 이 귀결들은 시험될 수 있고 반증될 수 있다. 이론이 시험을 통과했다고 해서 그 이론이 참이라거나 확률적으로 참이라고 주장하지는 않는다. 기껏해야 그러한 시험의 결과는 한 이론이 그것의 선행 이론보다 더 개선된 이론이라는 것을 보여 줄 뿐이다. 반증주의자들은 진리가 아니라 진보에 만족한다.

더 읽어 볼 만한 문헌

반증주의에 대한 포퍼의 성숙한 사상은 1983년에 나온 《실재론과 과학의 목표》(Realism and the Aim of Science)에 잘 나타나 있다. 살아 있는 철학자 총서로 간행된 Schilpp(1974)에는 포퍼의 자서전, 그의 철학에 대한 여러 사람의 비판적 논문, 그 비판에 대한 포퍼의 대답, 포퍼의 저작과 논문에 대한 상세한 목록이 들어 있다. 포퍼의 입장에 대하여 접근하기 쉬운 개관은 Ackermann(1976)과 O'Hear(1980)를 참조하고 "과학에 대한 반증주의적 설명에서 입증" 절에

포함되어 있는 변형된 포퍼의 입장에 대한 자세한 논의로는
Chalmers(1973)를 참조하라.

제7장

반증주의의 한계

논리적 상황에서 유래하는 문제들

과학 법칙을 구성하는 일반화는 유한한 수의 관찰 사실에서 논리적으로 연역될 수 없지만, 법칙의 거짓은 그것과 충돌하는 단 하나의 관찰 사실에서 논리적으로 연역될 수 있다. 단지 한 마리의 검은 백조가 존재한다는 관찰을 확립하면, "모든 백조는 희다"는 언명은 반증된다. 이러한 반증은 예외도 없고 부정될 수도 없다. 그러나 이것을 반증주의 과학 철학을 지지하는 근거로 사용하는 것은 생각만큼 그렇게 단순하지 않다. 백조의 색과 관련된 것과 같이 극단적으로 단순한 예를 넘어 전형적으로 과학에서 만나는 상황과 가까운 좀더 복잡한 상황으로 나아가자마자 문제가 발생한다.

만일 어떤 명제 O가 참이라고 하면, O가 그렇지 않다는 것을 논리적으로 함축하는 이론 T는 거짓이다. 그러나 과학의 기초를 구성하는 관찰 언명은 이론 의존적이고 오류 가능하다는 것을 주장한 사람들은 바로 반증주의자들 자신이다. 결과적으로, T와 O의 충돌이 T

가 거짓이라는 결론을 함축하지는 않는다. T가 O와 일치하지 않는 예측을 수반한다고 하는 사실에서 논리적으로 이끌어 낼 수 있는 모든 것은 T 또는 O가 거짓이라는 것이다. 그러나 논리만으로는 어떤 것이 거짓인지를 결정할 수 없다. 관찰과 실험이 어떤 법칙이나 이론의 예측과 갈등을 일으키는 증거를 제공할 때, 잘못이 있는 것은 법칙 또는 이론이 아니라 증거이다. 상황 논리에 따르면 관찰이나 실험과 충돌이 있는 경우 우리가 거부해야 하는 것이 항상 법칙 또는 이론이라고 할 수는 없다. 오류가 있는 관찰 언명이 거부될 수도 있고, 관찰 언명과 충돌한 오류가 있는 이론이 유지될 수도 있다. 코페르니쿠스 이론이 유지되고, 그 이론과 논리적으로 불일치한 금성과 화성의 크기에 대한 육안에 의한 관찰이 포기된 경우가 정확하게 여기에 해당한다. 달의 궤도에 대한 근대적인 자세한 설명이 유지되고, 육안에 의한 관찰에 기초한 달의 크기에 대한 어림셈이 거부된 경우도 여기에 해당한다. 사실 언명이 아무리 확고하게 관찰과 실험에 기초하고 있을지라도, 반증주의자는 과학적 지식의 진보가 보여 주고 있듯이 이론과 관찰이 일치하지 않는 경우 반드시 이론을 포기해야 한다고 주장할 수는 없다. 결과적으로 이론에 대한 결정적인 반증은 관찰에 의해 성취될 수 없다.

반증주의가 안고 있는 논리적인 문제가 여기서 끝나는 것은 아니다. "모든 백조는 희다"는 만일 희지 않은 백조의 예가 확립되면 확실하게 반증된다. 그러나 반증의 논리에 대한 이와 같이 단순한 예는 실제적인 시험 상황이 복잡하다는 사실 때문에 생기는 심각한 난점을 숨기고 있다. 실제적인 과학 이론은 "모든 백조는 희다"와 같은 단일 언명이 아니라 보편 언명의 복합으로 구성되어 있을 것이다. 나아가 한 이론이 실험으로 시험된다면, 시험되는 이론을 구성하고 있는 언명에 보다 더 많이 개입되게 될 것이다. 예를 들면, 이

론은 사용되는 어떤 도구의 사용을 지배하는 이론이나 법칙과 같은
보조 가설의 도움을 받아야 시험될 수 있을 것이다. 나아가 타당성
이 실험으로 시험되어야만 하는 예측을 이끌어 내기 위해서는 실험
장비에 대한 기술과 같은 초기 조건이 첨부되어야 할 것이다. 예를
들어, 망원경을 통해 어떤 행성의 위치를 관측함으로써 어떤 천문학
이론이 시험된다고 생각해 보자. 그 이론은 특정 시간에 행성을 보
기 위해서는 망원경이 어느 방향을 향하고 있어야 하는가를 예측해
야만 한다. 예측이 도출된 전제에는 시험 중인 이론을 구성하고 있
는 서로 연결되어 있는 언명들, 행성과 태양의 이전의 위치와 같은
초기 조건, 행성으로부터 오는 빛이 지구 대기권에서 굴절되는 것을
교정하기 위해서 필요한 보조 가설이 포함되어 있을 것이다. 그런데
이렇게 많은 전제에서 나온 예측이 거짓으로 판명되는 경우 (우리
가 든 예에서, 만일 행성이 예측된 장소에 나타나지 않는다면), 상황
논리에 따르면 적어도 전제 가운데 어느 하나는 거짓이어야 한다는
것이다. 우리는 잘못된 가설을 찾아낼 수 없다. 시험 중인 이론에 잘
못이 있을 수도 있지만, 부정확한 예측의 원인인 보조 가설이나 초
기 조건의 기술 가운데 어느 부분에 잘못이 있을 수도 있다. 한 이
론은 결정적으로 반증될 수 없다. 왜냐하면 잘못된 예측에 책임이
있는 것은 시험 중인 이론이 아니라 복잡한 시험 상황의 어떤 부분
일 수도 있다는 가능성을 배제할 수 없기 때문이다. 이 난점은 그것
을 처음으로 제기한 뒤엠(Pierre Duhem, 1962, 183~8면)과 다시 유
행시킨 콰인(William V. O. Quine, 1961)의 이름을 따라 뒤엠/콰인의
논제라고 불리기도 한다.
  이 점과 관련된 실례 하나를 천문학의 역사에서 찾아보자.
  앞의 예에서 우리는 어떻게 뉴턴의 이론이 행성인 천왕성의 궤도
에 의해 명백히 반박되는지를 살펴보았다. 이 경우에 있어서 잘못은

이론에 있지 않고 초기 조건에 대한 기술에 있었다는 사실이 밝혀졌다. 이 초기 조건에는 해왕성이 아직 발견되지 않았기 때문에, 해왕성에 대한 고려가 없었다. 두 번째 예는 덴마크의 천문학자인 티코 브라헤(Tycho Brahé)가 제시한 논증에서 찾아볼 수 있는데, 그는 이 논증을 통해 몇 십년 전에 처음으로 발표된 코페르니쿠스의 이론을 반박했다고 주장하였다. 만일 지구가 태양 주위를 돈다면 지구가 궤도의 한 쪽에서 다른 쪽으로 이동함에 따라서 지구에서 관찰되는 동일한 항성의 방위각이 변할 것이다. 그러나 브라헤는 그 당시 가장 정확하고 정밀한 그의 도구를 사용하여 예측되는 시차를 찾아내려고 했지만 실패했다. 그는 이를 근거로 하여 코페르니쿠스의 이론이 틀렸다는 결론을 내렸다. 그 후 거짓된 예측의 원인이 코페르니쿠스의 이론에 있지 않고 브라헤의 보조 가정 중의 하나에 있었다는 사실이 밝혀지게 되었다. 그가 여러 차례 측정한 고정된 별들 사이의 거리가 너무 짧았던 것이다. 그의 측정 거리를 좀더 실제에 가까운 거리로 대체했을 때 예측된 시차는 브라헤의 도구로 측정하기에는 너무나 짧다는 사실이 밝혀졌다.

세 번째 예는 라카토슈(Imre Lakatos, 1970, 100~1면)가 고안해낸 가공의 사례인데 그 내용은 다음과 같다.

이 이야기는 행성의 잘못된 운동에 대한 공상적인 이야기이다. 아인슈타인 이전의 한 물리학자가 뉴턴 역학과 그의 만유 인력의 법칙 N, 받아들여지고 있는 초기 조건 I를 근거로 하여 행한 계산에 의해 새로 알아낸 작은 행성 P의 진로를 제시하였다. 그러나 행성은 계산해서 찾아낸 진로대로 움직이지 않았다. 뉴턴 이론을 따르는 이 물리학자는 뉴턴의 이론이 허용할 수 없는 행성의 일탈을 이론 N에 대한 반증으로 생각할 것인가? 그렇지 않다. 그는 지금까지 알려지지 않았던 행성

P′가 존재해야 하며, 이 행성이 P의 진로를 교란시켰다는 주장을 내세웠다. 그는 존재할 것으로 여겨지는 행성의 질량·궤도 등을 계산하여 실험 천문학자들에게 그의 가설에 대한 시험을 의뢰했다. 행성 P′가 너무나 작았기 때문에 그 당시에 가장 큰 망원경을 통해서도 이 행성을 관찰할 수 없었다. 실험 천문학자는 연구소에 더 큰 망원경을 만들도록 했다. 3년 후에 새로운 망원경이 만들어졌다. 만일 이 망원경을 통해 행성 P′가 발견되었다면 이것은 뉴턴 과학의 새로운 승리로 간주되었을 것이다. 그러나 행성 P′는 발견되지 않았다. 이 과학자는 뉴턴의 이론과 교란의 원인으로 여겨진 행성에 대한 그의 생각을 포기했을까? 포기하지 않았다. 그는 우주진(宇宙塵) 때문에 우리가 그 행성을 볼 수 없다는 주장을 제시했다. 그는 이 우주진의 위치와 성질을 추정하여 그 추정을 시험할 수 있는 인공 위성을 쏘아 올릴 것을 연구소에 건의했다. 만일 인공 위성(가능한 한 새롭고 어느 정도 시험된 이론에 기초한)이 추정된 우주진의 구름이 존재한다는 것을 알려 준다면, 그 실험 결과는 뉴턴 과학의 놀라운 승리로 환호를 받을 것이다. 그러나 그 구름은 발견되지 않았다. 이 과학자는 뉴턴의 이론, 교란의 원인으로 간주된 행성, 그 행성을 가리고 있는 우주진에 대한 생각을 포기했을까? 포기하지 않았다. 그는 다시 우주의 어느 지역에 존재하는 자력장 때문에 인공 위성의 기구가 측정을 방해받는다는 주장을 제시했다. 새로운 인공 위성을 발사했다. 만약 자력장이 발견된다면 뉴턴의 과학은 극적인 승리를 맞이하게 될 것이다. 그러나 자력장 또한 발견되지 않았다. 그렇다면 이것이 뉴턴 이론에 대한 반증으로 간주되는가? 그렇지 않다. 또 다른 기발한 보조 가설이 제안되거나 그렇지 않으면 … 지금까지의 이야기는 모두 학술 잡지의 한 모퉁이에 사장되어 다시는 언급되지 않을 것이다.

이 이야기가 그럴 듯하게 들린다면, 우리는 이 이야기를 통해서 복잡한 가정이 도입되어 어떻게 한 이론이 반증으로부터 항상 보호될 수 있는가를 알 수 있을 것이다.

역사적 근거에 부합하지 않는 반증주의

역사적 사실은 반증주의자에게 당혹스러움을 안겨 준다. 왜냐하면 그들이 제시한 방법론을 과학자들이 충실히 지켰다면 일반적으로 과학 이론의 전형으로 간주되는 이론들은 그것이 제시되자마자 폐기되어 발전하지 못했을 것이기 때문이다. 과학 이론의 한 예를 들어 살펴보면, 그 이론이 처음으로 제시되었을 때나 얼마 뒤에, 그 당시 일반적으로 받아들여진 관찰 언명 중에서 그 이론과 모순되는 관찰 언명을 얼마든지 찾을 수 있다. 그럼에도 불구하고 이러한 이론이 폐기되지 않은 것은 과학의 발전에 있어서는 매우 다행스러운 일이었다. 필자의 주장을 뒷받침해주는 예를 하나 들어 보자.

뉴턴의 중력 이론은 처음에 나온 지 얼마 되지 않아 달의 궤도에 대한 관찰에 의해 반증되었다. 50년이 지난 후에 반증의 원인이 뉴턴의 이론에 있지 않고 다른 곳에 있다는 것이 밝혀졌다. 그 후에도 뉴턴의 이론과 모순되는 행성인 수성의 궤도에 대하여 자세한 사항이 알려지게 되었지만, 과학자들은 이러한 이유 때문에 뉴턴의 이론을 포기하지는 않았다. 뉴턴의 이론을 보호하면서 이 반증을 교묘히 피할 수 있는 방법이 가능하지 않다는 사실이 밝혀졌어도 과학자들은 여전히 뉴턴의 이론을 포기하지 않았다.

두 번째 예는 라카토슈(Lakatos, 1970, 140~54면)와 관련이 있으며 보어 (Bohr)의 원자론과도 밀접한 연관을 맺고 있다. 10^{-8}초를 초과하는 시간에서도 안정성을 유지하는 어떤 물질에 대한 관찰은 그의 원자론의 초기 버전과 모순되었다. 그 이론에 따르면, 원자 내에서 음의 전하(電荷)를 가진 전자는 양의 전하를 가진 핵의 주위를 회전한다. 그러나 보어 이론이 전제로 삼고 있는 고전적 전자기장 이론에 따르면, 궤도를 선회하는 전자는 방사해야 한다. 이 방사로 인해 선회하는 전자는 에너지를 잃고 핵분열를 일으킨다. 고전적 전자기학의 자세한 수치에 따르면 이 붕괴가 일어나는 데는 약 10^{-8}초의 시간이 걸린다. 다행스럽게도 보어는 이러한 반증에도 불구하고 그의 이론을 보존할 수 있었다.

세 번째 예는 동역학 이론과 관계가 있는 것으로 이 이론에 대한 반증이 나오자마자 이 이론을 제시한 사람이 그 반증을 인정했다. 1859년 맥스웰(Maxwell, 1965, vol. 1, 409면)이 기체의 동역학 이론을 처음으로 발표하였을 때, 그는 바로 그 논문에서 그의 이론이 기체의 비열에 대한 측정 결과에 의해 반증되었다는 것을 인정하였다. 18년 후에 그(Maxwell, 1877)는 동역학 이론의 결론을 해설하면서 다음과 같이 적고 있다.

의심할 여지없이 동역학 이론의 어느 부분은 물체의 구조에 대한 우리들의 현재 입장에 비추어 볼 때 아주 만족스럽다. 그러나 그 중의 다른 부분은 이러한 자기 만족을 뒤엎고 우리를 깜짝 놀라게 할 것이다. 아마도 결국에는 지식의 모든 실제적인 진보의 서곡 구실을 하는, 지금까지 완전히 의식적인 무지의 피난처가 되어 온 모든 가설 밖으로 우리를 끌어낼 것이다.

이러한 반증이 있은 후 운동학 이론에 있어서 매우 중요한 발전이 일어나게 되었다. 기체의 비열에 대한 측정에 의해 일어나게 된 반증에 직면하여 운동학 이론이 포기되지 않은 것은 다행스러운 일이다. 아마도 소박한 반증주의자는 포기해야 한다고 주장했을 것이다.

네 번째 예인 코페르니쿠스 혁명은 다음 절에서 자세하게 논의될 것이다. 이 예는 주요한 이론의 변화가 갖는 복합성을 반증주의자가 설명해야 할 때 그가 직면하게 되는 난점을 강조하게 된다. 이것은 과학의 본질과 그 방법의 특성을 찾아보려는 의도에서 제시된 설득력있는 최근의 논의를 고찰하는 데 커다란 도움이 될 것이다.

코페르니쿠스 혁명

중세 유럽의 사람들은 지구가 유한한 우주의 중심이며, 태양과 행성과 항성이 지구 주위를 돈다는 사실을 일반적으로 받아들였다. 이러한 천문학의 골격을 제공해준 물리학과 우주론은 주로 기원전 4세기 아리스토텔레스에 의해 전개되었다. 서기 2세기 경 프톨레마이오스는 정교한 천체의 구조를 제시하였는데 여기에서 그는 달과 태양, 그리고 모든 행성들의 궤도를 자세하게 논의하고 있다.

17세기 초 코페르니쿠스는 지구가 회전한다는 내용의 새로운 천문학을 고안하였는데, 이는 아리스토텔레스와 프톨레마이오스 체계에 정면으로 도전하는 것이었다. 코페르니쿠스의 견해에 따르면 지구는 우주의 부동의 중심이 아니고 다른 행성들과 함께 태양 주위를 회전한다는 것이다. 그 때부터 코페르니쿠스의 생각은 실제로 증명되기 시작하였으며 아리스토텔레스의 세계관은 뉴턴의 세계관에 의해 대체되었다. 150여 년에 걸쳐 일어난 이 같은 주요 이론의 변화에 대한 이야기는 귀납주의자나 반증주의자가 옹호하는 방법론과 일치하지 않으며, 이를 설명하기 위해 과학과 과학의 성장에 대한 새롭고 좀더 복잡한 구조적 설명이 필요하게 되었다.

1543년 코페르니쿠스가 그의 새로운 천문학에 대한 자세한 내용을 처음 출판하였을 때 여기에 반대하는 많은 논의가 제기되었다. 그 당시의 과학 지식에 비추어 볼 때 이 반대 논의는 매우 타당한 것처럼 보였으며, 코페르니쿠스는 그의 이론에 대한 반대 논의에 대하여 만족스러운 해명을 제시하지 못했다. 이러한 상황을 제대로 평가하려면 코페르니쿠스에 반대하는 논의들이 근거하고 있었던 아리스토텔레스의 세계관을 어느 정도 이해해야만 한다. 이와 관련된 사항을 간단히 살펴보자.

아리스토텔레스는 우주를 크게 두 부분으로 나누었다. 지구 중심에서 달 궤도까지를 우주의 안쪽으로 잡고 이를 지상계(地上界)라 하고 유한한 우주에서 지상계를 제외한 나머지 부분을 천상계(天上界)라 했는데, 천상계는 달 궤도에서 우주의 외부 경계가 되는 별들이 있는 영역까지를 가리킨다. 외부 영역을 넘어서는 아무 것도 존재하지 않는다. 심지어 공간까지도 존재하지 않는다. 아리스토텔레스의 체계에서는 아무 것으로도 채워져 있지 않은 공간은 존재할 수 없다. 천상계의 내부에 있는 모든 천체들은 에테르(Ether)라고 하는 부패하지 않는 원소로 구성되어 있다. 에테르는 우주의 중심을 기준으로 하여 원운동을 하려는 자연적인 성질을 가지고 있다. 이 같은 기본적인 생각이 변형되고 확장된 것이 프톨레마이오스의 천문학이다. 여러 차례에 걸쳐 행성의 위치를 관찰해 보았지만 그것이 지구 중심적인 원형 궤도와 일치하지 않는다는 사실을 깨닫고 프톨레마이오스는 이 체계에 주전원(周轉圓, epicycles)이라고 하는 또 다른 궤도를 도입했다. 행성은 주전원 위를 움직이며 행성의 중심은 지구 둘레를 원형으로 회전한다. 이 궤도는 주전원에 주전원을 더해 나감으로써 더욱 정밀해지고, 이렇게 하여 생겨난 체계는 행성의 위치에 대한 관찰과 일치하며, 나아가 행성의 위치를 예측할 수 있게 해준다.

천상계는 질서정연하고, 규칙적이며, 부패하지 않는 성질을 띠고 있음에 반해서 지상계는 변하고, 성장하고 쇠퇴하며, 산출되고 부패하는 성질을 지니고 있다. 지상계에 속한 모든 물체들은 4원소 곧 공기·흙·불·물의 혼합물이며, 이 4원소의 상대적인 혼합 비율이 4원소로 구성된 물체의 성질을 규정한다. 각 원소는 우주에서 자연적인 자리를 가지고 있다. 흙의 제자리는 우주의 중심이고, 물의 제자리는 흙의 표면이며, 공기의 제자리는 흙의 표면 바로 윗부분이고, 불의 제자리는 대기의 맨 윗부분이며 달의 궤도에 근접해 있다. 결국 지상에 있는 각각의 물체는 4원소의 상대적 비율에 따라 지상에서 자연적인 자리를 차지하게 된다. 흙의 성질을 가장 많이 지니고 있는 돌은 지구의 중심 가까이에 제자리를 차지하게 되는 반면에 불의 성질을 가장 많이 지니고 있는 불꽃은 달 궤도 가까이에 제자리를 차지하고 있다. 모든 물체는 직선으로, 위로 또는 아래로, 그들의 제자리를 향해 움직이려는 속성을 지니고 있다. 따라서 돌은 똑바로 지구의 중심의 아래를 향해 자연적인 운동을 하려고 하며, 불꽃은 지구의 중심을 벗어나 똑바로 위를 향해 자연적인 운동을 하려고 한다. 자연적인 운동이 아닌 모든 운동은 원인이 있어야 한다. 예를 들면 화살은 활의 추진력에 의해 움직이고 전차는 말의 힘에 의해 움직인다.

이것이 아리스토텔레스의 역학과 우주론의 골격으로 코페르니쿠스의 동시대인들은 이러한 역학과 우주론을 전제로 삼고 있었으며, 이를 사용하여 지동설을 반대하는 논의를 전개하였다. 코페르니쿠스의 체계를 반대하는 논의 중 일부를 살펴보기로 하자.

코페르니쿠스의 이론에 가해진 심각한 도전은 일반적으로 탑의 논증이라고 불려지는 논증으로 그 내용은 다음과 같다. 코페르니쿠스의 주장에 따라 만일 지구가 지축을 중심으로 자전한다면 지구 표면에 있는 점(點)은 1초 동안에 상당한 거리를 움직일 것이다. 만일 움직이는 지구 위에 세워진 탑의 꼭대기에서 돌을 떨어뜨린다면 그 돌은 자연 운동을 하여 지구의 중심을 향해 떨어질 것이다. 돌이 떨어지는 사이 탑은 지구의 자전으로 인하여 지구와 동일한 운동을 하게 된다. 결국 돌이 지표에 닿는 동안 탑은 그 돌이 처음 떨어지기 시작했을 때 있었던 지점을 벗어나 있을 것이다. 따라서 돌은 탑 밑에서 조금 벗어난 지점에 떨어져야만 한다. 그러나 실제로는 그렇지 않다. 돌은 탑 바로 아래에 떨어졌다. 당시에 이러한 사실은 지구가 회전하지 않는다는 것을 입증하는 것이며 곧 코페르니쿠스의 이론이 거짓임을 보여 주는 것이었다.

코페르니쿠스의 이론에 대한 또 다른 역학적인 반론은 지면에 있는 돌이나 거기에 서 있는 철학자 등과 같이 지표에 고정되어 있지 않은 물체와 관련하여 제기되었다. 만일 지구가 회전한다면, 회전하는 바퀴의 테에 있는 돌이 튕겨 나오듯이 그러한 물체가 왜 지표에서 튕겨 나오지 않는가? 그리고 만일 지구가 회전할 뿐만 아니라 전체적으로 태양의 둘레를 돈다면 왜 달을 앞질러가지 않는가?

천문학적인 문제와 관련된 코페르니쿠스 이론에 대한 몇몇 반론은 이미 앞에서 언급되었다. 이러한 반론 중에는 별들의 위치에 대한 관찰에서 시차가 생기지 않는다는 것과 육안으로 보면 화성과 금성의 크기가 1년 내내 변하지 않는다는 것이 포함되어 있다.

이미 필자가 지적한 반론과 이와 유사한 다른 반론으로 인하여 코페르니쿠스 이론의 지지자들은 심각한 곤경에 직면하게 되었다. 코페르니쿠스 자신도 아리스토텔레스적인 형이상학에 깊이 빠져 있었고, 그의 이론에 대한 반론에 적절하게 대응할 수 없었다.

코페르니쿠스 이론에 제기된 반론이 강력했던 점에 비추어, 1543

년 코페르니쿠스 이론을 선호하는 찬성론은 '그렇게 많지 않았다.' 코페르니쿠스 이론이 지닌 주요 매력은 그와 경쟁 관계에 있던 프톨레마이오스의 이론이 장황하고 부자연스러운 방법으로 설명했던 많은 행성의 운동을 아주 깔끔한 방법으로 설명했다는 데 있다. 행성의 역행 운동(retrograde motion)과, 다른 행성과는 달리 항상 태양 가까이 머물러 있는 수성과 금성의 운동에 대한 것이 그 당시의 문젯거리였다. 일정한 간격으로 서쪽을 향해 움직이던 한 행성이 별들 가운데에서 멈추고 난 후에 (지구에서 볼 때) 다시 서쪽을 향해 계속 움직이기 전에 동쪽으로 잠시 동안 역행을 했다. 프톨레마이오스의 체계에서는 역행 운동이 일정한 목적을 위해 특별히 고안된 주전원을 첨부하는 다소 애드 호크한 책략을 도입하여 설명되었다. 코페르니쿠스 체계는 그러한 인위적인 운동을 필요로 하지 않는다. 역행 운동은 지구와 그 밖의 행성이 함께 항성(fixed stars)을 배경으로 하여 태양을 돈다는 사실에서 자연스럽게 이끌어 낼 수 있는 논리적인 귀결이다. 이와 동일한 맥락에서 수성, 금성, 태양 간의 일정한 근접성 문제도 해결될 수 있다. 이것은 수성과 금성의 궤도가 지구의 궤도 내부에 존재한다는 것이 입증되기만 하면 코페르니쿠스의 체계에서는 자연히 귀결된다. 프톨레마이오스의 체계에서는 필요한 결론을 이끌어 내기 위해 태양과 수성, 금성의 궤도가 인위적으로 서로 연결되어 있게 해야 한다.

코페르니쿠스의 이론은 그 수학적인 특징에 있어서 유리하다. 이러한 사실을 제쳐놓고 이론 자체의 단순성과 행성의 위치에 대한 관찰과의 일치 여부에만 초점을 맞추어 본다면 이 두 경합하는 이론은 서로 동등한 위치에 놓이게 된다. 태양 중심의 원형 궤도는 관찰과 일치할 수 없기 때문에 프톨레마이오스의 이론과 같이 코페르니쿠스 이론도 주전원의 첨가를 필요로 했으며, 알려진 관찰과 일치하는 궤도를 제시하기 위해 필요한 궤도의 전체 수는 이 두 체계에 있어서 거의 동일했다. 1543년에는 코페르니쿠스에게 유리했던 수학적 단순성에 의거한 논의가 그에게 불리하게 작용한 역학적·천문학적 논의에 대한 타당한 반론으로 간주되지 못했다. 그럼에도 불구하고 수학적 재능이 있었던 몇몇 자연 철학자들은 코페르니쿠스 체계에 매력을 느껴 그의 체계를 옹호하기 위한 노력을 아끼지 않았으며, 이러한 노력은 그 다음 세기에 와서 점차적으로 성공을 거두기 시작했다.

코페르니쿠스 체계를 옹호하는 데 결정적인 역할을 수행한 사람은 갈릴레오였다. 그는 두 가지 측면에서 코페르니쿠스를 옹호했다. 첫째로, 그는 천체를 관측하기 위해 망원경을 사용했는데 그렇게 함으로써 코페르니쿠스의 이론을 설명할 수 있는 적절한 관찰 사례를 제공해주었다. 두 번째로, 그는 새로운 역학의 기초를 제시하여 아리스토텔레스 역학을 대신하도록 하였으며, 이 역학은 코페르니쿠스에 반대하던 역학적 논증을 효과적으로 파괴하였다.

1609년 갈릴레오는 첫번째 망원경을 만들어 그것으로 천체를 관측하여 극적인 발견을 하였다. 그는 육안으로는 볼 수 없는 많은 별들을 관측하였다. 목성이 위성을 가지고 있다는 사실도 알아냈고 지구의 위성인 달의 표면은 산과 충돌구(crater)로 뒤덮여 있다는 사실도 관찰했다. 뿐만 아니라 망원경으로 화성과 금성을 관찰하여 그것의 육안으로 보이는 크기가 코페르니쿠스의 이론이 예측한 대로 변한다는 사실도 관측하였다. 후에 그는 금성이 달처럼 위상 변화를 갖는다는 것도 확인하였는데 이는 코페르니쿠스의 예측과는 일치하지만 프톨레마이오스의 체계와는 상충하는 것이었다. 코페르니쿠스를 반대하는 아리스토텔레스의 논의를 부정하는 역할을 한 목성의 위성에 대한 논의는, 달이 움직인다고 주장된 지구와 항상 같이 있다는 사실에 근거하고 있었다. 이제 아리스토텔레스주의자는 목성과 그 위성에 대해 동일한 난점에 봉착하게 되었다. 아리스토텔레스는 완전하고 불변하는 천체와 변하고 불완전한 지구를 구별하였는데, 이 구별은 달의 표면이 지구의 표면과 동일하다는 사실로 말미암아 무너지게 되었다. 금성의 표면에 대한 관찰은 코페르니쿠스에게는 유리한 증거를 제시하였지만, 프톨레마이오스 체계에 대해서는 새로운 문제점을 제기하는 실마리가 되었다. 갈릴레오가 그의 망원경으로 관측한 것이 모두 받아들여지고서 코페르니쿠스 이론이 직면한 난점이 사라지게 되었다는 사실은 부정할 수 없다.

갈릴레오와 망원경에 대한 지금까지의 논의는 중대한 인식론적인 문제를 제기한다. 왜 망원경을 통한 관찰이 육안에 의한 관찰보다 높이 평가되어야 하는가? 이 물음에 대한 해답은 망원경에 관한 광학 이론을 활용하는 데에서 찾을 수 있는데, 광학 이론은 망원경이 사물을 확대시켜 보여 주는 성질을 가지고 있다는 것을 설명해줄 뿐 아니라 망원경의 상(像)의 여러 가지 착오도 설명해준다. 그러나 갈릴레오 자신은 이 같은 목적을 위해 광학 이론을 이용하지 않았다. 이러한 방향에서 갈릴레오를 지지해줄 수 있는 최초의 광학 이론이 그와 동시대 사람이었던 케플러에 의해 16세기 초반에 제시되었는데 이 광학 이론은 그 다음 10여 년 동안 개선되고 확장되었다. 육안에 의한 관찰보다 망원경에 의한 관찰이 더 믿을 만한 이유가 무엇인가 하는 물음에 대한 해답을 줄 수 있는 두 번째 방법은 멀리 떨어져 있는 탑, 배 등에 망원경의 초점을 맞추어 망원경의 실제적인 효능을 보여 주고 또 어떻게 이 도구가 사물을 더 잘 보이게 확대해 주는가를 증명해 보여 주는 것이다. 그러나 천문학에서의 망원경의 사용을 이러한 방법으로 정당화하는 데는 난점이 있다. 망원경을 통해서 지상의 물체를 관측할 때는 관찰자가 탑이나 배 등의 실

제 모습을 알기 때문에 관측의 대상이 된 물체와 망원경의 사용에
기인한 착오를 구별할 수 있다. 그러나 천체를 관측할 때는 관찰자
가 관찰 대상의 실제 모습을 알지 못하기 때문에 지상의 물체를 관
측하는 경우와 구별된다. 이러한 점이 갈릴레오의 관측에 대해 중요
성을 지니는 이유는 그가 망원경을 통해 관측한 달의 표면에 있는
충돌구가 실제로는 존재하지 않을 수도 있기 때문이다. 아마도 이러
한 '충돌구'는 갈릴레오의 완전하지 못한 망원경의 기능 때문에 생
긴 착오일 수도 있었던 것이다. 이러한 언급을 통해 망원경을 통한
관찰을 정당화하는 것이 그렇게 단순하고 간단한 문제가 아니라는
사실은 충분히 밝혀졌다고 생각한다. 갈릴레오의 발견에 대해 의문
을 제기했던 사람들이 매우 어리석고 완고한 보수주의자들은 아니
었다. 망원경의 사용에 대한 정당화가 나타나게 되었으며, 더 좋은
망원경이 만들어지고 그것의 기능을 설명하는 광학 이론이 발전함
에 따라 망원경의 사용에 대한 정당화는 더욱더 설득력을 지니게
되었다. 그러나 이렇게 되는 데에는 많은 시간이 걸렸다.

갈릴레오는 역학에 대한 저술을 함으로써 과학에 위대한 공헌을
하였다. 그는 아리스토텔레스의 자리를 대신하게 되는 뉴턴 역학의
토대를 마련하였다. 그는 속도와 가속도의 구별을 명백히 하고 자유
낙하하는 물체는 그것의 무게와 관계없이 일정한 가속도로 움직이
며, 물체의 자유 낙하 거리는 낙하 시간의 제곱에 비례한다고 주장
하였다. 또한 모든 운동에는 원인이 존재해야 한다는 아리스토텔레
스의 주장을 부정했다. 그는 지구를 중심으로 하는 동심원상에 있는
길을 따라서 움직이는 물체의 속도는, 그 물체가 올라가거나 떨어지
는 것이 아니기 때문에, 증가되거나 감소되어서는 안 된다고 주장했
다. 그는 투사체의 운동을 일정한 속도로 움직이는 수평 분력(分力)
운동과, 일정한 가속도로 낙하하는 법칙을 따라 일정한 속도로 움직

이는 수직 분력 운동으로 나누어 분석하였다. 그리하여 갈릴레오는 발사체는 포물선 운동을 한다는 결론을 제시하였다. 그는 상대 운동이라는 개념을 발전시켰으며 한 체계의 등속 운동은 그 체계 밖에 있는 사항에 의존하지 않고서는, 역학적인 수단으로는 감지될 수 없다고 주장했다.

이러한 주요 발전을 갈릴레오가 일거에 이룩한 것은 아니다. 이러한 발전은 반세기에 걸쳐 서서히 나타나 코페르니쿠스의 주요 저서가 출판된 해로부터 거의 100여 년이 지난 1638년에 처음으로 《두 가지 새로운 과학》(*Two New Sciences*)이란 그의 저서에서 정점을 이루었다. 갈릴레오는 새로운 도해와 사고 실험(thought experiments)을 통해서 그의 새로운 개념에 의미를 부여하고 그 개념들을 더욱더 정확하게 만들어 나갔다. 때때로 갈릴레오는 실제적인 실험을 하였다. 그 예로 공을 경사면에 굴리는 실험을 들 수 있다. 그러나 갈릴레오가 이러한 실험을 실제로 몇 차례나 실시했는가 하는 것에 대해서는 논쟁의 여지가 있을 수 있다.

코페르니쿠스의 체계는 갈릴레오의 새로운 역학에 의해 앞에서 언급한 반론을 벗어나게 되었다. 탑 꼭대기에 있는 물체는 탑이 지구를 중심으로 원운동을 하면 같이 원운동을 계속한다. 그러므로 이 물체가 떨어질 때 결국 탑 바로 아래 떨어진다고 하는 것은 실험과 일치한다. 갈릴레오는 이러한 논의를 계속하였으며, 그의 관성의 법칙이 옳다는 것을 등속도로 움직이는 배의 돛대 위에서 떨어뜨린 돌이 바로 돛대 아래 갑판에 떨어진다는 사실을 지적함으로써 증명해 보일 수 있었다. 그러나 갈릴레오는 그가 그러한 실험을 실제로 해 보았다고 주장하지는 않았다. 갈릴레오는 지구가 돌 때 왜 고정되어 있지 않은 물체들이 지구 표면 밖으로 튕겨 나가지 않는가 하는 것을 매우 잘 설명하지는 못했다.

코페르니쿠스 이론을 강화하기 위해 갈릴레오는 역학에 관한 과학적인 많은 저술을 하였지만, 천문학에 있어서는 아리스토텔레스주의자를 추종하여 원형 궤도를 선호했던 것처럼 보인다. 천문학에 획기적인 공헌을 한 사람은 갈릴레오와 같은 시대에 살았던 케플러였다. 그는 행성의 궤도는 타원으로 나타낼 수 있으며, 이 타원의 한 초점이 태양이라는 것을 발견하였다. 이 이론은 코페르니쿠스와 프톨레마이오스가 필요에 의해 제시했던 복잡한 주전원의 체계를 불필요한 것으로 만들어 버렸다. 이러한 단순화는 프톨레마이오스의 지구 중심의 천문학 체계에서는 결코 가능하지 않았다. 케플러는 코페르니쿠스의 그것보다 더 정확한 티코 브라헤의 행성의 위치에 대한 기록을 이용하였다. 자료들을 분석한 결과 케플러는 행성의 운동에 대한 세 가지 법칙을 찾아냈다. 그것은 첫째, 행성은 태양 주위를 타원 궤도로 회전한다는 것, 둘째, 태양에서 행성에 그은 선은 같은 시간에 같은 면적을 그린다는 것, 셋째, 행성이 궤도를 한 바퀴 도는 데 걸리는 시간의 제곱은 행성과 태양 간의 평균 거리의 세제곱에 비례한다는 것이다.

갈릴레오와 케플러의 이론은 확실히 코페르니쿠스의 이론을 강화하는 역할을 하였다. 그렇지만 코페르니쿠스의 이론이 포괄적인 물리학으로 자리를 굳히기 위해서는 더 많은 발전이 필요하였다. 뉴턴은 갈릴레오와 케플러, 그 밖의 과학자들의 업적을 이용하여 포괄적인 물리학의 체계를 구성해냄으로써 1687년에 《프린키피아》 (*Principia*)를 출판하게 되었다. 갈릴레오와 케플러의 책에서는 어느 정도 혼란된 형태로 나타나 있던 운동의 원인보다는 가속도의 원인으로서 힘의 개념을 명확히 제시하였다. 뉴턴은 갈릴레오의 원형 관성에 대한 견해를 직선 관성의 법칙으로 대치하였는데, 이 직선 관성의 법칙에 따르면 균일한 속도로 직선 등속 운동을 하는 물체는 외부의 힘이 작용하지 않는 한 계속 균일한 속도로 직선 등속 운동을 하게 된다. 물론 뉴턴의 다른 중요한 공헌은 만유 인력의 법칙이다. 이 법칙에 의해 뉴턴은 케플러의 행성 운동의 법칙과 갈릴레오의 자유 낙하의 법칙이 거의 정확하다는 것을 설명할 수 있었다. 뉴턴의 이론 체계에서는 천체계와 지상계가 통일되었으며, 물체들로 이루어진 각각의 체계는 뉴턴의 운동 법칙에 따른 힘의 영향으로 움직인다. 일단 뉴턴의 물리학이 구성되자마자, 그것은 천문학에 세부적으로 응용될 수 있었다. 예를 들면 달의 일정한 크기, 지구의 자전, 그 밖의 다른 것을 고려하여 달의 궤도를 자세히 탐구할 수 있었다. 또한 태양의 한정된 질량과 행성 간의 힘 등등 때문에 케플러의 법칙이 행성에 적용되지 않는 현상도 탐구할 수 있었다. 이러한 발전은 그 후 몇 세기 동안 뉴턴 후계자들의 마음을 사로잡게 된다.

지금까지의 이야기를 통해 우리는 코페르니쿠스의 혁명이 기울어진 피사의 탑에서 한두 개의 모자를 떨어뜨리는 것과 같은 식으로 일어나지 않았다는 사실을 충분히 알 수 있다. 뿐만 아니라 귀납주의자나 반증주의자가 제시한 과학에 대한 설명이 위에서 살펴본 이야기와 일치하지 않는다는 사실도 분명히 밝혀졌다. 힘과 관성에 대한 개념이 주의깊은 관찰과 실험에 의해 도출되지는 않았다. 그렇다고 새로운 개념이 대담한 추측에 대한 논박과 추측이 다른 대담한 추측에 의해 잇달아 대치됨으로써 생겨나게 된 것도 아니다. 불완전하게 정식화된 새로운 개념을 포함하고 있는 새로운 이론이 처음으로 형성된 후 그것은 명백한 반증에도 불구하고 유지되며 발전된다. 물리학의 새로운 이론 체계가 고안되고, 그 후 수세기 동안 많은 과학자들의 지적인 노력을 통해 새로운 이론이 성공적으로 관찰과 실험의 결과와 성공적으로 일치하게 된다. 이러한 역사 과정과 일치하지 않는다면 어떠한 과학관도 적절한 과학관이라 볼 수 없을 것이다.

반증주의자의 구획 기준의 부적합성과 포퍼의 대응

포퍼는 과학을 비과학 또는 사이비 과학과 구별할 수 있는 매력적인 구획 기준을 제시하였다. 과학 이론은 반증 가능해야만 한다. 곧 과학 이론은 관찰이나 실험에 의해 시험될 수 있는 귀결을 가져야만 한다. 어떤 제한을 가하지 않는다면, 이 기준이 가지고 있는 약점 가운데 하나는 이 기준이 너무 쉽게 만족된다는 것이다. 특히 포퍼가 비과학으로 분류하고 싶어하는 많은 지식 주장도 이 조건을 만족시킨다. 점성술사도 반증 가능한 (빈번하게 반증된) 주장을 하였다. 그리고 신문이나 잡지에 나오는 점성술도 (반증 불가능할 뿐만 아니라) 반증 가능한 주장을 한다. 5장에서 인용한 "대담한 투기는 행운을 가져다 줄 것이다"라는 (반증 불가능한) 예측을 한 동일한 '오늘의 운세' 란은 3월 28일에 태어난 사람은 "새로운 사람과 열렬한 사랑에 빠지고 사회 활동이 좋아질 것이다"라는 확실하게 반증될 수 있는 약속을 하였다. 성경을 그대로 해석해야 한다고 주장하는 기독교 근본주의도 반증 가능하다. 하나님이 바다를 창조하고 그 바다에 물고기를 살게 하였다는 창세기에 나오는 주장도 만일 바다와 물고기가 모두 존재하지 않거나 둘 가운데 하나만 존재하지 않아도 반증될 수 있다. 포퍼 자신도 프로이트 이론이 꿈을 소원 성취로 해석하는 한, 악몽에 의해 반증의 위협에 직면하게 된다고 하였다.

반증주의가 이러한 관찰에 대해 취할 수 있는 대응 가운데 하나는 이론은 반증 가능해야 할 뿐만 아니라 반증되지 않아야 한다고 말하는 것이다. 이렇게 하면 점성술을 과학적인 주장에서 배제할 수

있으며, 포퍼는 이것이 프로이트 이론을 과학에서 배제시킨다고 주
장한다. 그러나 이러한 해결책이 기꺼이 적용되면 반증주의자들이
과학에 포함시키고 싶어하는 것들이 제거된다. 왜냐하면 우리가 이
미 살펴본 것과 같이 대부분의 과학 이론은 그 자신의 문제를 가지
고 있으며 어떤 승인된 관찰이나 다른 관찰과 충돌하기 때문이다.
세련된 반증주의에 따르면, 명백한 반증에 직면한 이론의 수정이 허
용될 수 있을 뿐만 아니라 반증에도 불구하고 그 이론이 직면한 문
제가 미래에 해결될 수도 있다는 희망에서 그 이론에 매달리는 행
동까지 허용된다. 이러한 종류의 대응은 포퍼(Popper, 1974, 55면)의
다음과 같은 글에 나타나 있으며, 그는 필자가 여기에서 제기한 문
제에 직면하여 이러한 대응을 보인 것이다.

> 나는 항상 어떤 독단주의의 필요성을 강조하였다. 독단적인 과학자는
> 그가 수행해야 할 중요한 역할을 가지고 있다. 만일 우리가 비판에 쉽
> 게 굴복한다면, 우리는 우리 이론의 실제적인 위력이 어디에 있는가를
> 발견하지 못할 것이다.

나는 위의 인용문은 이 장에서 제기된 그러한 문제에 비추어 볼
때 반증주의가 직면한 심각한 난점을 어느 정도 보여 주는 것이라
고 생각한다. 반증주의의 공격은 과학의 비판적인 요소들을 강조하
는 것이다. 적절하지 못한 이론은 제거되고, 더 적절한 이론으로 대
치될 수 있도록 우리의 이론은 무자비한 비판에 복종해야만 한다.
그러나 이론을 반증할 수 있을 정도의 확실한 문제에 직면한 경우,
포퍼는 명백한 반증에도 불구하고 때때로 이론을 유지할 필요가 있
다는 사실을 인정하였다. 비록 무자비한 비판을 권장하고 있지만 포
퍼에 따르면 그것의 반대처럼 보이는 독단주의 역시 수행해야 할

긍정적인 역할을 가지고 있다. 그렇다면 일단 독단주의의 중요한 역할을 허용한 뒤 반증주의에 남아 있는 것이 무엇인가, 나아가 비판적인 태도와 독단적인 태도를 동시에 눈감아 줄 수 있다면, 어떤 태도를 배제해야 하는가를 알 수 없다. (고도로 세련된 반증주의가 아무 것도 배제하지 못할 정도로 약하게 되었고, 따라서 포퍼가 형식화한 중요 직관과 충돌하게 된 것은 아이러니가 아닐 수 없다!)

더 읽어 볼 만한 문헌

포퍼의 반증주의에 대한 일련의 비판은 Schilpp(1974)에 있고 반증주의에 대한 비판과 가장 세련된 형태의 반증주의는 Lakatos (1970)에 정리되어 있다. 반증주의와 코페르니쿠스 혁명 사이에 존재하는 모순과 관련하여 이 장에서 지적한 사항들은 Feyerabend (1975)에서 따온 것이다.

Lakatos and Musgrave(1970)는 포퍼의 입장과 다음 장에서 다룰 토마스 쿤(Thomas Kuhn)의 입장을 비판적으로 비교한 논문들을 포함하고 있다. 포퍼의 입장에 대해 정교하게 관점을 달리한 약간의 비판은 Mayo(1996)에 있다.

제8장

구조로서의 이론 I: 쿤의 패러다임

구조로서의 이론

앞 장에서 살펴본 코페르니쿠스 혁명에 대한 개략적인 고찰에 의하면 귀납주의자와 반증주의자의 과학에 대한 설명은 지나치게 단편적이다. 이론과 개별적 관찰 언명들 또는 관찰 언명들의 집합 간의 관계에만 주의를 집중함으로써, 그들은 주요 과학 이론들이 지니고 있는 복합성을 제대로 파악하지 못했던 것으로 보인다. 1960년대 이래로 과학에 대한 더욱 적절한 해명은 과학적 활동이 일어나는 이론적 틀에 대한 이해로부터 진전해 나가야 한다고 결론 내리는 것은 상식이 되어왔다. 다음 3개의 장은 이 같은 접근을 채택한 과학에 대한 세 가지의 영향력 있는 해명과 관련이 있다. (우리는 13장에서 과학에 대한 "이론 지배적"(theory-dominated) 견해가 지나치게 나간 것이냐 하는 의문을 제기하는 것이 합당함을 알게 될 것이다.)

과학사의 연구는 이론을 구조로 파악해야 할 필요성을 강조하게 된 하나의 계기가 되었다. 역사적 연구를 통해서 주요한 과학상의 진화나 진보는 어떤 구조를 띠고 있는데, 이러한 사실은 귀납주의자나 반증주의자의 해명으로는 파악될 수 없는 것임을 알게 되었다. 코페르니쿠스 이론은 이미 이에 대한 적절한 예가 되었다. 이러한 사실은 뉴턴 이후 수백 년 동안 물리학은 뉴턴적 틀에서 수행되었으며, 뉴턴의 틀이 20세기 초 상대성 이론과 양자 역학에 의해서 도전받을 때까지 그랬다는 사실을 숙고해 봄으로써 더 명확하게 이해될 수 있다. 그러나 역사적 사실에 근거한 논증이 이론은 구조적 전체로서 파악되어야 한다는 주장을 정당화할 수 있는 유일한 방법은 아니다. 이에 대한 좀더 일반적인 철학적 논의도 관찰의 이론 의존성과 밀접한 연관을 맺고 있다. 관찰 언명이 어떤 이론의 언어로 표현되어야 한다는 사실은 이미 1장에서 강조하였다. 따라서 관찰 언명과 그 관찰 언명을 통해서 나타나는 개념이 얼마나 정확하고, 경험적인 정보 내용이 풍부한가는 그것을 구성하고 있는 언어가 얼마나 정확하고, 경험적인 정보 내용이 풍부한가에 의해 결정된다. 예를 들어 민주주의라는 개념보다 뉴턴의 질량이란 개념이 더 정확한 의미를 지니고 있다는 주장에 반론을 제기할 사람은 아마 없을 것이다. 질량이란 개념이 상대적으로 더 정확한 의미를 갖는 이유는 그 개념이 정확하게 구성된 뉴턴 역학에서 명확하게 잘 정의된 역할을 맡고 있기 때문일 것이다. 이와 반대로 '민주주의'라는 개념은 말할 수 없이 애매하고 다양한 의미를 지니고 있다. 만일 이것이 한 용어나 언명이 지니는 의미의 정확성과 이론 안에서 그 용어나 언명이 맡고 있는 역할 사이에는 밀접한 연관이 있다는 것이 타당하다는 점을 함축하는 것이라면, 정합적으로 구성된 이론의 필요성이 이러한 사실에서 직접 도출될 수 있는 것처럼 보인다.

개념은 제한적인 몇 가지의 대안적인 방식을 통해서 의미를 갖게 된다는 사실을 이해하게 되면, 개념의 의미는 그 개념이 쓰여지는 이론의 구조에 의존하고, 이론의 정확성과 정합성의 정도는 개념의 그것에 의존한다는 것을 알 수 있게 될 것이다. 한가지 그 같은 대안은 개념이 의미를 얻게 되는 방법 중의 하나를 정의(definition)라고 보는 견해이다. 그러나 정의에 의한 방법을 개념의 의미를 확립하는 근본적인 방법으로 인정할 수는 없다. 개념은 이미 의미가 주어진 다른 개념에 의해서만 정의될 수 있다. 만일 개념의 정의를 내릴 때 사용한 그 개념이 또 다른 개념에 의해 정의된다면, 다른 어떤 방법에 의해 몇몇 개념의 의미가 주어지지 않는 한 무한 후퇴로 빠지게 됨은 분명한 사실이다. 우리가 다른 많은 단어들의 의미를 파악하고 있지 못하다면 사전은 아무 쓸데없는 물건에 불과하다. 뉴턴은 그 이전의 개념을 사용해서 힘이나 질량이라는 개념을 정의할 수 없었다. 그는 새로운 개념 체계를 발전시킴으로써 옛 개념 체계에 속한 용어를 넘어섰다. 개념이 의미를 얻게 되는 방법에 대한 설명 중 두 번째는 개념의 의미는 명시적 정의(ostensive definition)를 통해 얻어진다는 주장이다. 그러나 우리는 1장에서 '사과'의 의미를 배우는 어린아이에 대한 논의를 통해 '사과'와 같은 기초적인 개념의 경우에서조차 명시적 정의를 지지하기가 어렵다는 것을 알게 되었다. 역학에서의 '질량'이나 전자기학에서의 '전기장'과 같은 개념에 명시적 정의를 적용하기는 더욱더 어려울 것이다.

개념의 의미는 적어도 부분적으로는 그들이 이론 안에서 맡고 있는 역할에서 유래한다는 주장은 다음과 같은 역사적 고찰에 의해 지지 받을 수 있다. 널리 알려진 신화와는 달리 실험이 역학에서 갈릴레오가 이룩한 혁신을 가능하게 한 핵심적인 요소는 결코 아니었다. 그가 이론을 구체화할 때 말한 '실험'은 사고 실험이었다. 참신한 이론은 실험의 결과에서 나온다고 생각하는 사람에게는 역설적으로 보일 수도 있지만, 정확한 실험은 그것에 앞서 정확한 관찰 언명의 형태를 띤 예측을 산출할 수 있게 하는 엄밀한 이론을 가지고 있는 경우에만 행해질 수 있다는 사실을 받아들이면, 이 주장을 아주 당연하게 여길 수 있을 것이다. 갈릴레오가 역학 이론의 발전에 기여할 새로운 이론을 제시하려고 할 당시, 그 이론은 아직 증명된 이론이 아니었으며 후에 그 이론을 증명할 수 있는 세부적인 실험이 행해졌다는 주장을 할 수도 있다. 그의 노력이 역학적인 실험이 아니라 사고 실험, 유비, 예시적인 은유에 집중되어 있었다는 사실은 결코 놀라운 일이 아니다. '화학 원소', '원자', '무의식' 또는 그 밖의 다른 개념의 역사를 살펴보면 알 수 있듯이, 개념은 처음에 아주 막연한 관념으로 나타났다가 그것을 포함하고 있는 이론이 점차 정확하고 정합적인 형태로 변해감에 따라 점차 명료해진다. 전기장 개념의 출현은 이러한 입장을 지지할 수 있는 방식으로 해석될 수 있다. 19세기 전반 패러데이(Faraday)가 이 개념을 처음으로 도입했을 때, 그것은 애매했지만 늘어난 끈(stretched strings)을 포함한 역학적 유비와 '장력', '동력', '힘'과 같은 개념의 은유적 사용으로 명료해졌다. 이 장 개념은 전기장과 전자기장 사이의 관계가 더욱더 명백히 규정됨에 따라 분명해졌다. 맥스웰의 변위 전류(displacement current) 도입과 역학적 유비를 통한 방정식의 도움으로 이 이론은 엄밀한 정합성을 띠게 되었다. 맥스웰 방정식은 모든 전자기적 양(量) 사이에 존재하는 내적 관계를 명백히 규정지었다. 얼마 지나지 않아 역학적으로 장이 존재하는 곳으로 여겨졌던 에테르(ether)가 필요하지 않게 되었고, 장은 그 자체로서 독립성을 획득하게 되었다.

이 절에서 우리는 과학적인 연구와 논쟁이 일어나는 이론적인 틀을 통해 과학에 접근해야 하는 이유를 확보하려고 하였다. 우리는 이 장과 다음 두 장에서 이러한 생각을 발전시켜 온 중요한 과학 철학자의 저작을 검토하게 될 것이다.

토마스 쿤 입문

토마스 쿤(Thomas Kuhn, 1970a)은 1962년에 처음 출간된 《과학 혁명의 구조》(The Structure of Scientific Revolutions)에서 과학에 대한 귀납주의자와 반증주의자의 설명에 도전하였다. 이 책은 8년 뒤에 후기가 첨부되어 다시 출간되었다. 그 이후로 쿤의 과학관은 과학 철학계에 커다란 반향을 불러 일으켰다. 쿤은 물리학자로 학계에 발을 들여 놓았지만 과학사로 관심을 돌렸다. 과학사를 공부하면서 과학의 본성에 대한 그의 선입견은 산산히 부서지게 되었다. 그는 귀납주의나 반증주의를 불문하고 과학에 대한 전통적인 설명이 역사적 증거와 부합하지 않는다는 믿음을 가지게 되었다. 쿤은 역사적 상황과 잘 맞는 이론을 위해 새로운 과학관을 제시하였다. 그의 과학관의 특성은 과학적 진보의 혁명적인 성격에 초점을 맞추고 있다는 것이다. 과학적 진보의 계기가 되는 혁명은 한 이론적 구조가 포기되고 그것과 양립 불가능한(incompatible) 다른 것으로 대치되는 것이다. 그가 지적한 과학의 다른 중요한 모습은 과학자 공동체의 사회학적 특성이 중요한 역할을 수행하고 있다는 것이다.

쿤에 있어서 과학의 진보는 다음과 같이 요약될 수 있으며, 이 도식은 계속 이어지게 된다.

전과학 – 정상 과학 – 위기 – 혁명 – 새로운 정상 과학 – 새로운 위기 …

과학 형성 이전 단계의 조직화되지 못한 여러 활동들은 과학자 사회가 하나의 단일 패러다임(paradigm)을 받아들이게 되면 체계화되고 조직화된다. 패러다임은 특별한 과학자 사회가 채택한 일반적인 이론적 가정들과 법칙들 그리고 그것들의 적용에 대한 기법들(techniques)로 구성되어 있다. 패러다임 내에서의 연구자들은 그 패러다임이 뉴턴의 역학이든, 파동 광학이든, 분석 화학이든 그 밖에 무엇이든 간에 쿤이 정상 과학(normal science)이라고 하는 것을 실제로 행하고 있다. 정상 과학 안에서 활동하는 과학자들은 실험의 결과에 의해 나타난, 실재 세계와 관련된 여러 측면들의 거동을 설명하고 조절하려는 시도를 통해 패러다임을 명료화하고 발전시킨다. 그들은 이러한 과정 속에서 불가피하게 난점을 경험하게 되고 명백한 반증에 직면하게 된다. 만일 이 난점에 대해 속수무책이면 위기(crisis)의 상태가 도래한다. 완전히 새로운 패러다임이 나타나고 과학자들이 그 패러다임을 믿고 받아들여 문제를 안고 있던 원래의 패러다임을 포기하게 되면 위기는 해소된다. 이 불연속적인 변화가 과학 혁명(scientific revolution)을 구성한다. 아직은 해결할 수 없는 난점이 없고 유망함이 넘쳐 나는 새로운 패러다임은, 그것이 심각한 난점에 봉착하여 새로운 혁명의 결과로 이어지는 새로운 위기에 직면하기 전까지는 새로운 정상 과학 안에서 활동하는 과학자들을 이끌게 된다.

쿤의 과학관에 대한 서설적인 요약은 여기서 마치고 그의 도식을 구성하고 있는 내용을 좀더 자세히 살펴보기로 하자.

패러다임과 정상 과학

성숙한 과학(mature science)은 하나의 패러다임에 의해 지배된다.[1] 패러다임은 그 패러다임의 통제를 받고 있는 과학 안에서 행해지는 연구의 정당성을 결정해주는 기준을 제시한다. 패러다임 안에

서 연구하는 정상 과학자 집단의 '문제 풀이'(puzzle-solving) 활동을
그 기준이 조정하고 지시한다. 쿤에 의하면 정상 과학의 전통을 지
지해주는 패러다임의 존재 여부에 의해 과학과 비과학은 구별된다.
뉴턴 역학, 파동 광학, 고전적 전자기장 이론은 패러다임을 구성하였
기 때문에 과학의 자격을 얻었다. 현대 사회학의 대부분은 아직 패
러다임의 단계에 도달하지 못했기 때문에 과학의 자격을 얻지 못하
고 있다.

　뒤에 설명하겠지만 패러다임의 본성을 정확히 규정하는 것은 거
의 불가능하다. 그렇지만 패러다임을 구성하고 있는 전형적인 요소
를 기술하는 것조차 불가능한 것은 아니다. 패러다임의 요소들 중에
서 근본적인 법칙 및 이론적 가정은 명백하게 이야기 될 수 있다.
따라서 뉴턴의 운동 법칙은 뉴턴 패러다임의 일부를 구성하고, 맥스
웰의 방정식은 고전적 전자기 이론을 구성하는 패러다임의 일부가
된다. 또한 패러다임에는 다양한 유형의 상황에 기본적인 법칙을 적
용하는 표준적인 방법도 포함된다. 예를 들어 뉴턴의 패러다임은 뉴
턴의 법칙을 행성의 운동, 진자(振子), 당구공 충돌 등에 적용할 때
필요한 방법을 포함하고 있다. 패러다임의 법칙들이 실제 세계와 관
련을 맺게 하려면 도구와 도구를 쓰기 위한 기법들이 필요한데 이
것들도 역시 패러다임 안에 포함된다. 뉴턴의 패러다임을 천문학에
응용하려고 하면 여러 가지 공인된 형태의 망원경과 그것들의 사용
과 관련된 기법, 그들 기법의 도움으로 얻어진 자료들을 보정하기
_____
1) 쿤은 《과학혁명의 구조》 초판이 나온 이래, 원래 그가 '패러다임'을 여러 가지
　 다른 방식으로 사용하였다는 것을 인정하였다. 2판 후기에서 그는 이 말을 두 가
　 지 의미로 구별하였다. 패러다임의 일반적인 의미를 '분야 매트릭스'
　 (disciplinary matrix)라고 하였고, 좁은 의미의 패러다임을 '예제'(exemplar)로
　 대체하였다. 필자는 쿤이 지금은 분야 매트릭스라고 부르는 것을 지칭하기 위해
　 서 일반적인 의미로 '패러다임'이라는 단어를 계속 사용하였다.

위한 다양한 기법이 필요하다. 나아가서 패러다임 구성 요소에는 패러다임 안에서의 연구를 이끌어 주는 매우 일반적인 형이상학적 원리(metaphysical principles)도 포함된다. 19세기를 지나면서 뉴턴의 패러다임은 "뉴턴의 운동 법칙이 지시하는 바에 의하면 물리적 세계 전체는 다양한 힘의 영향 아래서 작용하는 기계적인 체계로 설명될 수 있다"와 같은 가정의 지배를 받았고, 17세기 데카르트의 프로그램에는 "진공은 존재하지 않으며 물리적 우주는 모든 힘이 다른 것을 미는 형태를 띠고 있는 커다란 시계의 태엽 장치와 같다"는 원리가 포함되어 있었다. 마지막으로 모든 패러다임은 "당신의 패러다임이 자연과 조화를 이루도록 하는 진지한 노력을 게을리하지 말라" 또는 "패러다임이 자연과 조화를 이루지 않는 경우, 그것을 심각한 문제로 취급하라"와 같은 몇 가지 매우 일반적인 방법론적인 처방도 포함하고 있다.

정상 과학은 패러다임과 자연이 어울리도록 함으로써 패러다임을 정교하게 만들려는 세부적인 시도도 포함하고 있다. 패러다임은 항상 상당히 부정확하고 열려 있게 될 것이어서 여러 가지 해야 할 작업을 남겨 놓게 된다. 쿤은 정상 과학을 패러다임의 규칙을 따르는 문제 풀이 작업에 비유하고 있다. 문제들은 이론적이며 실험적인 성질을 지니고 있다. 예를 들어 뉴턴의 패러다임에서는 둘 이상의 천체에서 인력을 받는 행성의 운동을 다루기 위한 수학적 기법의 개발과, 뉴턴의 법칙을 유체의 운동에 적용할 수 있도록 가정을 발전시키는 일이 전형적인 이론적 퍼즐에 포함된다. 그리고 망원경에 의한 관찰의 정확도의 개선과 중력 상수(常數)의 신빙성 있는 측정을 가능하게 하는 실험적 기법의 발전이 실험적 퍼즐에 포함된다. 정상 과학 안에서 활동하는 과학자들은 패러다임 내에서 제기된 문제에 대하여 패러다임이 해결 방식을 제공해줄 수 있다고 가정해야만 한

다. 해결이 성공적이지 못할 때, 그 원인은 패러다임의 부적합성에
있지 않고 과학자의 실수에 있는 것으로 생각해야 한다. 해결되지
않는 문제는 패러다임에 대한 반증이 아니라 변칙 사례(anomalies)
로 간주된다. 쿤은 모든 패러다임에는 몇몇 변칙 사례가 포함되어
있음(코페르니쿠스의 이론과 금성의 외견상의 크기, 뉴턴의 패러다
임과 수성의 궤도)을 인정하며 모든 형태의 반증주의를 거부한다.

　정상 과학에 종사하는 과학자들은 그가 활동하고 있는 패러다임
에 대해 비판적인 입장을 취해서는 안 된다. 그래야만 패러다임을
세밀하게 명료화 하기 위해 정신을 집중하여 노력할 수 있고, 자연
을 조사하는 연구를 깊이 있게 면밀히 수행할 수 있다. 근본적인 것
(fundamentals)에 대한 의견의 일치가 존재하면 그것은 성숙한 정상
과학이고, 그렇지 못하면 상대적으로 잘 체계화되지 못한 미성숙한
전과학(前科學)이다. 쿤에 따르면 전과학의 단계에서는 근본적인 것
에 대해 전적으로 의견의 일치를 보지 못하여 끊임없이 토론을 계
속하게 된다. 따라서 세밀하고 정교한 연구는 행해질 수 없다. 그 분
야에 종사하는 연구자의 수만큼 이론의 수가 많고, 모든 이론가들은
항상 무(無)에서 출발해야 하며, 그 자신의 특별한 연구 방식을 정당
화시켜야 한다. 쿤은 뉴턴 이전의 광학을 예로 들고 있다. 고대로부
터 뉴턴에 이르기까지 빛의 본성에 대한 이론들은 많이 있었다. 뉴
턴이 입자 이론을 제시하고 그 이론을 옹호하기 전까지는 빛의 본
성에 대한 일반적인 합의에 도달하지도 못했고, 일반적으로 받아들
여질 수 있는 세부적인 이론이 나타나지도 않았다. 전과학 단계의
경쟁 관계에 있는 이론가들은 근본적인 이론적 가정에 대해 의견을
달리 했으며 그들의 이론과 관련 있는 관찰적 현상의 종류에 대해
서도 그러했다. 패러다임이 관찰적 현상을 탐구하고 해석할 때 영향
을 미친다는 사실을 쿤이 인정하는 한, 쿤은 어떤 의미에서 관찰과

실험이 이론 의존적이라고 말할 수 있는지를 받아들이는 것이다.

쿤은 패러다임이 명시된 규칙과 지령(directives)의 형태로 규정될 수 있는 이상의 것을 포함하고 있다고 주장한다. 그는 비트겐슈타인(Wittgenstein)의 '게임'(game) 개념에 대한 논의에 호소하여 그가 의미하려는 바를 표현하고자 한다. 비트겐슈타인은 한 행동이 게임이 되기 위해 필요하고도 충분한 조건을 나열하는 것은 불가능하다고 주장한다. 필요 충분 조건을 찾아내려고 하면 어떤 때에는 게임으로 간주하고 싶어하지 않는 행동이 그의 개념 정의에 의해 게임에 포함되기도 하고, 게임으로 간주하려고 하는 행동이 그의 개념 정의에 의해 게임에 포함되지 않는 경우를 발견하게 될 것이다. 쿤은 패러다임의 경우도 게임의 경우와 동일하다고 주장한다. 만일 과학의 역사나 현대 과학에 나타난 패러다임의 성격을 정확하고 엄밀하게 규정하려고 하면 곧 패러다임에 속한 작업이 그 규정을 깨뜨리게 된다는 것을 알 수 있다. 그러나 쿤은 패러다임의 개념이 '게임'과 연관된 상황과 유사한 방식 이상으로 지지될 수 없는 것은 아니며, 패러다임이란 개념의 정당한 사용이 배제되는 것은 아니라고 주장한다. 패러다임에 대한 완벽하고 명확한 개념 규정은 불가능하다고 할지라도, 개개의 과학자는 과학 교육을 통해서 패러다임에 대한 지식을 얻는다. 패러다임 안에서 이미 그 패러다임에 숙련된 종사자인 어떤 감독자의 지도 아래서 표준적인 문제를 풀고, 표준적인 실험을 행하며, 궁극에 가서는 일련의 연구를 함으로써 포부있는 과학자는 그 패러다임의 방법과 기술법과 표준을 습득하게 된다. 도목수(都木手)가 그의 기술 뒤에 숨어 있는 것이 무엇인가를 완전히 묘사할 수 없는 것과 같이 과학자도 그가 습득한 방법과 기술을 명확히 설명할 수 없다. 정상 과학자들이 지니고 있는 지식은 대부분 폴라니(Michael Polanyi, 1973)가 말한 의미에서 암묵적인(tacit) 것이다.

그가 훈련을 받은 방법 때문에, 그리고 만일 효과적인 연구를 하려고 하면 훈련을 받을 필요가 있기 때문에, 전형적인 정상 과학자는 그가 속한 패러다임의 정확한 본성을 알 수도 없고 분명하게 말할 수도 없다. 그렇지만 이러한 사실을 근거로 하여 과학자가 패러다임에 포함되어 있는 전제들을 정교하게 다듬을 수도 없고, 그럴 필요가 생기지도 않는다고 말할 수는 없다. 경쟁적인 패러다임으로부터 위협을 받을 때 그런 필요성이 발생한다. 이러한 상황에서 자신을 위협하는 새로운 패러다임 안에 포함되어 있는 대안(代案)으로부터 일반 법칙·형이상학적·방법론적 원리를 보호하기 위해서는 패러다임이 포함하고 있는 내용들을 철저하게 해석해야 할 필요성이 생겨난다. 다음 절에서 필자는 어떻게 패러다임이 난관에 부딪치게 되고, 어떻게 경쟁 관계에 있는 다른 패러다임에 의해 대체되는가에 대한 쿤의 설명을 요약하려고 한다.

위기와 혁명

정상 과학자들은 하나의 패러다임이 정해준 잘 정의된 테두리 안에서 자신 있게 연구를 한다. 패러다임은 일련의 명확한 문제와 방법을 과학자에게 제시하여 주고 과학자는 그 방법을 통해서 그 문제를 해결할 수 있다고 확신한다. 만일 그가 해결되지 않는 이유를 패러다임에서 찾으려 한다면, 그는 연장을 탓하는 목수와 다를 바 없다. 그럼에도 불구하고 실패는 나타나게 되고 그러한 실패는 결국 점차적으로 심각하게 받아들여진다. 심각성의 정도가 높아짐에 따라 패러다임에 대한 중대한 위기가 도래하게 되어 그 패러다임의 거부와 동시에 그것과 양립할 수 없는 새로운 패러다임이 그 자리를 차지하게 된다.

단지 해결되지 않는 문제가 패러다임 안에 존재한다고 해서 위기가 도래하는 것은 아니다. 쿤도 패러다임이 언제나 곤란에 봉착할 수 있다는 것을 인정하고 있다. 패러다임에는 항상 변칙 사례가 존재한다. 변칙 사례가 패러다임에 대한 신뢰를 실추시키는 방식으로 전개되는 것은 오직 특별한 조건 아래서이다. 변칙 사례는 그것이 패러다임의 기본 원리에 결정적인 타격을 주어 정상 과학자 사회의 구성원들이 그것을 해결하려고 끊임없는 노력을 기울였음에도 불구하고 이 노력이 모두 수포로 돌아갈 때, 그 변칙 사례는 특별히 심각하게 받아들여진다. 쿤은 19세기 말엽에 있었던 맥스웰의 전자기장 이론에서의 에테르와 그것과 관계가 있는 지구의 운동과 연관된 문제를 예로 인용하고 있다. 서로 연결되어 있는 투명한 수정 천구로 되어 있는 아리스토텔레스의 질서 잡히고 충만한 우주에 대해 혜성이 제기한 문제는 덜 전문적인 예가 될 수 있을 것이다. 변칙 사례는 그것이 절박한 사회적 요구에 대해 중요성을 지니게 될 때 심각한 것으로 간주된다. 프톨레마이오스의 천문학을 둘러싼 문제는 코페르니쿠스 시대에 달력의 개혁이라고 하는 요구에 비추어 볼 때 절박한 것이었다. 변칙 사례를 제거하려는 노력이 얼마나 오랫동안 결실을 거두지 못하는가의 여부는 변칙 사례가 얼마나 심각한가를 나타내준다. 심각한 위기가 얼마나 많은가 하는 것은 위기의 시작에 영향을 미치는 그 다음의 요소인 것이다.

쿤에 따르면 과학에 있어서의 위기 시대의 특성을 분석하려고 하면 역사가의 능력뿐만 아니라 심리학자의 능력도 함께 가지고 있어야 한다. 변칙 사례가 패러다임에 대해 심각한 문제를 야기하게 되면 '연구자가 정신적으로 불안해지는' 시대가 시작된다. 문제를 해결하려는 시도는 더욱더 격렬해지고, 문제 해결을 위해 패러다임이 제시한 규칙은 점차적으로 더 느슨해진다. 정상 과학자들은 철학적이고 형이상학적인 논쟁을 벌이기 시작하고, 철학적인 논의에 의해 패러다임의 관점에서 반신반의할 수밖에 없는 입장에 놓이게 되면 그들 자신의 이론적 혁신을 변호하고자 한다. 과학자들은 공개적으로 기존의 패러다임에 대해 불만과 불안을 털어놓기 시작한다. 쿤(Kuhn, 1970a, 80면)은 1924년 경에 발생한 위기에 대한 볼프강 파울리(Wolfgang Pauli)의 반응을 인용하고 있다. 격분한 파울리는 그의 친구에게 "현대 물리학은 또다시 심각한 혼란에 빠졌다. 어쨌든 이 혼란은 나에게 너무 어렵다. 내가 희극 영화 배우나 그 비슷한 사람이 되어 물리학에 대해서는 아무 것도 귀에 담지 않게 되었으면 좋겠다"라는 고백을 하였다. 패러다임의 옹호자가 그것에 대한 자신감을 상실할 정도로 패러다임이 약화되고 그 토대를 잃게 되면 혁명의 여건이 성숙하게 된다.

경쟁적인 패러다임이 나타나게 되면 위기의 심각성은 고조된다. 쿤(Kuhn, 1970a, 91면)에 따르면, "새로운 패러다임 또는 그것을 가능하게 해주는 암시는 위기에 깊이 몰두한 사람의 마음속에 갑자기, 때로는 한밤중에 떠오른다." 새로운 패러다임은 해묵은 패러다임과 전혀 다르며 그것과 양립될 수 없다. 근본적 차이는 아주 다양한 종류로 나타날 것이다.

각각의 패러다임은 세계가 서로 다른 종류의 사물로 이루어져 있다고 여길 것이다. 아리스토텔레스의 패러다임은 우주를 두 영역, 곧 불변하고 영원한 천상계와 시간적이고 가변적인 지상계로 나누었다. 그 이후에 나타난 패러다임은 우주 전체를 구성하는 것은 동일한 종류의 물질이라는 주장을 하였다. 라부아지에 이전의 화학은 이 세계에는 플로지스톤이라 불리는 물질이 존재하며, 그것은 물체가 연소할 때 나온다고 주장하였다. 라부아지에의 새로운 패러다임에는 플로지스톤과 같은 물질은 존재하지 않으며 산소가 있어 이 산소가 연소할 때 작용한다는 주장이 포함되어 있다. 맥스웰의 전자기장 이론에는 모든 공간을 채우고 있는 에테르가 포함되어 있었지만, 아인슈타인은 이 이론을 근본적으로 수정하여 에테르의 존재를 없애 버렸다.

경쟁 관계에 있는 패러다임은 다른 종류의 문제에 대해 정당성과 의미를 부여한다. 플로지스톤의 무게에 대한 문제는, 플로지스톤 이론가에게는 중요했지만 라부아지에에게는 아무 의미가 없었다. 행성의 질량에 대한 문제는, 뉴턴에게는 근본적인 문제였지만 아리스토텔레스에게는 무의미한 문제였다. 에테르에 대한 지구의 속도에 관한 문제는, 아인슈타인 이전의 물리학자들에게는 매우 중요한 의미를 지니고 있었지만 아인슈타인은 이 문제를 해소해 버렸다. 패러다임이 다르면 서로 다른 물음이 제기되는 것과 같이 그것은 상이하고 양립할 수 없는 기준을 가진다. 뉴턴은 설명될 수 없는 원격 작용(action at a distance)을 인정했지만 데카르트주의자들은 그런 견해를 형이상학적이고 신비로운 것으로 단정지었다. 아리스토텔레스가 원인이 없는 운동을 무의미한 것으로 간주한 반면, 뉴턴은 필요한 것으로 생각하였다. 원소의 변환은 현대 핵물리학에서 중요한 자리를 차지하고 있지만, (중세 연금술과 17세기 기계적 철학에서 그러했던 것처럼) 돌턴(Dalton)의 원자 프로그램의 목적과는 완전히 반대된다. 현대 미시 물리학에서 기술될 수 있는 여러 종류의 사건들은 뉴턴의 프로그램에서는 생각할 수도 없었던 비결정성(indeterminancy)을 포함하고 있다.

과학자는 그가 일하는 패러다임을 통해서 이 세계의 특별한 어느 한 측면을 바라본다. 쿤은 경쟁 관계에 있는 패러다임의 지지자는 "상이한 세계에서 살고 있다"라는 주장을 펴고 있다. 그는 코페르니쿠스 이론의 제안이 있은 후에 서구의 천문학자들이 천체의 변화를 처음으로 주목하여 기록하고 논의했던 사실을 증거로 인용하고 있다. 코페르니쿠스 이전의 아리스토텔레스의 패러다임은 천상계에는 변화가 있을 수 없다고 단정했기 때문에 어떤 변화도 관찰되지 않았다. 주목을 받은 변화도 상층 대기권의 교란으로 설명되었다.

과학자 개개인이 하나의 패러다임에 쏟던 믿음을 이와 비교할 수 없는 대안적인 패러다임으로 옮기게 되는 변화를 쿤은 '형태 전환'(gestalt switch) 또는 '종교적 전향'과 연관시키고 있다. 하나의 패러다임이 다른 패러다임보다 우수하다는 것을 순수하게 논리적인 논증을 통해서 증명할 수는 없다. 따라서 합리적인 과학자로 하여금 그러한 변화를 일으키도록 강제할 증명은 있을 수 없다. 그러한 증명이 불가능한 이유 중의 하나로 과학 이론의 장점을 파악하는 과학자의 판단에는 다양한 요소가 작용한다는 사실을 꼽을 수 있다. 한 과학자의 개인적인 결정은 그가 여러 요소 중에서 어느 요소에 우선권을 주는가에 달려 있다. 그러한 요소는 단순성(simplicity), 긴급한 사회적 요구와의 관련성, 특별한 종류의 문제를 해결할 수 있는 능력 등이 있다. 따라서 한 과학자는 코페르니쿠스 이론이 가지고 있는 수학적인 측면의 단순성에 마음이 끌릴 수도 있다. 다른 과학자는 코페르니쿠스 이론에서 달력을 개혁할 수 있는 가능성을 찾았기 때문에 그 이론에 매혹을 느꼈을 수도 있다. 또한 제3의 과학자는 지상(地上)의 역학에 관계하고 있으며 그것이 제기한 문제점들을 알고 있었기 때문에 코페르니쿠스 이론을 채택하지 못했을 수도 있다. 그리고 제4의 과학자는 종교적 이유에서 코페르니쿠스 이론을 거부했을 수도 있다.

다른 패러다임보다 하나의 패러다임이 우수하다는 것을 논리적으로 증명할 수 없는 두 번째 이유는 경쟁적인 패러다임의 지지자는 상이한 일군의 기준과 형이상학적 원리에 동의한다는 사실이다. 패러다임 A의 기준으로 판단했기 때문에 패러다임 A가 패러다임 B보다 더 우수한 것으로 인정되었던 것이, 패러다임 B의 기준이 사용되면 바뀔 수도 있다. 그 전제들이 받아들여지는 경우에 한해서 그 논증의 결론은 설득력을 지니게 된다. 경쟁적인 패러다임의 지지자가 서로 상대편의 전제를 받아들이지 않으면 서로가 서로의 논증에 설득될 필요가 없다. 바로 이러한 이유로 쿤(Kuhn, 1970a, 93~4면)은 과학 혁명을 정치 혁명에 비교하고 있다. "정치 혁명은 기존의 정치 제도 자체를 금지시키는 방식에 의한 정치 제도의 변화를 목적으로 한다." 결국 "정치적인 호소는 실패한다." 이처럼 "경합하는 패러다임 사이의 선택은 양립 불가능한 공동체 생활 양식 사이"의 선택이며 어느 논의도 "논리적 또는 확률적으로 강제"될 수 없다. 그러나 이것이 곧 다양한 논의가 과학자의 결정에 영향력을 미치는 중요한 요소에 포함될 수 없다는 것을 의미하지는 않는다. 쿤의 입장에 따르면 과학자가 패러다임을 바꾸도록 유도하는 데 영향을 미치는 요소들은 심리학적·사회학적 탐구를 통해 밝혀질 수 있는 문제이다.

하나의 패러다임이 왜 그리고 언제 다른 패러다임과 경합하게 되는가를 설명해주는 이유는 여러 가지가 있다. 합리적인 과학자가 다른 패러다임을 위해 하나의 패러다임을 포기해야만 한다는 것을 설명할 수 있는 논리적으로 합당한 논의는 존재할 수 없다. 과학자가 패러다임의 전제가 가지고 있는 장점과 유망성을 판단할 때 사용해야 하는 단일한 기준은 존재하지 않으며 나아가서 경쟁적인 패러다임의 지지자들은 서로 다른 기준에 동의하게 되고, 세계를 다른 방법으로 보며, 세계를 다른 언어로 기술한다. 경쟁적인 패러다임 지지자들 간에 있을 수 있는 논의나 토론의 목적은 강요가 아니라 설득에 있다. 여기서의 내용은 경쟁적인 패러다임들은 '공약 불가능하다'(incommensurable)는 쿤의 주장과 일치한다.

하나의 패러다임을 포기하고 다른 새로운 패러다임을 채택하는 과학 혁명은 과학자 개인에 의해 수행될 수 없으며 관련된 과학자 사회 전체에 의해서만 수행된다. 여러 가지 이유에 의해 과학자가 점점 더 많이 새로운 패러다임으로 개종을 하게 되면, "전문 지식에 대한 신용의 분포가 점차로 변하게 된다"(Kuhn, 1970a, 158면). 이러한 변화가 점점 확대되어 그 혁명이 성공하게 되면, 오직 몇몇 과학자들을 제외하고는 관련된 과학자 사회 구성원들의 대부분은 혁명을 받아들이게 된다. 그렇지 않으면 새로운 과학자 사회로부터 배제될 것이고 아마도 철학 분과로 몸을 숨기게 될 것이다. 어떠한 경우든 그들은 결국 소멸하고 만다.

정상 과학과 혁명의 기능

쿤의 저서의 어떤 측면은 우리에게 과학의 본성에 대한 그의 설명이 완전히 기술적(記述的)이라는 인상을 주기도 한다. 다시 말해서 그는 과학 이론이나 패러다임 그리고 과학자들의 활동을 기술하는 것 이상은 하지 않았다고도 볼 수 있다. 만일 그렇다면 과학에 대한 쿤의 설명은 과학에 대한 이론으로서는 별 가치를 지니지 못할 것이다. 만일 과학에 대한 기술적인 설명에 어떤 이론도 작용하지 않는다면, 어떤 종류의 활동과 활동의 결과가 기술되어야 하는가에 대해서 아무런 도움도 받지 못할 것이다. 특히 별 볼일 없는 과학자들의 활동과 그 활동의 결과도 아인슈타인이나 갈릴레오의 업적만큼 자세하게 기록되어야 할 것이다.

그러나 과학에 대한 쿤의 규정이 오직 과학자들의 저술을 기술한 결과로 나오게 되었다는 생각은 잘못이다. 쿤은 그의 해명(account)이 이론을 구성하는 다양한 요소의 기능에 대한 설명(explanation)을 포함하고 있기 때문에 과학에 대한 이론이 될 수 있다고 주장한다. 쿤에 따르면 정상 과학과 과학 혁명은 필수적인 기능을 수행하고 있기 때문에, 과학은 이러한 특성을 가지거나 또는 동일한 기능을 수행할 수 있는 다른 특성을 가져야만 한다. 쿤이 주장하는 이러한 기능에 대해 살펴보기로 하자.

정상 과학의 시기에 과학자들은 이론을 매우 세부적으로 발전시킬 수 있는 기회를 갖게 된다. 과학자들이 당연시하는 기본 원리, 곧 패러다임 안에서 연구하는 과학자들은 패러다임과 자연과의 조화의 정도를 높이기 위해 필요한 일군의 정밀한 실험과 이론적인 연구를 수행할 수 있다. 과학자들은 그들의 패러다임이 타당하다는 것을 확신하기 때문에 그들의 근본적인 가정이나 방법의 정당성에 대해 논쟁을 하지 않고 패러다임 안에서 그들에게 제시된 자세한 문제들을 해결하기 위해 전력을 다할 수 있다. 정상 과학에 대해서는 무비판적일 필요가 있다. 만일 모든 과학자들이 그들이 몸담고 연구하고 있는 패러다임의 모든 부분에 대해 항상 비판적인 입장을 견지한다면 세부적인 연구는 행해질 수 없을 것이다.

모든 과학자들이 정상 과학자이고 정상 과학자로 머문다고 하면 과학의 각 분야는 하나의 패러다임에 덜미가 잡혀 그 패러다임을 넘어서는 진보는 일어나지 않을 것이다. 쿤적인 관점에서 본다면 이것은 심각한 결함이 된다. 하나의 패러다임은 그것을 통해 세계를 보고, 그 안에서 기술되는 특별한 개념적인 틀과 패러다임과 자연을 일치시키기 위한 특별한 일련의 실험적이고 이론적인 기법을 구체적으로 가지고 있다. 그러나 어느 하나의 패러다임이 완벽하거나 가장 유용한 최선의 것이라고 여길 **선험적**(a priori) 이유는 존재하지 않는다. 완전히 타당한 패러다임에 도달하는 귀납적인 절차는 존재하지 않는다. 결국 과학은 그 안에 하나의 패러다임에서 더 나은 패러다임으로 나아갈 수 있는 수단을 포함하고 있어야만 한다. 이것이 혁명의 기능이다. 모든 패러다임은 자연과의 조화를 문제로 삼는 한 어느 정도 부적당한 요소를 지니게 된다. 이러한 불일치가 심각해질 때, 곧 위기가 일어날 때 다른 패러다임에 의해 전체 패러다임이 대체되는 혁명적인 조치가 취해지는 것은 효과적인 과학의 진전을 위해서 필수적이다.

쿤은 과학의 진보가 누적적으로 이루어진다는 귀납주의자들의 설명에 대한 대안으로 혁명을 통한 진보를 제시했다. 귀납주의자들에 의하면 과학적 지식은, 더 많은 수의 관찰과 더 많은 종류의 관찰이 모아져 새로운 개념이 형성되고, 해묵은 개념이 정련되며 개념들 간에 존재하는 새로운 법칙이 발견되는 과정을 통해 끊임없이 성장한다. 쿤의 특별한 관점에 의하면 이러한 설명은 패러다임이 관찰과 실험에서의 길잡이 구실을 하고 있다는 사실을 무시하고 있다. 패러다임은 그 패러다임 안에서 행해지는 과학에 그 같이 설득력 있는 영향을 미치기 때문에 패러다임 전체가 다른 패러다임으로 대체되는 과정은 혁명적일 수밖에 없다.

쿤의 설명이 제시한 다른 한 가지 기능을 살펴보자. 위에서 언급한 것처럼 쿤의 패러다임은 그것의 대체가 하나의 명백한 규칙의 체계에 의해 설명될 수 있을 정도로 그렇게 정밀하지는 않다. 서로 다른 과학자들이나 과학자 집단들은 어느 정도 상이한 방식으로 패러다임을 해석할 수 있고 적용할 수 있다. 동일한 상황에 직면했을 때 과학자들이 모두 동일한 결정에 도달하거나 동일한 해결 방안을 채택하는 것은 아니다. 이것은 제시된 해결 방안의 수가 증가하는 장점을 지니게 된다. 과학자 집단이 걸머져야 하는 위험 부담이 분산되고, 장기간에 걸쳐서 보면 성공이 늘어날 수 있는 기회가 많아지게 된다. "집단 전체로는 양쪽에 모두 걸어서 완전 손실을 방지하는 이외에 다른 도리가 있겠는가?"라고 쿤(Kuhn, 1970c, 241면)은 묻고 있다.

과학에 대한 쿤의 설명의 장점

과학 연구는 대체적으로 의문의 여지가 없는 틀 안에서의 문제 해결을 포함한다는 쿤의 생각에는 기술적으로 옳은 점이 분명히 들어 있다. 포퍼의 '추측과 논박'의 방법에 특징적으로 나타나 있는 것과 같은, 근본적인 것에 대해 끊임없이 의문을 제기하는 학문 분야에서는 의미 있는 진보가 이루어질 수 없을 것이다. 심원한 연구가 이루어지기 위해서는 원리가 충분한 기간 동안 변하지 않고 남아 있어야 하기 때문이다. 독창성을 가지고 물리학의 근본 원리에 도전함으로써 역사적인 진보를 이룩한 영웅적인 과학자로 아인슈타인을 묘사하는 것도 좋다. 그러나 우리는 아인슈타인이 인식했고 그의 상대성 이론으로 해결한 문제가 드러나기 위해서는 뉴턴 패러다임 안에서 200년 동안의 면밀한 연구가 이루어졌고, 전기와 자기 이론에서 100년 동안의 연구가 진행되었다는 점을 간과해서는 안 된다. 근본적인 것에 대한 끊임없는 비판이라는 관점에서 규정될 수 있는 것에 가장 가까이 있는 것은 과학이라기보다는 철학일 것이다.

점성술이 과학과 다르다는 것의 의미를 파악하려고 한 쿤과 포퍼의 시도를 비교한다면, 데보라 메이요(Deborah Mayo, 1996, 2장)가 설득력 있게 논증하였듯이 쿤의 설명이 더 설득력이 있다. 포퍼주의자의 관점에서 볼 때, 점성술은 비과학으로 분석될 수 있다. 그것은 점성술이 반증 불가능하거나 또는 반증 가능하면서, 거짓이라는 것이 밝혀졌기 때문이다. 첫번째 이유는 작용하지 않는다. 왜냐하면 쿤(Kuhn, 1970b)이 지적하였듯이, 점성술이 진지하게 실행되고 있었던 르네상스기조차도 점성술사들은 반증 가능한 예측을 했고, 실제로 그 예측은 자주 반증되었다. 그러나 두 번째 이유도 동일한 근거에서 물리학, 화학, 생물학을 배제하지 않으면서, 점성술을 과학에서 배제하기에는 충분하지 않다. 우리가 앞에서 살펴본 것처럼 모든 과학은 문제있는 관찰이나 실험 결과를 포함하고 있기 때문이다. 쿤은 천문학이 점성술과 다른 점은 천문학자들은 예측이 실패할 때 점성술사들이 배울 수 없는 방식으로 배울 수 있는 입장에 있다는 점이라고 말한다. 천문학자들은 그들이 사용하는 도구를 개량하고, 있을 수 있는 교란(disturbance)을 시험하며, 발견되지 않은 행성이나 구형이 아닌 달을 가정할 수 있다. 그리고 나서 그러한 변화가 실패한 예측이 제기한 문제를 제거할 수 있는가를 보기 위해 자세한 연구를 실행할 수 있다. 이와 대조적으로 점성술사는 천문학자가 배울 수 있는 것과 같은 방식으로 실패로부터 배울 수 있는 '자원'(resources)을 가지고 있지 않다. 천문학자는 가지고 있지만 점성술사는 가지고 있지 않은 자원은 정상 과학의 전통을 유지할 수 있게 해주는, 공유하고 있는 패러다임으로 해석될 수 있다. 그러므로 쿤의 '정상 과학'은 과학의 결정적인 요소를 파악해주는 역할을 한다.

쿤의 설명의 상호 보완적인 부분인 '과학 혁명' 역시 대단한 장점을 가지고 있는 것처럼 보인다. 쿤은 과학 발달의 비누적적인 성격을 강조하기 위해 혁명이라는 개념을 사용하였다. 장기간의 과학 진보에서는 입증된 사실과 법칙이 누적되기도 하지만, 때때로 한 패러다임이 전복되고 그것과 양립 불가능한 새로운 패러다임으로 대치되기도 한다. 쿤이 이 점을 최초로 지적한 사람은 아니다. 이미 앞에서 살펴보았듯이, 포퍼도 과학의 진보는 이론이 비판적으로 전복되고 대안적인 이론으로 대체되는 과정을 통해 이룩된다는 점을 강조하였다. 그러나 포퍼에게 있어서 한 이론이 다른 이론으로 대체되는 것은 단순히 일련의 주장이 다른 주장으로 대체되는 것이었지만, 쿤의 관점에서 볼 때 과학 혁명에는 그 이상의 더 많은 것이 존재한다. 혁명은 일반 법칙에서의 변화를 수반할 뿐만 아니라, 세계가 지각되는 방식과 이론을 평가하는 기준의 변화를 포함한다. 아리스토텔레스는 각각의 사물들이 본래의 장소와 기능을 가지고 있는 체계로서의 유한한 우주에서 지상계와 천상계가 구별된다는 가정을 하였다. 이러한 체계 내에서는 우주 안에 존재하는 다양한 사물들의 기능을 언급하는 것이 정당한 설명 양식이었다(예를 들면, 돌은 자신의 본래 자리로 돌아가기 위해 땅으로 떨어지고, 우주의 보편적인 질서에 맞추어 우주로 되돌아간다). 17세기 과학 혁명 이후, 우주는 법칙의 지배를 받는 힘을 매개로 상호 작용하는 물체들이 존재하는 무한한 우주가 되었다. 모든 설명은 이러한 힘과 법칙에 의거하여 이루어진다. 아리스토텔레스 이론과 뉴턴 이론(혹은 패러다임)에서 경험적인 증거가 어떤 역할을 맡고 있다면, 아리스토텔레스 이론에서는 최적의 조건에서 신체적 감각 기관의 작용으로 얻은 증거가 근본적인 것으로 간주되었으며, 반면에 뉴턴의 이론에서는 도구와 실험을 통해서 얻은 증거가 근본적인 것으로 간주되었고, 때때로 감각 기관에 의한 직접 경험보다 높이 평가되었다.

쿤이 주장하는 과학 혁명은 일련의 주장의 변화를 포함할 뿐만 아니라 세계를 구성하는 존재자(entity)의 종류의 변화, 타당한 것으로 인정되는 증거의 종류의 변화, 설명 양식에서의 변화도 수반한다. 그의 이러한 주장은 기술적 관점에서 의심의 여지가 없이 옳다. 더구나 일단 이것을 인정하게 되면, 과학적 진보에 대한 모든 적절한 설명에는 혁명을 통한 변화가 어떻게 진보적인 변화로 해석될 수 있는가에 대한 설명도 포함되어야만 한다. 실제로 우리는 과학의 특성에 대한 쿤의 입장에 서서 날카로운 방식으로 문제를 제기할 수

제8장 구조로서의 이론 I: 쿤의 패러다임 | 177

있다. 쿤의 주장에 따르면, 무엇을 문제로 간주해야 하는가는 패러다임이 바뀌면 바뀔 수 있고, 어느 해결이 문제에 대한 적절한 해결인가를 판단할 수 있는 기준도 패러다임이 바뀌면 바뀔 수 있다. 그러나 만일 패러다임에 따라 기준이 따라 변한다면, 어떤 기준에 따라 새로운 패러다임이 그것이 대체한 패러다임보다 더 좋은 패러다임이고, 패러다임 대체가 진보라는 판단을 내릴 수 있겠는가? 정확하게 어떤 의미에서 혁명을 통해 과학이 진보한다고 할 수 있겠는가?

혁명을 통한 진보에 대한 쿤의 이중 의식

쿤은 우리가 제기한 기초적인 문제에 대해 대단히 애매한 태도를 취하고 있으며, 그 자신의 저작에서 이러한 애매함을 강화시켰다. 그의 《과학 혁명의 구조》가 출판된 이후 그는 과학의 진보에 대해 '상대주의적' 입장을 제시하였다는 비난을 받아 왔다. 나는 쿤에 대한 이러한 비난을 다음과 같이 해석한다. 쿤은 한 패러다임이 그것이 도전한 다른 패러다임과 비교하여 더 좋은가 그렇지 않은가 하는 질문에 대한 결정적이고 중립적인 해답은 존재하지 않으며, 그러한 판단은 개인이나, 집단, 문화의 가치에 의존한다는 설명을 제시하였다. 쿤이 이러한 비난에 대해 편안한 마음을 갖지 않았다는 것은 분명하다. 쿤은 《과학 혁명의 구조》에 붙인 후기에서 그 자신을 상대주의로부터 멀리하고 있다. 그는 (Kuhn, 1970a, 206면) "뒤에 나온 과학 이론은 흔히 그것이 적용되는 판이한 상황에서도 문제를 푸는 데 있어 그 이전의 이론보다 낫다. 이것은 상대주의자의 입장이 아니며, 내가 과학의 진보를 믿는 사람이라는 것을 말해준다"라고 기술하였다. 쿤 스스로가 무엇을 퍼즐로 여기고, 무엇을 그 퍼즐에 대한 해결로 간주할 것인가 하는 것은 패러다임에 의존한다는 사실을 강조하고, 또한 다른 곳에서는 (Kuhn, 1970a, 154면) "단순성, 범위, 다른 전문 분야와의 양립 가능성"과 같은 상이한 기준을 제시하는 한 이 같은 표준은 문제가 있다. 그러나 더 큰 문제는 진보에 대한 비상대주의적인 주장과 쿤의 책에 나오는 명백한 상대주의 옹호로 해석될 수 있는 구절들이 서로 충돌하며, 과학의 진보에 대한 합리적인 기준이 존재할 수 없다는 주장을 하고 있다는 것이다.

쿤은 과학 혁명을 형태 전환, 종교적 개종, 정치적 혁명과 연결시켰다. 쿤은 일군의 과학자들이 한 패러다임을 신봉하다가 다른 패러다임을 신봉하게 되는 것이 일반적으로 승인된 기준에 호소하는 합리적 논증을 통해 일어날 수 없다는 점을 강조하기 위해 이러한 대비를 사용하였다. 31면의 〈그림 1〉에 나오는, 위에서 본 계단이 아래에서 본 계단으로 바뀌는 그림이 형태 전환에 대한 알맞은 예이다. 그러나 형태 전환은 합리적 선택을 부정하고, 종교적 개종은 변화에 대한 전형적인 유비로 간주되었다. 정치적 혁명과의 유비에 관한 한, 쿤(Kuhn, 1970a, 93~4면)은 이러한 혁명은 "기존의 정치 제도 자체를 금지시키는 방식에 의한 정치 제도의 변화를 목적"으로 삼으며, 따라서 "정치적인 호소는 실패한다"고 주장한다. 유비에 의하여 "경합하는 패러다임 사이의 선택은 양립 불가능한 공동체 생활 양식 사이의" 선택이며, 따라서 어떤 형태의 논증도 "논리적으로 또는 확률적으로 강제될 수 없다." 우리가 과학의 본성을 발견하는 방식은 "본질적으로 사회적이며", 그것은 "과학자 집단의 본성을 연구하고, 과학자 집단이 가치를 부여하는 것, 관용을 베푸는 것, 가치 없다고 여기는 것이 무엇인가를 찾아냄으로써" 성취된다는 쿤(Kuhn, 1970a, 238면)의 주장은, 만일 상이한 집단들이 가치 있다고 생각하는 것이 다르고, 관용을 베푸는 대상이 다르며, 가치 없다고 여기는 것이 서로 다르다면 상대주의로 귀착된다. 현재 과학 사회학의 지지자들은 실제로 쿤을 이러한 방식으로 해석하고 있으며, 그들은 쿤을 상대주의적인 방식으로 발전시키고 있다.

나의 관점에 따르면, 《과학 혁명의 구조》 2판에 나타난 과학의 진보에 대한 쿤의 설명은 그 책 후기에서 완성되었으며, 상대주의적인 입장과 그렇지 않은 입장이라는 상충되는 두 요소를 포함하고 있다. 이것은 두 가지 가능성을 열어 주고 있다. 첫번째는 앞에서 이야기한 사회학자가 취한 길을 따라 쿤의 사상에서 상대주의적 요소를 받아들이면서 발전시키는 것이다. 이 길은 무엇보다도 과학에 대한 사회학적인 탐구를 하는 것이다. 쿤은 이러한 탐구의 필요성을 암시하기는 했지만, 결코 그 자신이 그렇게 하지는 않았다. 두 번째 대안은 상대주의를 무시하고, 확장된 의미로 과학에서의 진보와 양립할 수 있는 방식으로 쿤을 다시 쓰는 것이다. 이 대안은 어떤 의미에서 한 패러다임은 그것이 대체한 패러다임과 비교하여 진보하였다고 말할 수 있는가라는 물음에 대해 대답을 할 수 있을 것이다. 나는 이 책의 뒷 부분에 가서는 내가 어떤 것을 가장 성과 있는 선택으로 생각하는지 분명히 밝혀지기를 바란다.

객관적 지식

"경쟁하는 패러다임 사이에서의 전환은 …… 전부 한꺼번에 일어나거나 (비록 필연적으로 한 순간은 아니라고 할지라도) 전혀 일어나지 않아야 한다." 쿤(Kuhn, 1970a, 150면)에서 인용한 이 문장이 혼동을 일으킨다는 것을 발견한 사람은 단지 나 혼자만이 아닐 것이다. 어떻게 패러다임의 변화가 전부 한꺼번에 일어나지만, 필연적으로 한순간에 일어날 필요는 없다고 할 수 있겠는가? 나는 이렇게 문제 있는 문장을 배태한 연원을 발견하는 것이 어렵다고 생각하지는 않는다. 한편, 쿤은 과학 혁명은 많은 이론적이고 실험적인 연구가 진행되면서 상당한 기간에 걸쳐 진행된다는 것을 알고 있었다. 코페르니쿠스의 혁명에 대한 쿤(Kuhn, 1959) 자신의 고전적인 연구는 관련된 수세기 동안의 연구를 기록하고 있다. 반면에 패러다임 변화와 형태 전환 또는 종교적 개종 사이에 대한 쿤의 비교는 변화가 '전부 한꺼번에' 일어난다는 뜻으로 이해하게 한다. 나는 쿤이 실제로 여기에서 두 가지 종류의 지식을 혼동하고 있다고 생각하며, 이 두 가지 지식을 설명하는 것이 대단히 중요하고 도움이 될 것이라고 생각한다.

만일 내가 "나는 내가 이 특별한 문단을 썼던 날짜를 알지만 당신은 알지 못한다"라고 했다면, 나는 내가 잘 알고 있고 나의 마음이나 두뇌 속에 있는 지식이지만, 당신은 잘 알지 못하며 당신의 마음이나 두뇌에는 없는 지식에 대해 언급하고 있는 것이다. 나는 뉴턴의 운동의 제1법칙은 알지만, 생물학적으로 가재를 어떻게 분류하는지 알지 못한다. 이것은 나의 마음이나 두뇌에 무엇이 있는가에 대한 물음이다. 맥스웰은 그의 전자기장 이론이 전파를 예측했다는 것을 의식하지 못했고, 아인슈타인은 마이컬슨-몰리(Michelson-Morley) 실험의 결과를 의식하고 있었다는 주장에서 '의식하고 있었다'는 '무엇을 의식하고 있다'(being aware of)는 의미에서 '안다'(know)와 동일한 방법으로 사용하는 것이다. 지식은 마음의 한 상태이다. 이러한 사용법과 밀접하게 연결된 문제는, 안다는 것이 개인의 마음 상태와 관계가 있다는 의미에서 한 개인이 어떤 일련의 주장을 받아들이거나 믿는가, 그렇지 않은가, 어느 정도로 그러한가 하는 것이다. 나는 갈릴레오가 그의 망원경 사용의 타당성을 입증할 수 있는 설득력 있는 사례를 제시했다고 믿지만 파이어아벤트는 믿지 않았다. 루트비히 볼츠만(Ludwig Boltzman)은 가스의 분자 운동론을 받아들였지만, 그와 같은 나라 사람인 에른스트 마흐(Ernst Mach)는 그렇지 않았다. 지식과 지식 주장에 대한 이러한 방식의 이야기는 개인의 마음 상태나 태도에 관한 이야기이다. 이것은 일반적이고 완전히 정당한 이야기 방식이다. 나는 좀더 좋은 말이 필요하다고 생각하기 때문에 내가 여기에서 말한 그러한 종류의 지식을 주관적 의미의 지식이라고 부를 것이고 이것을 객관적 의미의 지식이라고 부르는 다른 종류의 지식과 구별할 것이다.

"아무 동물도 살지 않는 집에 나의 고양이는 살고 있다"라는 문장은 자기 모순적인 성질을 지니고 있다. 반면 "나는 고양이 한 마리를 가지고 있다"와 "오늘 기니아 피그가 죽었다"라는 문장은 "오늘 나의 흰 고양이가 어떤 사람의 기니아 피그를 죽였다"라는 언명을 결론으로 가질 수 있는 성질을 가지고 있다. 이런 예에서, 내가 그 명제들에게 귀속시킨 성질을 그 명제가 가지고 있다는 사실은 상식적인 의미에서 자명하겠지만, 꼭 자명해야 할 필요는 없다. 예를 들어 살인 사건을 재판하는 법관이 오랫동안 고심하여 분석한 결과, 한 목격자의 증언이 다른 목격자의 증언과 일치하지 않는다는 결론을 내릴 수 있다. 만일 분명하게 그렇다면, 문제의 증인이 그것을 알고 있었거나, 모르고 있었거나, 믿었거나, 믿지 않았거나에 관계없이 그것은 그렇다. 더구나 법관이 불일치를 발견하지 못했다고 한다면, 그것은 발견되지 않은 채로 남아 있어 아무도 그것을 알지 못했을 것이다. 그럼에도 불구하고, 그 언명은 불일치한 채로 남아 있었을 것이다. 이처럼 언명은 어떤 개인이 알고 있는 것과는 다른 성질, 객관적 성질을 가질 수 있다.

우리는 이미 1장에서 주관적 지식과 객관적 지식이 구별되는 예를 살펴보았다. 또한 한편으로 개인들의 지각 경험과 그들이 그 지각 경험의 결과라고 믿는 것과, 다른 한편으로 그 지각 경험이 지지한다고 볼 수 있는 관찰 언명 사이의 차이를 구별하였다. 그리고 전자는 시험되거나 토론될 수 없지만 후자는 공적으로 시험될 수 있고 토론될 수 있다는 점도 지적하였다.

　지식이 발전하고 있는 어느 단계에서 그 지식의 체계 내의 무수히 많은 명제들이 이와 유사한 방식으로 그 지식 체계를 연구하고 있는 개인들이 의식할 필요가 없는 성질을 가질 수 있다. 현대 물리학의 이론적 구조는 너무나 복잡하기 때문에 어느 한 사람의 물리학자나 물리학자 집단의 신념과 일치하지 않을 수도 있다. 대성당 건축을 위하여 많은 노동자들이 협동하는 것처럼 많은 과학자들은 물리학의 성장과 발전을 위해 각기 다른 방식으로 그들 개인의 기술을 발휘한다. 대성당의 뾰족탑을 수리하는 행복한 수리공이 다행스럽게도 어떤 일꾼이 대성당의 토대 근처에서 땅을 파다 발견한 불길한 징조가 의미하는 것이 무엇인가를 의식하지 못할 수 있듯이, 고매한 이론가가 어떤 실험적 발견이 그가 연구하고 있는 이론과 어떤 관계가 있는가를 의식하지 못할 수 있다. 어떻든 구조를 구성하고 있는 부분들 사이에는 개인이 그 관계를 의식하든 그렇지 않든 상관없이 객관적인 관계가 존재한다.

　이러한 사실을 보여 주는 사례는 과학사에서도 쉽게 찾을 수 있다. 실험적 예측 또는 다른 이론과의 충돌과 같은 한 이론의 예상 밖의 귀결이 그 다음의 연구에서 발견되는 경우가 종종 있다. 예를 들면, 푸아송은 프레넬의 빛의 이론은 빛을 받은 불투명한 판의 그림자가 진 면의 중심 부분에 밝은 부분이 존재해야 한다는 결론을 가져야만 한다는 것을 발견하고 증명할 수 있었는데, 프레넬은 이러한 결론을 의식하지 못하고 있었다. 프레넬의 이론과 그 이론이 도전한 뉴턴의 빛의 입자설 사이에 존재하는 다양한 충돌이 발견되었다. 프레넬 이론의 예측에 따르면 빛은 물에서보다 공기에서 더 빨리 운동해야 하지만, 뉴턴의 이론에 따르면 그 반대이다.

나는 명제의 객관적 성질, 특히 이론적이고 관찰적인 주장을 담고 있는 언명의 객관적 성질을 이야기함으로써 지식이 객관적인 것으로 해석될 수 있다는 의미가 무엇인가를 설명하였다. 그러나 그러한 언명만이 객관적인 것은 아니다. 실험 장비와 절차, 방법론적 규칙과 수학 체계는 개인의 마음속에 존재하는 것들과는 구별된다는 의미에서 역시 객관적이다. 과학자들은 일련의 이론, 실험 결과, 도구와 기법, 논증의 양식과 같은 객관적 상황에 직면하게 될 것이고, 상황을 수정하고 개선하기 위해 이러한 것들을 사용해야만 한다.

나는 '객관적'이라는 말을 평가적인 말로 사용할 의도는 없다. 일관성이 없거나 아무 것도 설명하지 않는 이론도 나의 사용법에 따르면 객관적일 수 있다. 실제로 그러한 이론은 일관성이 없고 아무 것도 설명하지 않는 속성을 객관적으로 가질 수 있다. 비록 내가 사용하는 '객관적'이라는 용법이 칼 포퍼(특히 그의 1979 텍스트의 3장과 4장을 참고)에서 유래하고, 그것을 긴밀하게 따르기는 하지만 계속 그를 따라 까다로운 문제에 얽히게 할 수 있는 엄밀한 의미로 객관적인 속성이 존재한다는 주장까지 나아가고 싶지는 않다. 물리적 대상이 속성을 가지고 있다는 의미가 언명이 속성을 가지고 있다는 의미와 동일한 것은 아니다. 방법론적 규칙과 수학적 체계와 같은 다른 사회적 구성물뿐만 아니라 그러한 언어적 대상의 존재 양식을 상세하게 설명하는 것은 까다로운 철학적 과제이다. 나는 나의 예를 사용하여 상식적인 차원에서 내 주장을 개진하는 것으로 만족하려고 한다. 이것으로도 나의 목적은 충분히 충족될 수 있다.

패러다임에 대한 쿤의 이야기 가운데 많은 부분은 내가 도입한 이분법의 객관적인 측면과 잘 들어맞는다. 그가 말하는 패러다임 안에서의 문제 풀이의 전통과 패러다임이 부딪치는 이상 사례, 그리고 상이한 기준과 상이한 형이상학적 가정을 포함하고 있다는 의미에서 패러다임이 다르다고 말하는 경우는 모두 객관적이라는 말이 사용될 수 있는 적절한 경우이다. 이러한 방식으로 객관적이라는 말을 사용한다면, 쿤의 용어로 어떤 의미에서 한 패러다임이 그것과 경합 관계에 있는 다른 패러다임보다 더 개선된 패러다임이라 말할 수 있는가라는 기초적인 질문을 제기하는 것은 대단히 의미 있는 일이다. 이것은 패러다임 사이에 존재하는 객관적 관계에 대한 질문이다.

하지만 쿤의 책에는 나의 이분법 가운데 주관적인 측면에 해당하는 이야기 양식도 존재한다. 여기에는 형태 전환과 같은 이야기가 포함되어 있다. 형태 전환과 같은 한 패러다임에서 다른 패러다임으로의 전환에 대한 쿤의 이야기는 전환 전후의 관점들을 비교할 수 없다는 인상을 주고 있다. 한 패러다임에서 다른 패러다임으로의 변화는 과학자가 한 패러다임에서 다른 패러다임으로 충성을 바꿀 때 그 과학자의 마음과 두뇌에서 일어나는 변화와 동일시된다. 이러한 동일시는 이 절을 시작하면서 인용한 쿤의 문장에 혼란이 일어나는 원인이 되었다. 쿤의 관심이 그런 것처럼 우리의 관심이 과학의 본성이고 과학이 어떤 의미에서 진보했다고 말할 수 있는가 하는 것이라면, 쿤의 설명에서 형태 전환과 종교적 개종에 관한 모든 이야기를 없애고, 우리는 패러다임과 패러다임 사이의 관계에 대한 객관적 성질을 특징짓는 데에만 충실해야 한다는 것이 나의 주장이다. 쿤은 정확하게 오랫동안 그렇게 하였으며, 과학사에 대한 그의 연구는 과학의 본질을 밝히는 데 도움을 줄 수 있는 중요한 보고이다.

역사적으로 존재하였던 패러다임이 그것이 대체한 경쟁 패러다임보다 더 좋은 패러다임일 수 있다고 말하는 것은 어떤 방식과 이유에서 과학자 개개인이 그들의 충성을 한 패러다임에서 다른 패러다임으로 바꾸고, 한 패러다임 또는 다른 패러다임에서 연구하게 되었다는 것과는 다르다. 그들의 연구에서 다양한 판단과 선택을 내리는 과학자 개개인이 때때로 주관적인 요소의 영향을 받는다는 것과, 시간이 지난 뒤에야 가장 명백하게 알 수 있는 한 패러다임과 다른 패러다임 사이의 관계는 다른 맥락의 논의이다. 어떤 특별한 의미로 과학이 진보한다고 한다면 이것은 후자의 맥락에서 논의될 수 있는 상황이다. 이러한 이유 때문에 나는 쿤이 1977년 저서(13장)에서 '가치 판단과 이론 선택'에 초점을 맞추어 상대주의라는 비난에 맞선 것을 만족스럽게 생각하지 않는다.

더 읽어 볼 만한 문헌

물론 가장 중요한 책은 쿤의 《과학 혁명의 구조》(Kuhn, 1970a)이다. "발견의 논리 혹은 탐구의 심리학"(Logic of Discovery or Psychology of Research)(1970b)에서 쿤은 자신과 포퍼의 입장의 관계를 논의하고, "비판자에 대한 반성"(Reflections on My Critics, 1970c)에서 그의 비판자들에 대해 대답하고 있다. 1977년에 출간된 문서는 쿤의 좋은 논문 모음집이다. 쿤의 과학 철학에 대한 자세한 논의는 Hoyningen-Huene(1993)에서 전개되었다. 이 책에는 쿤의 논문과 저서의 자세한 목록이 포함되어 있다. Lakatos and Musgrave(1970)에는 쿤과 그의 비판가 사이의 많은 의견 교환이 들어 있다. 사회학자들이 받아들인 쿤의 아이디어에 대해서는 Bloor(1971)와 Barnes(1982)를 참고하고 이 장 첫 절에서 요약한 입장을 예시하고 있는 과학에서 의미의 구성에 관한 설명은 Nersessian(1984)을 참고하라.

제9장

구조로서의 이론 II: 연구 프로그램

임레 라카토슈란 누구인가

. 임레 라카토슈(Imre Lakatos)는 1950년대 후반 영국으로 이주한 헝가리인으로 영국에서 칼 포퍼의 영향을 받게 된다. 라카토슈 자신의 표현을 빌린다면 포퍼는 "(자신의) 삶을 바꾸었다"(Worrall and Currie, 1978a, 139면). 그러나 비록 라카토슈가 과학에 대한 포퍼의 접근 방식을 열렬하게 지지하였을지라도, 그는 포퍼의 반증주의가 직면하고 있는 난점들을 깨닫게 되었다. 우리는 이러한 난점들을 7장에서 논의하였다. 1960년대 중반부터 라카토슈는 쿤의 《과학 혁명의 구조》에 포함되어 있는 과학에 대한 대안적인 입장을 알게 되었다. 포퍼와 쿤이 과학에 대해 경쟁적인 입장을 제기하긴 하였지만, 그들은 많은 공통점을 가지고 있었다. 그들은 특히 실증주의자들과 귀납주의자들의 과학관에 반대하였다. 그들은 관찰보다 이론(또는 패러다임)에 우선권을 부여하였으며, 관찰과 실험의 결과를 탐구하거나 그것들에 대한 해석, 승인이나 거부는 이론 또는 패러다임을

배경으로 발생한다고 주장하였다. 라카토슈는 이 전통을 계승하면서 포퍼의 반증주의를 수정하여 그것의 난점을 극복할 수 있는 방법을 모색하였다. 그는 무엇보다도 쿤의 통찰 가운데 상대주의적인 측면은 전적으로 거부하면서 일부를 받아들였다. 쿤과 같이 라카토슈 또한 과학 활동을 하나의 틀 안에서 일어나는 것으로 묘사하는 것이 갖는 장점을 알고 있었다. 그는 이 틀을 '연구 프로그램'(research program)이라고 하였으며, 어떤 의미에서 연구 프로그램은 쿤의 패러다임에 대한 라카토슈의 대안이었다. 나는 라카토슈의 방법론을 설명하기 위해 그의 1970년 저작을 주로 사용하였다.

라카토슈의 연구 프로그램

우리는 7장에서 포퍼의 반증주의가 직면하고 있는 중요한 난점 가운데 하나는 이론이 경험과 일치하지 않는 경우 명백한 반증이 어디에서 유래하는가를 밝힐 수 있는 분명한 지침이 없다는 사실에 있다는 논의를 하였다. 어디에 잘못이 있는가에 대한 결정은 과학자가 원하는 대로 내릴 수 있기 때문에, 만일 그 결정을 과학자 개인의 일시적 기분에 귀속시킨다면, 성숙한 과학이 해 온 것처럼 보이는 균형 잡히고 응집력 있는 방식으로 과학이 어떻게 진보할 수 있었는가를 설명하는 데는 어려움이 따르게 된다. 라카토슈의 대응은 과학의 모든 부분이 동등하지 않다는 것이다. 어떤 법칙이나 원리는 다른 것보다 더 기초적이다. 실제로 어떤 부분은 과학의 특성을 정의하는 것에 가까울 정도로 근본적이다. 그렇기 때문에 명백한 실패가 발생한다고 하더라도 잘못의 책임이 그 부분에 전가되지 않는다. 오히려 잘못의 책임은 근본적이지 못한 부분들이 떠맡게 된다. 과학은 근본적인 원리들의 함축이 프로그램적으로 발전하는 것이라고 할 수 있다. 과학자들은 더 주변에 있는 가정들을 그것들이 잘 들어맞게 보이도록 변형함으로써 문제를 해결하려고 할 수 있다. 그들의 노력이 성공을 거두는 한, 주변에 있는 가정을 손보려는 그들의 시도가 아무리 다르다고 할지라도 그들은 동일한 연구 프로그램의 발전에 기여하게 될 것이다.

라카토슈는 근본적인 원리를 연구 프로그램의 견고한 핵(hard core)이라고 불렀다. 무엇보다도 견고한 핵은 한 연구 프로그램을 정의해주는 특성이다. 견고한 핵은 일반적인 가설의 형태를 띠고 있으며, 프로그램이 전개되어 나갈 때 기본 원리 구실을 한다. 몇 가지 예를 들어 보자. 천문학에서 코페르니쿠스 프로그램의 견고한 핵은 지구와 그 밖의 행성은 고정되어 있는 태양을 중심으로 회전하고, 지구는 지축을 중심으로 하루에 한 번 자전한다고 하는 가정이었다. 뉴턴 물리학의 견고한 핵은 뉴턴의 세 가지 운동 법칙과 그의 만유인력의 법칙으로 구성되어 있다. 마르크스의 사적 유물론의 견고한 핵은 계급 투쟁에 의해 사회의 중요한 변화가 설명되어야 한다는 가정과 계급의 특성과 투쟁의 세부 사항들은 궁극적으로 경제적인 토대에 의해 결정된다는 가정이다.

정확한 예측을 할 수 있는 지점까지 나아가기 위해 일련의 보조 가정들을 도입하여 한 프로그램의 기초를 확장할 필요가 있다. 연구 프로그램은 견고한 핵을 보완하는 명확한 가정들과 법칙뿐만 아니라 관찰 언명과 실험 결과가 전제로 삼고 있는 특수한 상황이나 이론을 명시하기 위해 사용된 초기 조건들의 토대를 구성하는 가정들로 구성될 것이다. 예를 들면 코페르니쿠스 프로그램의 견고한 핵은 초기의 원형 궤도에 많은 주전원을 더함으로써 보완될 필요가 있었으며, 지구로부터 별까지의 거리에 대한 기존의 어림값을 변경할 필요가 있었다. 또한 이 프로그램은 처음에 육안이 별과 행성의 위치,

크기 및 밝기와 관련된 정확한 정보를 제공할 수 있다는 가정을 포함하고 있었다. 명확하게 표현된 프로그램과 관찰 사실이 적절하게 맞지 않았다면, 그것은 견고한 핵이 아니라 보조 가정의 잘못으로 간주되었다. 라카토슈는 견고한 핵을 보조하는 첨가 가설들의 총체를 보호대(protective belt)라고 하였다. 라카토슈는 보호대라는 말을 사용함으로써 보호대가 반증으로부터 견고한 핵을 보호하는 역할을 수행한다는 사실을 강조하였다. 라카토슈(Lakatos, 1970, 133면)에 따르면, 견고한 핵은 "그 프로그램을 지지하는 사람들의 방법론적 결정"에 의해 반증 불가능한 것으로 간주된다. 이와 대조적으로 보호대 안의 가정들은 프로그램의 예측과 관찰과 실험의 결과 사이의 맞음을 개선하기 위해 수정될 수 있다. 코페르니쿠스의 프로그램은 그의 일련의 주전원을 타원 궤도로 대치하고, 육안으로 얻은 자료를 망원경에 의한 자료로 대체함으로써 수정되었다. 초기 조건 또한 지구로부터 별까지의 거리 어림값에 변화가 생기고, 새로운 행성이 첨가되어 결국 수정되었다. 라카토슈는 연구 프로그램의 특징을 기술하기 위해 '연구지침'(heuristic)이라는 말을 자유롭게 사용하였다. 연구지침이란 발견이나 발명을 돕는 일련의 규칙이나 힌트이다. 예를 들면, 십자 말풀이를 풀기 위한 연구지침은 "짧은 답을 요구하는 단서에서 출발하여 긴 답을 요구하는 단서로 나아가라"는 것이다. 라카토슈는 연구 프로그램 안에서의 연구지침을 소극적 연구지침(negative heuristic)과 적극적 연구지침(positive heuristic)으로 나누었다. 소극적 연구지침은 과학자가 하지 말아야 할 것에 대한 충고를 명시한다. 이미 우리가 앞에서 살펴보았듯이, 과학자들은 그들이 그 안에서 연구를 수행하는 프로그램의 견고한 핵을 고쳐서는 안 된다는 충고를 받는다. 만일 과학자가 견고한 핵을 변경한다면 결과적으로 그는 그 프로그램에서 나오기로 마음 먹은 것이다. 티코 브라헤가 지구가 아닌 다른 행성만이 태양 주위를 선회하고 태양은 지구 주위를 선회한다고 주장하였을 때 그는 코페르니쿠스 프로그램에서 벗어나기로 한 것이다.

한 프로그램 안에서 과학자들이 하지 말아야 할 것이 아니라 해야 할 것을 명시하는 적극적 연구지침은 소극적 연구지침의 경우보다 그 성격을 구체적으로 밝히기가 더 어렵다. 적극적 연구지침은 한 프로그램이 관찰 가능한 현상을 설명하고 예측하기 위해서 견고한 핵을 어떻게 보완해야 하고, 보호대를 어떻게 수정할 수 있는가에 대한 지침을 준다. 라카토슈 자신의 말(Lakatos, 1970, 135면)로 표현하면, "적극적 연구지침은 연구 프로그램의 '반박 가능한 변형체'를 어떻게 바꾸고, 발전시킬 것인가에 대한, 그리고 '반박 가능한' 보호대를 어떻게 수정하고, 세련되게 할 수 있는가에 대한 명료화된 제안이나 암시로 구성되어 있다." 연구 프로그램의 발전 과정에는 적절한 보조 가설이 첨가될 뿐만 아니라 실험적이고 수학적인 적절한 기법의 발전도 첨가된다. 예를 들면, 코페르니쿠스 프로그램은 바로 그 시작에서부터 주전원을 결합하고 조정할 수 있는 수학적 기법과 행성의 위치를 관찰할 수 있는 개선된 기법이 필요했다는 것이 명백하다. 라카토슈는 뉴턴의 인력 이론의 초기 발달에 대한 이야기를 적극적 연구지침에 대한 예로 들었다. 여기에서 적극적 연구지침은, 단순하고 이상화된 사례에서 출발하여 그것들을 습득한 뒤에, 좀더 복잡하고 좀더 실제적인 사례로 나아가야만 한다는 생각을 포함하고 있었다. 처음에 뉴턴은 정지해 있는 점으로서 태양의 둘레를 회전하는 점으로서 행성의 타원 운동을 고찰함으로써 인력의 역제곱의 법칙을 이끌어 내게 되었다. 만일 그 프로그램을 실제로 행성의 운동에 적용하려고 했다면, 이러한 이상화된 형태는 좀더 현실적으로 발전할 필요가 있었음은 분명하다. 그러나 그러한 발전에는 이론

192

적인 문제를 해결하는 것이 포함되어 있었고 상당한 이론적 탐구가 없었다면 그 발전은 성취될 수 없었을 것이다. 뉴턴은 명확한 프로그램을 받아들여 곧 뉴턴 자신의 적극적 연구지침의 지도를 받아 상당한 진보를 이룩하였다. 그는 최초로 행성뿐만 아니라 태양이 상호 인력의 영향을 받으면서 움직인다는 사실을 설명하였다. 그리고 행성은 일정한 크기를 가졌으며 구형이라고 간주하였다. 행성이 야기한 문제를 해결한 후 뉴턴은 행성의 자전 가능성과 각각의 행성과 태양 사이뿐만 아니라 개개의 행성 사이에 인력이 존재한다는 사실 때문에 생긴 복잡한 문제를 해결하려고 하였다. 시작할 때 어느 정도 필요한 것으로 생각된 길을 따라 뉴턴은 자신의 프로그램을 발전시키게 되자, 자신의 이론과 관찰이 일치하는가에 관심을 기울이기 시작하였다. 그리고 그 일치가 존재하지 않는 것으로 밝혀지게 되자 그는 구형 모양을 하지 않은 행성으로 나아갈 수 있었다. 적극적 연구지침은 이론적 프로그램뿐만 아니라 실험적 프로그램도 가지고 있다. 그 프로그램에는 지구 대기권에서 빛의 굴절을 허용할 수 있는 적절한 수단을 제공해주는 보조 가설과 같은 천문학에 필요한 보조 가설과 함께 더 정확한 망원경의 발전이 포함되어 있었다. 뉴턴의 프로그램이 처음으로 형성될 당시 이미 실험실 규모(캐번디시(Cavendish)의 실험)에서도 중력을 감지할 수 있을 정도로 대단히 정교한 장치를 만드는 것이 바람직하다는 사실이 지적되었다.

견고한 핵이 운동의 법칙과 인력의 법칙인 뉴턴의 프로그램은 강한 발견적 지침을 제시하였다. 말하자면 뉴턴의 프로그램은 처음부터 대단히 명확한 지침을 가지고 있었던 것이다. 라카토슈(Lakatos, 1970, 140~55면)는 적극적 프로그램이 작동하고 있는 또 다른 예로 보어(Bohr)의 원자론의 발전에 관한 설명을 제시하고 있다. 그가 제시한 연구 프로그램의 중요한 특성은 관찰에 의한 시험과 관계를 맺게 되는 후기 단계에 드러난다. 이것은 8장 첫 절에서 갈릴레오의 역학 구성에 대해 필자가 논평한 것과 일치한다. 한 연구 프로그램 안에서의 초기 연구는 관찰에 의한 반증에 주의를 기울이지 않거나, 반증에도 불구하고 행해지는 것으로 묘사된다. 연구 프로그램은 그 것의 잠재력을 충분히 실현할 수 있는 기회를 가져야만 한다. 적절 하게 세련된 적합한 보호대가 구성되어야만 한다. 우리가 예로 든 코페르니쿠스의 경우, 이것은 지구의 운동을 조정할 수 있는 적절한 역학과 망원경을 통해 얻은 자료를 해석하는 것을 도와 줄 수 있는 적절한 광학 발전의 단초를 포함하고 있었다. 라카토슈에 따르면, 한 연구 프로그램이 실험적인 시험을 견디어 낼 수 있을 단계까지 발 전했을 때 가장 중요한 것은 반증이 아니라 입증(confirmation)이다. 한 연구 프로그램의 가치를 보여 주는 것은 그것이 얼마나 참신한 예측을 하고 입증을 하는가이다. 뉴턴의 프로그램은 갈러가 최초로 해왕성을 관측했을 때 그리고 핼리 혜성이 예측한 것과 같이 돌아 왔을 때 이러한 극적인 입증을 경험하였다. 달의 궤도에 대한 뉴턴 의 초기 계산과 같이 실패한 예측을 보더라도 연구를 더 진행시키 기 위해서 단순히 보호대를 보완하거나 변형해야 할 필요성이 존재 한다.

한 연구 프로그램의 장점을 보여 주는 가장 중요한 척도는 그것 이 어느 정도로 참신한 예측(novel predictions)을 하여 입증을 하는 가이다. 그 다음으로 중요한 척도는 위에서 행한 우리의 논의에 포 함되어 있듯이, 연구 프로그램은 진정으로 연구의 프로그램을 제공해 야만 한다는 것이다. 적극적 연구지침은 한 프로그램을 계획함으로 써 미래의 연구를 인도할 수 있을 정도로 충분히 정합적이어야만 한다. 라카토슈의 지적에 따르면 프로그램으로서 마르크스주의와 프 로이트 심리학은 앞에서 말한 연구 프로그램의 장점 가운데 두 번

194

째 척도는 충족시켰지만 첫번째 척도는 충족시키지 못했으며, 프로그램으로서 현대 사회학은 첫번째 척도는 어느 정도 충족시켰지만 두 번째 척도는 충족시키지 못했다(비록 그가 이러한 말을 자세하게 뒷받침하지는 않았다고 할지라도). 아무튼 전진적인(progressive) 연구 프로그램은 자체 정합성을 유지하면서 적어도 때때로 참신한 예측을 하고 입증을 하는 연구 프로그램이며, 반면에 **퇴행적인**(degenerating) 프로그램은 자체 정합성을 상실하고/하거나 참신한 예측을 입증하지 못한다. 퇴행적인 프로그램이 전진적인 프로그램으로 대체되는 것이 라카토슈가 말하는 과학 혁명이다.

한 프로그램 내부에서의 방법론과 프로그램들 간의 비교

우리는 라카토슈의 연구 프로그램의 방법론을 한 프로그램 내부에서 연구가 이루어지는 경우와, 한 연구 프로그램과 다른 연구 프로그램이 갈등을 일으키는 상황으로 나누어 논의해 볼 필요가 있다. 단일 연구 프로그램 안에서의 연구는 다양한 가설을 덧붙이거나 명확하게 함으로써 보호대를 확장하거나 변형하는 과정이 포함된다. 이러한 조치는 그것이 6장에서 논의한 애드 호크 수정이 아닌 경우에는 허용될 수 있다. 연구 프로그램의 보호대에 대한 변형이나 첨부는 독립적으로 시험 가능해야만 한다. 과학자들이 개인적으로나 집단적으로 취한 조치들이 새롭게 시험될 수 있는 기회를 열어 주고 참신한 발견의 가능성을 열어 준다면, 그들은 그들이 원하는 어떠한 방식으로도 보호대를 변형하거나 증가시킬 수 있다. 우리가 이전에 여러 차례 사용한 뉴턴 프로그램의 발전 과정에서 한 예를 선택하여 르브리에와 애덤스가 다루기 힘들었던 천왕성 궤도 문제를 연구했을 때 그들이 직면한 상황을 고려해 보자. 이 과학자들은 초기 조건들이 적절하지 않다고 하고, 천왕성 가까이에 아직 확인되지 않은 행성이 존재하며, 그 행성이 천왕성의 궤도를 교란하고 있다는 주장을 하였다. 그들이 취한 조치는 그것이 시험될 수 있었기 때문에 라카토슈의 방법론에 따라 이루어졌다. 이렇게 추측된 행성은 망원경을 하늘의 적절한 장소에 맞춤으로써 탐색될 수 있었다. 그러나 라카토슈의 입장에 따르면 가능한 다른 대응도 정당하다. 예를 들면, 궤도에 문제가 생긴 이유는 망원경에서 발생한 새로운 형태의 색수차(aberration) 때문이라는 제안을 할 수도 있다. 다만 이러한 제안은 그 색수차의 실재에 대한 시험이 이루어질 수 있는 방법을 제시해야만 한다. 다른 측면에서 본다면 이와 같은 문제를 해결하기 위해 제시할 수 있는 시험 가능한 조치가 많으면 많을수록 좋다. 왜냐하면 조치가 증가하면 성공의 가능성 또한 높아지기 때문이다(여기서 말하는 성공은 한 조치에서 나온 참신한 예측의 입증을 의미한다). 그러나 라카토슈의 방법론은 애드 호크 수정을 배제한다. 따라서 우리가 든 예에서, 복잡한 궤도를 단순히 천왕성의 자연적인 운동이라고 함으로써 천왕성 궤도의 문제를 조절하려는 시도는 배제될 것이다. 이것은 새로운 시험을 창출하지 않으며 따라서 새로운 발견에 대한 전망이 존재하지 않는다.

라카토슈의 방법론은 견고한 핵에서 벗어나는 조치를 배제한다. 그러한 조치는 프로그램의 정합성을 파괴하고, 그 프로그램에서 자발적으로 벗어나는 것이다. 예를 들어 천왕성과 태양 사이에 존재하는 인력은 역제곱의 법칙이 아닌 다른 법칙이라고 말함으로써 천왕성의 궤도 문제에 대처하려고 하는 과학자는 뉴턴의 연구 프로그램에서 벗어나려고 하는 사람인 것이다.

명백한 반증의 원인이 아주 복잡한 이론 체계 가운데 어느 한 부분에 있을 수 있다고 하는 사실은 완전히 추측과 논박의 방법에만 의존하고 있는 반증주의자에게는 심각한 난점을 제기한다. 반증주의자에게 문제의 원인이 어디에 있는지를 모른다고 하는 것은 무질서한 혼돈을 초래한다. 라카토슈의 방법론은 이러한 결과를 피하기 위해 고안되었다. 질서는 프로그램의 견고한 핵을 어기지 않음으로써 견고한 핵이 수반하고 있는 적극적 연구지침에 의해서 유지된다. 그 체제 안에서 나온 예측들이 때때로 성공적인 것으로 입증되면 진보를 이룩한다. 한 가설을 계속 유지할 것인가 아니면 폐기할 것인가 하는 결정은 실험적인 시험에 의해 대단히 간단하게 결정된다. 시험 중인 가설과 관찰과의 관계는 한 연구 프로그램 내부에서는 상대적으로 문제되지 않는다. 왜냐하면 견고한 핵과 적극적 연구지침이 대단히 안정적인 관찰 언어를 정의해주기 때문이다.

위에서 말한 것과 같이, 쿤의 혁명에 대한 라카토슈의 버전에 따르면 한 연구 프로그램이 다른 연구 프로그램에 의해 축출된다. 우리가 살펴본 것과 같이 쿤(Kuhn, 1970, 94면)은 어떤 의미에서 한 패러다임이 그것이 대치한 다른 패러다임보다 더 우세하다고 말할 수 있는가라는 물음에 명확한 대답을 줄 수 없었으며, 그에게는 과학자 공동체의 권위에 호소하는 것 이외에 다른 어떤 선택도 없었다. 한 패러다임은 과학자 공동체가 그 패러다임이 이전의 패러다임보다 우월하다고 판단하기 때문에 우월하다. "관련된 공동체의 동의보다 더 높은 기준은 존재하지 않는다." 라카토슈는 쿤의 이론이 갖는 상대주의적 함축을 불만족스럽게 생각하였다. 그는 특정의 패러다임 밖에 놓여 있는 라카토슈의 용어로는 연구 패러다임 밖에 존재하는 기준을 탐구하였다. 이러한 기준을 사용하여 비상대주의적인 의미에서 과학의 진보를 확인할 수 있다. 그가 가진 그러한 기준은 전진적인 연구 프로그램과 퇴행적인 연구 프로그램이라는 그의 개념에 잘 나타나 있다. 전진적인 프로그램이 퇴행적인 프로그램을 대체할 때 진보가 일어나며, 전진적인 프로그램이 참신한 현상을 보여주는 효과적인 예측을 더 많이 하였다는 의미에서 퇴행적인 프로그램보다 개선되었다고 할 수 있다.

참신한 예측

라카토슈가 제안하고 있는 비상대주의적인 진보의 척도는 참신한 예측이라는 개념에 강하게 의존하고 있다. 한 패러다임은 그것이 참신한 현상을 성공적으로 예측하는 경우에 한해 다른 패러다임보다 우월하다. 그러나 라카토슈도 알게 된 것처럼, 참신한 예측이라는 개념은 겉으로 보이는 것과 달리 그렇게 단순하지 않다. 라카토슈의 방법론 내부에서 그의 방법론이 설정한 목적을 달성하려고 하면 그 방법론의 개념들을 주의 깊게 사용해야 한다. 뿐만 아니라 모든 방법론은 그 방법론의 목적에 적합하게 그 개념을 의미 있게 사용해야 한다.

우리는 이미 포퍼의 방법론의 맥락에서 참신한 예측이라는 말을 접하였다. 나는 그 맥락에서 포퍼의 핵심적인 주장에 따라, 한 예측은 특정 시간에 그것이 그 당시 잘 알려져 있고 널리 받아들여지고 있는 지식에 포함되어 있지 않거나 그러한 지식과 충돌하는 한 참신하다고 말하였다. 포퍼의 경우 한 이론을 그것의 참신한 예측으로 시험하는 것은 그 예측이 일반적인 기대와 충돌하는 것이므로 그것이 그 이론에 대한 엄격한 시험(severe test)이라고 보기 때문이다. 라카토슈는 포퍼가 사용한 것과 같은 의미로 참신한 예측이라는 개념을 사용하여 자신의 연구 프로그램의 진보(progressiveness)의 특성을 규정하였다. 그럼에도 불구하고 라카토슈 자신도 인정하고 있듯이 참신한 예측이라는 개념은 잘 작동하지 않는다. 이러한 사실은 라카토슈가 그의 입장을 보여 주기 위해 자유롭게 사용한 바로 그 프로그램에서 이끌어 낸 반대 사례에 의해 아주 간단하게 입증될 수 있다. 그 반대 사례는 연구 프로그램의 가치가 그 당시 이미 잘 확립되어 있는 일반적인 현상, 포퍼적인 의미에서 참신하지 않은 현상을 설명하는 능력에 있다는 것을 보여 주고 있다.

고대 이래로 행성들의 운동에 대해 잘 알려진 특성들이 있었지만 그 특성들은 코페르니쿠스 이론의 등장으로 적절하게 설명되기 시작하였다. 그 특성에는 행성들의 역행 운동(retrograde motion)과 행성들은 역행할 때 가장 밝은 빛을 낸다는 사실, 그리고 금성과 수성은 결코 태양으로부터 멀리 떨어지지 않는다는 사실이 포함되어 있었다. 이러한 특성은 지구가 다른 행성들과 함께 태양 주위를 회전하며, 금성과 수성의 궤도가 지구의 궤도 안쪽에 있다고 가정하면 간단하게 도출될 수 있었다. 반면에 프톨레마이오스 이론 안에서 그러한 현상들은 오직 특수한 목적을 지닌 주전원을 도입함으로써 설명될 수 있었다. 라카토슈는 이러한 것들을 코페르니쿠스 체계가 프톨레마이오스 체계보다 우월하다는 중요 징표로 인정하였다. 나는 우리들도 대부분 라카토슈와 같을 것이라고 생각한다. 그러나 행성 운동의 일반적인 특성에 대한 코페르니쿠스의 예측은 우리가 정의한 의미의 참신한 예측으로 간주되지 않았다. 그것은 그 현상이 고대 이래로 잘 알려져 왔기 때문이다. 별들의 시차(parallax)에 대한 관찰은 아마도 우리가 논의하고 있는 의미의 참신한 예측으로 간주될 수 있는 쿠페르니쿠스의 이론에서 도출된 최초의 예측이었을 것이다. 그러나 이것은 라카토슈의 목적과는 전혀 부합하지 않는다. 왜냐하면 이러한 관찰은 19세기까지 일어나지 않았으며, 과학에서 프톨레마이오스에 대한 코페르니쿠스의 우월성이 받아들여진 후에 일어났기 때문이다.

다른 예들도 쉽게 찾아 볼 수 있다. 아인슈타인의 일반 상대성 이론을 지지한다고 할 수 있는 몇몇 예들 가운데 하나는 수성 궤도의 근일점의 세차(precession)였다. 이 현상은 잘 알려져 있었으며, 아인슈타인의 이론이 그것을 설명하기 전에 받아들여졌다. 양자 역학의 인상적인 특성 가운데 하나는, 양자 역학의 설명이 있기 전, 이미 실험가에게 널리 알려져 있던 현상인, 기체에서 나온 빛 때문에 나타난 스펙트럼을 설명할 수 있다는 것이다. 이러한 성공은 참신한 현상을 예측했기 때문이 아니라 이미 알려진 현상을 참신하게 설명함으로써 이루어졌다고 볼 수 있다.

라카토슈는 재어(E. Zahar, 1973)가 제안한 고려 사항에 비추어 과학적 연구 프로그램의 방법론에서 초기에 형성된 참신한 예측에 대한 설명이 변형될 필요가 있다는 사실을 깨닫게 되었다. 즉 어떤 관찰 현상이 어느 정도로 이론이나 프로그램을 지지하는가를 평가할 때, 이론이 먼저인가 현상에 대한 지식이 먼저인가 하는 것은 철학적으로 아무런 상관이 없는 역사적으로 우연한 사실임에 틀림없다. 아인슈타인의 상대성 이론은 수성의 궤도뿐만 아니라 중력장에서 광선의 휨을 설명할 수 있었다. 이 두 가지는 이론을 지지하는 중요한 성과이다. 수성 근일점의 세차는 아인슈타인의 이론이 형성되기 전에 알려진 반면, 광선의 휨은 그 뒤에 발견되었다. 만일 그것이 반대였거나 또는 두 현상이 이전에 알려졌거나 또는 두 현상이 후에 발견되었다면 그러한 사실이 아인슈타인의 이론에 대한 우리의 평가에 어떤 차이를 가져올 것인가? 이러한 생각에 적절히 대응하기 위한 토론은 머스그레이브(Alan Musgrave, 1974b)와 워럴(John Warrall, 1985, 1989b)에 의해 아직까지 전개되고 있다. 코페르니쿠스와 프톨레마이오스를 비교하기 위해 우리가 가져야 할 통찰은 매우 간단한 것처럼 보인다. 역행 운동에 대한 프톨레마이오스의 설명은 그 프로그램을 의미 있게 지지하지 못했다. 왜냐하면 그 설명은 특별한 목적을 위해 고안된 주전원을 첨가함으로써 관찰된 자료와 일치하도록 인위적으로 조직되었기 때문이다. 이와 반대로 관찰 가능한 현상은 아무런 인위적인 조정 없이 코페르니쿠스 이론의 기본 법칙으로부터 자연스럽게 나왔다. 중요한 이론이나 프로그램의 예측은 고안된 것이라기보다는 자연적인 것이다. 아마도 이러한 직관 뒤에 숨어 있는 아이디어는 이론이 존재하지 않는다고 할지라도, 설명되지 않은 우연의 일치가 증거 안에 들어 있다면, 증거가 그 이론을 지지한다는 생각이다. 만일 코페르니쿠스의 이론이 본질적으로 옳지 않았다면, 어떻게 관찰된 행성 운동의 일반적인 특성들을 모두 예측할 수 있었겠는가? 동일한 논증이 동일한 현상에 대한 프톨레마이오스적인 설명의 경우에는 작동하지 않는다. 프톨레마이오스의 이론이 잘못임에도 불구하고 그 이론이 그 현상을 설명한 것은 우연의 일치가 아니다. 그것은 확실하게 설명할 수 있도록 주전원이 첨가되었기 때문이다. 이것이 바로 워럴(Worrall, 1985, 1989a)이 이 문제를 취급하는 방식이다.

이러한 사실에 비추어 볼 때, 라카토슈의 방법론을 재구성하여 한 프로그램이 참신함과는 반대되는 자연적 예측을 하여 얼마나 입증되는가에 따라 그 프로그램이 얼마나 전진적인가를 판단할 수 있도록 해야 한다. 여기에서 말하는 '자연적'은 '고안되었다'와 '애드 호크'와는 반대되는 말이다. (나는 이 문제를 13장에서 이와는 다르면서도 더 월등한 관점에서 다시 다룰 것이다.)

역사에 의한 방법론의 시험

라카토슈는 쿤과 마찬가지로 과학의 역사에 관심을 가지고 있었다. 그는 과학에 대한 어떠한 이론은 과학의 역사와 부합하는 것이 바람직하다고 생각하였다. 곧 방법론이나 과학 철학이 과학의 역사에 의해 시험되는 것은 의의가 있다는 것이다. 그러나 라카토슈가 잘 알고 있듯이, 정확하게 어떤 방식으로 과학의 역사에 의해 시험되어야 하는가에 대해서는 주의 깊게 설명해야 한다. 만약 과학 철학이 과학의 역사와 잘 맞아야 한다는 필요성을 분별 없이 해석한다면, 좋은 과학 철학은 과학에 대한 정확한 기술 이상이 될 수 없을 것이다. 그렇다면 과학 철학은 과학의 본질적인 특성을 파악하거나 또는 좋은 과학과 나쁜 과학을 구별할 수 있는 입장이 될 수 없을 것이다. 포퍼와 라카토슈는 이러한 의미에서 쿤의 설명을 '단지' 기술적인 것으로 여겼으며 따라서 불충분하다고 생각하였다. 그러나 포퍼는 이 문제에 대해 대단히 신중하였기 때문에 라카토슈와는 달리 과학의 역사와의 비교가 과학 철학을 논의하는 정당한 방법이라는 사실을 부정하였다.

1978년의 저서에 기술되어 있는 것과 같이 라카토슈 입장의 핵심은 다음과 같다. 과학의 역사에는 의심의 여지없이 진보적이고, 엄밀한 과학 철학에 선행하여 인식될 수 있는 에피소드가 존재한다. 만약 어떤 사람이 갈릴레오의 물리학이 아리스토텔레스의 물리학보다 앞섰다거나 또는 아인슈타인의 물리학이 뉴턴의 물리학보다 앞섰다는 것을 부정하고 싶어한다면, 그는 우리들이 사용하고 있는 방식으로 과학이라는 단어를 사용하고 있는 것이 아니다. 어떻게 하는 것이 과학의 범주를 가장 잘 정하는 것인가라는 문제에 관심을 갖게 되면, 우리는 이 문제를 설정하기 위해 과학이 무엇인가에 대한 선이론적(pre-theoretical) 개념을 가져야만 한다. 이러한 선이론적 개념은 갈릴레오나 아인슈타인의 이론과 같은 주요한 과학적 성취의 고전적인 사례들을 인식할 수 있는 능력을 포함하게 될 것이다. 이러

한 전제들을 배경으로 할 때, 우리는 어떤 과학 철학이나 방법론이
이 전제들과 조화를 이룰 수 있는가라는 물음을 제기할 수 있다. 즉
모든 과학 철학은 천문학이나 물리학에서 갈릴레오의 업적이 중요
한 진보였다는 주장이 어떤 의미인지를 파악해야만 한다. 따라서 만
일 과학의 역사가 천문학에서 갈릴레오가 관찰 사실로 간주할 수
있는 것이 무엇인가에 대한 기준을 바꾸었으며, 역학에서 갈릴레오
는 실제 실험이 아니라 주로 사고 실험에 의존했다는 사실을 보여
준다면, 이러한 사실은 과학의 진보를 누적적으로 묘사하고, 과학이
튼튼한 관찰 사실의 누적과 그것에서 이끌어 낸 주의 깊은 일반화
에 의해 진보한다고 묘사한 철학에 대해 문제를 제기한다. 연구 프
로그램의 방법론에 대한 라카토슈 자신의 초기 버전은, 내가 앞 절
에서 보여 준 것처럼 참신한 예측이라는 개념을 코페르니쿠스의 천
문학이 진보적이라는 것을 포착할 수 없는 방식으로 이용하고 있다
는 비판을 받을 수 있다.

이러한 논증 방식으로 라카토슈는 실증주의자와 반증주의자들의
방법론은 과학의 진보의 고전적 에피소드의 의미를 이해하지 못하
고 있다는 점에서 그들을 비판하였다. 반대로 그 자신의 설명은 이
와 같은 결함이 없다고 주장하였다. 더 작은 에피소드로 눈을 돌리
면, 라카토슈와 그 지지자들은 역사가와 철학자들을 당혹스럽게 한
에피소드를 과학의 역사에서 이끌어 낼 수 있으며, 과학적 연구 프
로그램의 방법론의 관점에서 볼 때 그 에피소드가 어떻게 충분히
이해될 수 있는가를 보여 줄 수 있다. 이를테면 19세기 초 토마스
영(Thomas young)이 많은 사람들에게 빛의 파동 이론을 제안하였을
때는, 지지자가 거의 없었던 반면 20년 뒤에 나온 프레넬의 버전은
널리 받아들여졌다고 하는 사실은 당혹스러운 일이었다. 그러나 존
워럴(Warrall, 1979)은, 역사적 사실로서 영의 이론이 프레넬의 이론

처럼 고안된 방식이 아니라 자연적인 방식으로 실험으로 확실하게 입증되지는 않았음을 보여 주고, 파동 이론에 대한 프레넬의 버전은 그가 도입한 수학적 도구 덕분으로 대단히 월등한 적극적 연구지침을 가지고 있었다는 사실을 보여 줌으로써 라카토슈의 입장을 역사적으로 지지하였다. 하우슨(Howson, 1976)에 나타나 있는 것처럼, 라카토슈의 학생이거나 그 이전에 학생이었던 많은 사람들은 이러한 방식으로 연구를 진행하여 라카토슈의 방법론을 지지하려고 하였다.

라카토슈는 그의 방법론이 가지고 있는 중요한 미덕, 즉 과학의 역사를 쓸 때 그의 방법론이 도움이 된다는 사실을 알게 되었다. 역사가들은 연구 프로그램을 찾아내고, 그것들의 견고한 핵과 보호대의 특성을 기술하며, 그것들이 전진적이었는지 퇴행적이었는지를 기록해야 한다. 이렇게 함으로써 프로그램들 사이의 경쟁을 통해 어떠한 방식으로 과학이 진보하는가를 알 수 있게 된다. 나는 하우슨(Howson, 1976)에 들어있는 논문들이 보여 주는 것과 같이, 라카토슈와 그의 지지자들이 이러한 방식으로 진행된 연구에 의해 물리학의 역사에 나타난 몇몇 고전적 에피소드에 유용한 빛을 던졌다는 결론을 내릴 수 있다고 생각한다. 비록 라카토슈의 방법론이 과학사가에게 조언을 할 수 있겠지만 그것이 라카토슈가 의도한 것은 아니다. 이것은 라카토슈가 반증주의가 직면한 문제를 극복하기 위해 그것을 변형시킬 필요가 있음을 인정하였을 때 도달한 불가피한 결론이었다. 이론들이 명백한 반증에 직면했다고 할지라도, 머지않아 반증의 원천이 이론이 아니라 다른 어떤 것으로 밝혀질 수도 있기 때문에 그것을 포기해서는 안 된다. 그리고 단 하나의 성공이 항상 한 이론의 장점을 확립해주지 않는다는 것은 확실하다. 이러한 이유 때문에 라카토슈는 연구 프로그램을 도입하였다. 연구 프로그램에는 발전할 시간이 주어지고, 퇴행의 기간을 거친 뒤에 진보할 수도 있으며, 초기에 성공하였다가 뒤에 퇴행할 수도 있다. (이와 관련하여 코페르니쿠스 이론이 초기의 성공 이후로 갈릴레오와 케플러가 그것에 다시 생명을 불어넣기 전까지 약 한 세기 동안 퇴행적이었다는 사실을 상기할 필요가 있다.) 그러나 우리가 일단 이러한 움직임을 받아들이면, 어떤 노선을 따라 과학자가 한 연구 프로그램을 포기해야만 하고, 경합 관계에 있는 연구 프로그램 가운데 어떤 연구 프로그램을 선호해야 하는가에 대한 즉각적인 조언이 라카토슈의 방법론에서는 나올 수 없다는 것은 분명하다. 한 과학자가 다시 생명이 살아날 수 있는 가능한 방법이 존재한다고 생각하여 퇴행적인 프로그램에 입각하여 자신의 연구를 계속하는 것은 비합리적인 것도 아니고 필연적으로 잘못된 것도 아니다. 오랜 시간이 주어져야만 (즉 역사적인 관점에서 볼 때만) 라카토슈의 방법론이 연구 프로그램을 비교하는 데 의미 있게 사용될 수 있다. 이와 관련하여 라카토슈는 역사적 되돌아봄(historical hindsight)에 의해서만 이루어질 수 있는 연구 프로그램에 대한 평가(appraisal)와 그가 자신의 방법론이 제공하려고 한 목적은 아니었다고 부정한 과학자에 대한 조언 (advice)을 구별하게 되었다. "과학에서 즉각적인 합리성(instant rationality)은 존재하지 않는다"라는 말은 라카토슈 슬로건 가운데 하나가 되었다. 우리가 실증주의와 반증주의를 이론을 승인하고 거부하는 데 사용될 수 있는 기준을 제공하려고 한 것으로 해석하는 한, 이 슬로건을 통해 우리는 실증주의와 반증주의의 노력이 지나쳤다는 라카토슈의 말이 의미하는 것이 무엇인가를 파악할 수 있다.

라카토슈 방법론의 문제점들

지금까지 살펴본 것처럼, 라카토슈는 과학의 역사에 비추어 방법론을 시험하는 것이 타당하다는 입장을 가지고 있었다. 그러나 그의 용어를 따른다고 하더라도, 그의 방법론이 기술적으로 적절한가 그렇지 않은가라는 질문을 제기하는 것은 정당하다. 과학의 역사에 비추어 방법론을 시험하는 것이 타당하다는 것을 의심하게 하는 근거들이 존재한다. 예를 들면, 우리는 연구 프로그램의 정체성을 확인해 줄 수 있는 '견고한 핵' 같은 것이 과학의 역사에서 발견될 수 있는가라는 의구심을 가질 수 있다. 과학자들이 때때로 그들이 그 안에서 연구하고 있는 이론들이나 프로그램들의 근본을 조절함으로써 문제를 해결하려고 한다는 사실은 반례가 될 수 있다. 코페르니쿠스는 행성 궤도의 중심쪽으로 태양을 조금 움직였고 달이 태양이 아니라 지구 둘레를 회전하게 하였으며, 주전원 운동이 균질한 것이 아님을 보이게 될 수 있을 때까지 주전원 운동의 세목을 조정하기 위해 모든 종류의 장치를 사용하였다. 그렇다면 정확하게 코페르니쿠스 프로그램의 견고한 핵은 무엇이었을까? 19세기에는 인력의 역제곱의 법칙을 수정함으로써 수성의 운동과 같은 문제를 해결하려고 진지하게 노력하였다. 이와 같이 라카토슈가 견고한 핵으로 지적한 중요한 예들과 어긋나는 경우가 과학의 역사에서 발견된다.

더 심각한 문제는 라카토슈의 과학 설명에서 중요한 역할을 맡고 있는 방법론적 규칙이 실재하는가 하는 문제와 관련이 있다. 예를 들면, 우리가 살펴보았듯이, 라카토슈(Lakatos, 1970, 133면)에 의하면 한 프로그램의 견고한 핵은 '그 프로그램 주창자들의 방법론적 결정'에 의해 반증 불가능한 것이 되었다. 이러한 결정들은 역사적 실재인가, 아니면 라카토슈가 상상력을 통해 만들어 낸 허구인가? 라카토슈는 그것이 역사적 실재라는 증거를 실제로 제시하지는 않았다. 그리고 어떤 종류의 연구가 그 증거를 제공할 수 있는가 하는 것도 아주 분명하지는 않다. 이 문제는 라카토슈에게 중대한 문제이다. 왜냐하면 방법론적인 결정은 라카토슈 자신의 입장과 쿤의 입장을 구별하는 것이기 때문이다. 쿤과 라카토슈는 과학자들이 하나의 체제 내부에서 일정한 질서를 따라 연구한다는 데 모두 동의하고 있다. 쿤은 적어도 그가 풍기는 분위기에서 본다면, 과학자들이 어떻게 그리고 왜 그렇게 하는가라는 물음에 대한 대답이 사회적 분석을 통해 제시될 수 있다고 생각하였다. 라카토슈에게 이러한 방식은 받아들일 수 없는 상대주의로 귀착된다. 그가 볼 때 과학자들은 합리적인 방법론적 결정에 의해 단결한다. 그러나 라카토슈는 이러한 결정들은 역사적 (또는 당대의) 실재가 아니라는 비난에 대답하지 않았을 뿐만 아니라, 그가 어떤 의미에서 그 결정들을 합리적인 결정으로 간주하는가라는 물음에도 명백한 답을 하지 않았다.

라카토슈에 대한 또 다른 근본적인 비판은 이 책의 중심 과제인 과학적 지식의 특성이 존재한다면 과연 그것이 무엇인가라는 질문과 직접적인 관련이 있다. 적어도 라카토슈의 수사에 따르면, 그의 방법론의 목적은 질문에 대한 최종적인 대답을 제시하는 것이다. 그는 "과학 철학의 핵심 문제는 한 이론을 과학적이라고 말할 수 있는 보편적 조건을 언급하는 문제" 곧 "과학의 합리성의 문제와 긴밀하게 연결되어 있는 문제"이며, 이 문제를 해결하지 위해서는 "언제 과학 이론을 받아들이는 것이 합리적인가에 대한 지침을 주어야만 한다"고 주장하였다(Worrall and Currie, 1978a, 168~9면, 고딕은 원문 그대로). 라카토슈(Lakatos, 1970, 176면)는 이 문제에 대하여 그의 방법론을 "우리를 도와 지적 오염을 저지할 수 있는 법칙을 고안할 수 있게 해주는" 해결책으로 묘사하였다. "나(라카토슈)는 한 프로그램 안에서의 진보와 퇴보의 기준뿐만 아니라 연구 프로그램 전체를 '제거'할 수 있는 규칙을 제시하였다"(Worrall and Currie, 1978a, 112면). 그러나 라카토슈의 세부적인 입장과 이 세부적인 입장에 대한 그의 논평에 비추어 볼 때, 라카토슈의 방법론이 이러한 기대를 충족시켜 줄 수 없었음은 분명하다. 그는 그의 말과는 달리 전체 연구 프로그램을 제거할 수 있는 규칙을 제시하지 못했다. 왜냐하면 다시 회복할 수 있을 것이라는 희망으로 퇴행적인 연구프로그램에 집착하는 것도 합리적이기 때문이다. 코페르니쿠스 이론이 의미 있는 성과를 거둘 때까지 그 이론에 집착한 것이 과학적이었다고 한다면, (라카토슈의 중요한 공격 목표 가운데 하나인) 현대의 마르크스주의자들이 역사적 유물론이 의미 있는 성과를 낼 수 있을 때까지 그것을 발전시키는 것이 왜 과학적일 수 없겠는가? 라카토슈가 물리학에서 그의 방법론은 역사를 돌이켜 봄으로써 오직 회고적으로만 판단을 내릴 수 있다는 것을 깨닫고 인정하게 되면, 사실상 그의 방법론은 현대의 이론을 비과학적인 '지적 오염으로' 진단할 수 있는 입장에 있을 수 없다. '즉각적 합리성'이 존재하지 않는다면, 마르크스주의, 사회학 또는 라카토슈가 몹시 싫어하는 것들을 즉석에서 거부할 수 없게 된다.

라카토슈 방법론의 또 다른 근본적인 문제점은 그가 그의 방법론을 과학의 역사를 연구함으로써 지지해야 한다고 생각했던 방식에서 연유한다. 라카토슈와 그의 동료들은 지난 300년 동안 존재했었던 물리 과학의 사례 연구를 통해 그의 방법론을 지지하기 위해 필요한 사례를 찾아냈다. 그러나 이러한 방식으로 지지된 방법론이 마르크스주의 또는 점성술과 같은 다른 영역을 판단하는 데 사용된다면, 마르크스주의와 점성술이 만일 '과학적인' 것으로 간주될 수 있다면 이는 사실상 아무런 논증없이 모든 분야의 연구가 물리학과 동일한 특성을 공유하고 있어야만 한다는 것을 가정하고 있는 것이다. 폴 파이어아벤트(Paul Feyerabend, 1976)는 라카토슈를 다음과 같은 방식으로 비판하였다. 라카토슈가 취한 절차는 중요하고 근본적인 선결 문제의 오류를 범하고 있으며, 이것이 문제라는 것이 분명하게 지적되어야 한다. 적어도 왜 우리가 물리학의 방법론이나 물리학을 판단하는 일련의 기준을 다른 분야에 적용하는 것이 적절하지 못한가에 대한 자명한 이유는 여러 가지 존재한다. 물리학은 중력, 전자기력, 기본 입자들이 충돌할 때 작용하는 메카니즘 등과 같이 통제된 실험(controlled experiment)이라는 인위적 환경 안에서 고립된 개개의 메카니즘에 의해 진행된다. 사람과 사회의 경우에는 일반적으로 탐구의 대상을 파괴하지 않고서는 이러한 방식으로 다루어질 수 없다. 살아 있는 체계는 대단히 복잡하게 작동한다. 따라서 생물학은 물리학과 비교하여 중요한 차이점을 보여 준다. 사회 과학에서는 생산된 지식 자체가 연구되고 있는 체계의 중요한 구성부분을 형성한다. 예를 들면 경제 이론은 개인이 시장에서 움직이는 방식에 영향을 미칠 수 있다. 따라서 이론이 연구되고 있는 경제 체제에 변화를 초래할 수 있다. 이것은 물리학에는 적용할 수 없는 복잡한 상황이다. 행성들은 그것들에 관한 우리의 이론에 따라 자신의 운동을 바꾸지는 않는다. 이처럼 반성을 통해 발전될 수 있는 논증의 힘이 있음에도 불구하고, 라카토슈는 아무런 논증 없이 모든 과학적 지식은 근본적으로 지난 300년 동안의 물리학과 같아야만 한다는 전제를 하고 있다.

그의 사후에 출간된 논문 "과학적 표준에 대한 뉴턴의 영향"에 나타난 라카토슈(Lakatos, 1976a)의 연구가 담고 있는 의미를 고찰할 때, 또 다른 근본적인 문제가 드러나게 된다. 이 연구에서 라카토슈는 뉴턴이 실제로 야기한 과학적 표준에서의 변화, 라카토슈가 명백하게 진보적인 것으로 간주하고 있는 변화를 사례로 들고 있다. 그러나 라카토슈가 사례로 들고 있는 그 변화는 그가 다른 곳에서 반복적으로 설정한, 과학에 대한 평가는 어떤 '보편적' 기준에 따라 이루어져야만 한다는 가정과 쉽게 어울리지 않는다. 만일 뉴턴이 더 나은 것을 위하여 과학적 표준을 바꾸었다면, "어떤 표준에 비추어 그 변화가 진보적인가?"라는 물음이 제기될 수 있을 것이다. 이처럼 우리는 쿤에게서 찾은 문제와 유사한 문제를 가지고 있다. 우리는 이 책의 뒤에서 이 문제와 대결하거나 아니면 아마도 이 문제를 떨쳐 버려야 할 것이다.

더 읽어 볼 만한 문헌

라카토슈 방법론에 대한 가장 중요한 텍스트는 그의 1970년 논문인 "반증과 과학적 연구프로그램의 방법론"이다. 다른 중요한 논문 대부분은 Worrall and Currie(1978a, 1978b)에 들어 있다. 다른 중요한 저서로는 Lakatos(1968), 《귀납 논리의 문제》(*The Problem of Inductive Logic*)와, "비판에 대한 응답"(Replies to Critics)(1971)이 있다. 그가 자신의 생각을 수학에 어떻게 응용했는가에 대한 매혹적인 설명은 그의 《증명과 논박》(*Proofs and Refutations*, 1978b)에 들어 있다. Howson(1976)에는 라카토슈의 입장을 지지하기 위해 고안한 역사적 사례 연구가 들어 있다. 그와 같은 연구를 담고 있는 다른 책은 Lakatos and Zahar(1975)이다. Cohen, Feyerabend and Wartofsky(1976)는 라카토슈를 추모하는 논문 모음집이고 Feyerabend(1976)는 라카토슈 방법론에 대한 중요한 비판 논문이다. 참신한 예측이라는 개념에 대하여 논의한 논문은 Musgrave(1974b), Worrall(1985), Worrall(1989a) 그리고 Mayo(1996)이다. 라카토슈의 업적에 대한 유익한 개관은 B. Larvor(1988), 《라카토슈: 입문》(*Lakatos: An Introduction*)에 담겨 있다.

제10장

파이어아벤트의 무정부주의적 과학론

지금까지의 이야기

과학을 다른 종류의 지식으로부터 구별할 수 있게 해주는 과학의 특성을 탐색하려는 우리의 노력은 어려움에 당면한 것처럼 보인다. 우리는 20세기 초 많은 영향력을 행사하였던 실증주의자들이 채택한 과학론에서 출발하였다. 실증주의자들의 주장에 따르면 과학은 그것이 사실에서 도출되었기 때문에 특별한 지식이다. 그러나 이러한 시도는 사실이 그들의 주장을 유지시켜 줄 수 있을 정도로 충분히 간단하지 않기 때문에 성공할 수 없었다. 사실은 '이론 의존적'이며, 오류를 범할 수 있기 때문이다. 그리고 어떻게 이론이 사실에서 "도출될 수 있는가"에 대한 명확한 설명을 발견할 수 없었기 때문이다. 반증주의에서 상황이 더 나아진 것은 없다. 과학의 모든 실제 상황에서 잘못된 예측의 원인이 정확하게 어디에 있는지를 밝혀낼 수 없기 때문이다. 따라서 이론이 어떻게 입증될 수 있는가의 명확한 의미가 이해하기 어려운 만큼 이론이 어떻게 반증될 수 있는

가의 명확한 의미를 이해하기도 어렵다. 쿤과 라카토슈는 과학자들이 그 안에서 연구하는 이론적인 틀에 관심을 집중함으로써 이 문제를 해결하려고 하였다. 그러나 쿤은 경쟁 패러다임의 연구자들은 "서로 다른 세계에서 살고 있다"라는 사실을 강조하여, 과학 혁명의 과정에서 한 패러다임에서 다른 패러다임으로의 변화는 앞으로 한 걸음 나아가는 것이다라는 말의 의미를 명확하게 설명할 수 없는 처지에 빠지고 말았다. 라카토슈는 이러한 함정에서 벗어나고자 하였다. 그러나 그가 해결책으로 아무런 제약없이 호소한 방법론적 결정이 실재하는가와 관련된 문제는 논의하지 않는다고 하더라도, 그가 과학의 특성을 규정하기 위하여 제시한 기준이 명확하지 못하여 결과적으로 어떠한 지적인 추구도 비과학적인 것으로 배제할 수 없게 되었다. 라카토슈의 이러한 실패에 놀라지 않고 이러한 실패의 모든 함축들을 끌어내려고 한 과학 철학자 가운데 한 사람이 폴 파이어아벤트(Paul Feyerabend)이다. 이 장에서는 논쟁의 소지가 많지만 매우 영향력 있는, 과학에 대한 그의 '무정부주의적인'(anarchistic) 설명을 기술하고 평가할 것이다.

방법에 반대하는 파이어아벤트의 경우

오스트리아 출신인 폴 파이어아벤트는 그의 학문적인 생활을 대부분 버클리의 캘리포니아 대학에서 보냈지만, 런던의 포퍼 및 라카토슈와 서로 영향을 주고받으며 (서로 반목하면서) 교류하기도 하였다. 그는 1975년 《반방법: 무정부주의적인 지식 이론 개요》(*Against Method: Outline of an Anarchistic Theory of Knowledge*)라는 책을 출판하였다. 이 책에서 그는 과학적 방법은 존재하지 않는다고 주장하면서 실제로 과학이 다른 형태의 지식과 비교하여 필연적으

로 우월하다는 것을 보여 줄 수 있는 어떤 특성을 가지고 있는 것이
아니라고 주장함으로써, 과학의 특별한 지위를 파악하는 데 도움을
줄 수 있는 과학적 방법을 설명하려는 모든 시도에 도전하였다. 파
이어아벤트는 만일 단일하고, 변하지 않는 과학적 방법의 원리가 존
재한다면, 그것은 "어떻게 해도 좋다"라는 원리라는 고백에 이르게
되었다. 《반방법》에 많은 부분이 포함되어 있는, 과학에 대한 극단적
인 무정부주의적인 설명으로 간주될 수 있는 구절들은 파이어아벤
트의 전기 저작과 후기 저작 모두에 들어 있다. 그런데 그 무정부주
의적인 과학 이론에서 배울 수 있는 것이 무엇인가를 알아보려는
우리의 목적을 위해서는, 제한 없는 무정부주의적인 과학론의 관점
에 서 보는 것이 좋을 것이다. 하여튼, 파이어아벤트의 저술을 돋보
이게 하였으나, 과학철학자들이 반대한 것은, 반대에 어려움이 없었
던 것은 아니지만, 극단화된 파이어아벤트의 입장이다.

　철학자들이 제시한 과학의 방법과 진보에는 특별한 어떤 것이 있
다는 주장을 붕괴시키려는 파이어아벤트의 중요한 논증은 다음과
같은 방식으로 그 철학자들이 발붙이고 있는 토대에 도전함으로써
진행되었다. 그는 그의 반대자들이 (대부분의 과학 철학자들을 포함
하여) 과학 진보의 전형적인 예로 간주하고 있는 과학 변화를 예로
들어 역사적 사실인 이러한 변화가 과학 철학자들이 제시한 과학
론을 입증하지 않는다는 사실을 보여 주고 있다. (파이어아벤트는
그의 논증을 통과할 수 있을 정도로 문제의 에피소드가 실제로는
진보적이었다는 사실에 스스로 동의해야 할 필요는 없다.) 그는 갈
릴레오가 이룩한 물리학과 천문학에서의 진보에도 주목하였다. 그의
요지는 만일 과학의 방법과 진보에 대한 설명이 갈릴레오의 혁신을
이해하지 못한다면, 그것은 과학에 대한 설명이 될 수 없다는 것이
다. 나는 주로 갈릴레오의 예에 주목함으로써 파이어아벤트의 입장

214

을 요약하려고 한다. 왜냐하면 그렇게 함으로써 파이어아벤트의 입장을 충분히 나타낼 수 있을 뿐만 아니라 그 예는 어려운 전문적인 논의에 호소하지 않아도 쉽게 이해될 수 있기 때문이다.

내가 이미 이 책에서 여러 가지 목적으로 파이어아벤트의 입장을 도입하였기 때문에 그의 주장의 요지는 우리에게 친밀할 것이다.

이 책 1장에서 인용한 글은 갈릴레오의 혁신은 그가 진지하게 관찰 사실을 수집하고, 그 관찰 사실에 맞는 이론을 세웠다는 관점에서 설명될 수 있다는 실증주의자와 귀납주의자의 입장을 잘 보여 주고 있다. 그러나 파이어아벤트(1975, 100~1면)가 갈릴레오의 《두 가지 주요 우주 체계에 관한 대화》(1967)에서 인용한 다음과 같은 글에 의하면 갈릴레오의 생각이 달랐다는 것을 알 수 있다.

당신은 지구가 운동한다는 피타고라스의 견해를 따르는 사람이 아주 적다는 사실을 이상하게 생각하고 있지만, 나는 그의 견해를 오늘날까지 받아들이고 따르는 사람이 있다는 사실에 놀랐습니다. 나는 그의 견해에 동의하면서 그것을 참으로 받아들인 사람들의 뛰어난 통찰력을 그 통찰력에 걸맞게 찬양하지 못했습니다. 그들은 순수한 지성의 힘으로, 그들의 감각 경험이 명료하게 보여 준 것은 이성이 그들에게 말해준 것과는 반대였음에도 불구하고, 감각 기관이 그들에게 행사한 곡해를 넘어 이성의 가르침을 따랐습니다. 우리는 지구의 회전 운동에 반대하는 논증이 매우 그럴 듯해 보인다는 것을 이미 살펴보았습니다. 프톨레마이오스주의자들과 아리스토텔레스주의자들 그리고 그들의 추종자 모두가 그것을 결정적인 것으로 받아들인다는 사실 자체는 실제로 그 반대 논증이 효과적인 논증임을 보여 주는 강력한 논증입니다. 이처럼 지구가 태양을 1년에 한바퀴 회전한다는 연주기운동과 명백하게 모순되는 경험이 갖는 힘이 외견상으로는 대단히 크기 때문에, 내

가 반복하여 말하지만, 아리스타르쿠스와 코페르니쿠스가 이성으로 감
각을 극복하고, 감각을 물리치고 이성을 그들의 신념의 지배자로 삼았
다는 사실을 생각할 때마다, 나의 놀라움은 끝이 없습니다.

동시대 사람들이 감각에 의해 입증된 것으로 생각한 사실을 받아
들이기는커녕, 갈릴레오(Galileo, 1967, 328면)는 이성으로 감각을 정
복해야 했으며, 심지어 '탁월하고 더 좋은 감각' 곧 망원경으로 감
각을 대치해야만 하였다. 갈릴레오가 감각의 증거를 '극복할' 필요
가 있었던 두 가지 사례 곧 지구가 정지해 있다는 주장을 받아들이
지 않은 사례와 일년 내내 금성과 화성의 외견상의 크기가 조금도
변하지 않는다는 주장을 받아들이지 않은 사례를 살펴보기로 하자.
만일 탑 꼭대기에서 돌을 떨어뜨린다면, 그 돌은 탑 아래 땅에 떨
어질 것이다. 이것은 이와 같은 다른 경험과 함께 지구가 움직이지
않는다는 것에 대한 증거로 채택될 수 있을 것이다. 만일 지구가 움
직인다면, 지구가 지축을 중심으로 자전한다면, (앞에서 인용한 글에
서 갈릴레오가 언급한 것과 같이 지구가 운동한다면) 그 돌이 떨어
지는 동안에 땅바닥이 조금 움직여서 그 돌이 탑 바로 아래 떨어지
지 않고 조금 옆에 떨어져야만 하지 않겠는가? 갈릴레오는 사실에
호소함으로써 이 논증을 거부하였는가? 파이어아벤트가 지적하였듯
이 《대화》를 읽어보면 갈릴레오가 그렇게 하지 않았음이 확실해진
다. 갈릴레오(Galileo, 1967, 125면 이하)는 독자의 '지혜를 빌어' 자
신이 원하는 결과를 성취하였다. 마찰 없는 경사면을 굴러가는 공의
속도는 증가할 것이다. 그것은 어느 정도 지구의 중심을 향해 '떨어
지고' 있기 때문이다. 이와 반대로, 마찰 없는 경사면을 올라 가는
공의 속도는 감소할 것이다. 그것은 지구의 중심에서 멀어지고 있기
때문이다. 이러한 사실이 명백하다는 것을 독자가 받아들이도록 설

득한 후, 독자들에게 그는 만일 경사면이 완전히 수평인 경우 공의 속도에 어떤 변화가 일어날 것인가를 묻는다. 사람들은 그 공이 아래로 내려가거나 위로 올라가는 것이 아니기 때문에 속도는 증가도 감소도 하지 않을 것이라고 말할 것이다. 공의 수평 운동은 지속되고 변화는 없을 것이다. 이것은 비록 뉴턴의 관성의 법칙에는 미치지 못하지만, 어떤 작용이 없을 때 계속 지속되는 등속 운동의 한 예이다. 그리고 이것은 갈릴레오가 자전하는 지구에 반대하는 일련의 논증을 논박할 수 있는 충분한 근거가 되었다. 갈릴레오는 자전하는 지구와 함께 회전하는 탑에서 아래로 떨어지는 돌의 수평 운동은 변화가 없는 상태로 남아 있다는 결론을 이끌어 냈다. 이것이 바로 돌이 탑과 함께 머물면서, 아래 땅으로 떨어진 이유이다. 따라서 탑 논증은 많은 사람들이 생각하고 있는 것과는 달리 지구가 움직이지 않는다는 것을 입증하지 못했다. 갈릴레오의 입장에서 본다면, 관찰과 실험 결과에 호소하여 그의 주장이 성공을 거둔 것은 아니다. (나는 여기에서 그 당시에는 마찰이 없는 경사면을 오늘날보다 구하기가 몹시 어려웠을 것이라는 사실과 경사면 위의 다양한 위치에서 공의 속도를 측정하는 것이 가능하지 않았을 것이라는 사실을 지적하겠다.)

1장에서 살펴보았듯이, 코페르니쿠스의 이론은 금성과 화성의 외관상의 크기가 약간 변해야만 한다고 예측하였기 때문에 대단히 중요하였다. 그런데 이 예측은 육안에 의한 관찰로는 증명될 수 없었다. 이 문제는 육안에 의한 자료가 아니라 망원경에 의한 자료를 받아들이면 해결된다. 그러나 망원경에 의한 관찰 자료가 육안에 의한 자료보다 더 정확하다는 주장은 어떻게 옹호될 수 있는가? 이 상황에 대한 파이어아벤트의 해석과 그것에 대한 갈릴레오의 대응은 다음과 같다. 천문학에서 망원경에 나타난 것을 받아들이는 것은 결코 간단하지 않았다. 갈릴레오는 망원경에 관한 적절하고 충분한 이론을 가지고 있지 않았다. 그렇기 때문에 이론에 호소하여 망원경을 통해 얻은 자료를 방어할 수 없었다. 지상에서 시행 착오의 방법을 통해 망원경으로 본 것의 정당성을 입증할 수 있다는 것은 사실이다. 예를 들면, 육안으로는 잘 식별할 수 없는 멀리 떨어진 건물에 있는 글씨를 망원경을 통해 읽고 건물 가까이 가서 확인할 수 있다. 멀리 떨어진 배의 화물이 무엇인가 하는 것은 일단 그 배가 항구에 도착하면 확인할 수 있다. 그러나 지상에서 사용한 이러한 정당화가 망원경을 통한 하늘의 관찰에도 간단하게 적용될 수는 없다. 지상에서 망원경을 사용하는 경우에는 천문학적 관찰에서는 있을 수 없는 일련의 육안에 의한 관찰의 도움을 받을 수 있다. 참된 상(genuine images)은 망원경이 만들어낸 인공물(artifacts)에서 구별될 수 있다. 왜냐하면 지상에서는 우리가 망원경을 통해 보는 것들에 익숙하기 때문이다. 예를 들어, 망원경을 통해 본 나부끼고 있는 돛의 한쪽은 붉고, 다른 쪽은 푸르며, 돛 위에 검은 얼룩이 감돌고 있다면, 착시 현상인 색이나 얼룩은 인공물로 제거될 수 있다. 그러나 우리가 하늘을 관찰할 때 하늘에 친숙하지 않으며, 인공물과는 달리 실제로 그곳에 존재하는 것이 무엇인지를 판단할 수 있는 길잡이가 존재하지 않는다. 게다가 지상에서는 친숙한 사물들을 비교하면 크기를 판단하는 데 도움이 된다. 시차와 중복을 이용하면 얼마나 가까이 있고 멀리 있는가를 판단할 수 있다. 그러나 천문학에서는 불가능하다. 갈릴레오는 망원경에 나타난 행성을 확인하기 위해 행성 가까이 접근하여 육안으로 확인할 수 있는 처지에 있지 못했다. 망원경 자료는 달을 확대했을 때와 행성과 별을 확대했을 때에 관한 한, 그 확대 비율이 변한다는 직접적인 증거가 존재했다.

파이어아벤트(Feyerabend, 1975, 141면)에 따르면 이러한 어려움이 발생한 이유는 코페르니쿠스의 이론뿐만 아니라 천체와 관련된 망원경 자료도 부정하고 싶어한 사람들을 논증에 의존하여 설득하는 것이 적절하지 않았기 때문이다. 결과적으로 갈릴레오는 선전과 책략에 호소할 필요가 있었으며, 실제로 그렇게 하였다.

한편, 분명히 코페르니쿠스가 지적한 것과 같은 몇 가지 망원경 현상이 존재한다. 갈릴레오는 이 현상을 코페르니쿠스를 지지하는 독립적인 증거로 도입하였지만, 상황은 오히려 하나의 반박된 견해인 코페르니쿠스주의가 또 다른 반박된 견해 곧 망원경 현상이 천체에 대한 신뢰할 수 있는 상이라는 관념에서 나온 현상과 어떤 유사성을 띠고 있었다는 것이다. 갈릴레오의 주장이 널리 받아들여질 수 있었던 이유는 그가 라틴어가 아니라 이탈리아어로 저술하고, 낡은 관념과 그것과 연관된 학문적 기준에 대해 기질적으로 적대감을 가지고 있었던 사람들에게 호소했기 때문이다.

만일 갈릴레오의 방법론에 대한 파이어아벤트의 해석이 올바르고 그것이 과학에 대한 전형적인 해석이라면, 표준적인 실증주의자, 귀납주의자, 반증주의자의 과학에 대한 설명이 갈릴레오의 방법론과 조화를 이루는 데 문제점이 있음은 분명한 사실이다. 파이어아벤트에 따르면, 갈릴레오의 방법론은 라카토슈의 방법론과는 어울릴 수 있다. 그는 라카토슈의 방법론은 모호하기 때문에 그 방법론은 거의 모든 방법론과 어울릴 수 있다고 보았다. 또한 라카토슈를 '동료 무정부주의자'로 환영함으로써 그를 계속 괴롭혔다. 그러면서 '변장하여', 재미로 《반방법》을 '친구, 그리고 동료 무정부주의자'인 라카토슈에게 바쳤다. 상호 배타적인 사유 계통이라 할 수 있는 두 체제 곧 육안의 뒷받침을 받는 아리스토텔레스적인 정지해 있는 지구라는 체제와, 망원경 자료의 지지를 받는 움직이는 지구 이론에 대한 파이어아벤트의 해석 방식은 세계를 보는 상호 배타적인 방식으로서의 패러다임에 대한 쿤의 기술을 연상하게 한다. 실제로 두 철학자는 두 이론 또는 패러다임 사이의 관계를 기술하기 위해 '공약 불가능'이라는 말을 서로 독립적으로 만들어 냈다. 공약 불가능성에 따르면 두 패러다임을 비교할 때 사용할 수 있는 이론-중립적인 사실이 존재하지 않기 때문에 그것들은 논리적으로 비교될 수 없다. 쿤은 법칙이나 질서를 회복할 수 있는 사회적 합의에 호소함으로써 파이어아벤트의 무정부주의적인 결론을 피하였다. 파이어아벤트(Feyerabend, 1970)는 과학자 공동체의 사회적 합의에 호소하는 쿤의 호소를 거부하였다. 그 이유 가운데 하나는 쿤이 합의를 도출할 때 정당한 방법과 부당한 방법을 (예를 들면 반대자들을 모두 죽이는) 구별했다고 생각하지 않았기 때문이다. 뿐만 아니라 파이어아벤트는 합의에 호소하는 것을 과학과 다른 활동, 예를 들면 신학이나 조직범죄와 같은 것을 구별할 수 있는 방법으로 생각하지 않았기 때문이다.

파이어아벤트가 스스로 확립하였다고 자부하는 실패 곧 다른 형태의 지식과 비교하여 과학적 지식을 우월한 지식으로 만들 수 있는 과학적 지식의 특별한 면을 파악하려는 노력이 실패했다는 전제하에서, 그는 우리 사회에서 과학에 부여하고 있는 높은 지위와 마르크스주의뿐만 아니라 검은 마법이나 부두교(voodoo)와 비교하여 과학이 갖고 있다고 생각되어 온 우월성은 정당화되지 않았다는 결론을 내린다. 파이어아벤트에 따르면 과학에 대한 높은 존경심은 위험한 교조이며, 그가 기독교가 17세기에 행사한 것으로 묘사하고 있는 억압적인 역할, 갈릴레오가 교회와 투쟁하면서 그의 마음에 교회가 수행하고 있다고 생각한 것과 같은 역할을 오늘날 과학이 수행하고 있다.

파이어아벤트의 자유 옹호

  파이어아벤트의 과학론은 그가 '인도주의적인 태도'라고 기술한, 개인의 자유에 높은 가치를 부여하는 윤리적 체계에 자리잡고 있다. 이 태도에 따르면, 개인은 자유로워야 하며 19세기의 철학자 존 스튜어트 밀(John Stuart Mill, 1975)이 그의 《자유론》에서 옹호한 의미의 자유를 가져야 한다. 파이어아벤트(Feyerabend, 1975, 20면)는 그 스스로가 "자유를 신장시키고 생기 있고 의미 있는 인생으로 이끌어 주는 노력에" 찬성하며, "그것만으로도 성숙한 인간을 낳고 낳을 수 있는 개성의 교화"를 옹호하는 밀을 지지한다고 선언하였다. 이러한 인도주의적인 관점에서 볼 때, 파이어아벤트는 과학에 대한 무정부주의적인 설명을, 그것이 과학자들에게서 방법론적 강제를 제거함으로써 그들의 자유를 증대시키고, 더 일반적으로는 개인들에게 과학과 다른 형태의 지식 가운데 선택할 수 있는 자유를 준다는 근거에서, 지지하고 있다.

  그의 관점에서 볼 때, 우리 사회의 과학의 제도화는 인도주의적인 태도와 상반된다. 예를 들어, 학교에서는 과학을 가르친다. "따라서 미국에서는 그가 좋아하는 종교는 선택할 수 있지만, 여전히 그의 아이들이 학교에서 과학이 아니라 마술을 배워야 한다는 그들의 요구는 받아들여지지 않는다. 국가와 교회는 분리되었지만 국가와 과학은 분리되지 않았다"(Feyerabend, 1975, 229면). 파이어아벤트의 기술(Feyerabend, 1975, 307면)에 따르면, 이러한 관점에서 볼 때 우리가 해야 할 일은 "우리의 조상들이 유일하고 참되다고 주장된 종교의 억압으로부터 우리를 해방시켰듯이, 이데올로기적으로 화석화된

과학의 억압으로부터 사회를 해방시키는 것이다!" 그가 그리고 있
는 자유 사회에 대한 상에서는 다른 형태의 지식이나 전통을 누르
고 과학이 선택되지는 않는다. 자유 사회에서 성숙한 시민은 "스스
로 결정할 수 있는 능력이 있고 스스로 자신에게 가장 적합한 것이
라고 생각하는 것을 결정하는 사람이다." 과학은 "'원시' 사회의 신
화와 같은 다른 꾸민 이야기와 함께" 하나의 역사 현상으로 연구될
것이다. 따라서 개인은 "자유로운 결정에 도달하기 위해 필요한 정
보를 가지고 있다"(Feyerabend, 1975, 308면, 고딕은 원문 그대로). 파
이어아벤트가 생각하는 이상 사회에서 국가는 각 개인이 선택의 자
유를 유지할 수 있도록 해주고 그들의 의지에 반대되는 이데올로기
를 강요하지 않도록 하기 위해 이데올로기적으로 중립적이다.

특별한 형태의 개인의 자유에 대한 옹호와 함께 과학적 방법에
대한 파이어아벤트의 반대가 정점에 도달한 것은 그의 무정부주의
적인 지식론이다(Feyerabend, 1975, 285~5면, 고딕은 파이어아벤트의
것임).

카르납(Carnap), 헴펠(Hempel), 네이글(Nagel)[이 세 사람은 대표적인
실증주의자이다], 포퍼는 말할 것도 없고 심지어 라카토슈가 과학의
변화를 합리화하기 위해 사용하려고 한 방법 가운데 어느 방법도 과학
에 적용될 수 없다. 그리고 적용될 수 있는 유일한 방법인 논박은 그
위력을 대부분 상실하였다. 남은 것은 미학적 판단, 취미에 의한 판단,
형이상학적 편견, 종교적 희망, 간단히 말하면 남은 것은 우리들의 주관
적인 소망뿐이다. 가장 진보한 일반적인 과학은 과학의 여러 영역에서
상실하고 있는 것처럼 보이는 개인의 자유를 개인에게 되돌려 놓는다.

그렇다면 과학적 방법은 존재하지 않는다. 과학자들은 그들의 주

222

관적인 소망을 따라야만 한다. 어떻게 해도 좋다(Anything goes).

파이어아벤트식 개인주의에 대한 비판

파이어아벤트가 이해하고 있는 인간의 자유에 대한 비판은 그의 방법 비판을 평가하는 데 유용한 예비 작업의 역할을 할 것이다. 파이어아벤트의 자유의 개념이 안고 있는 문제는 주로 그가 사용하는 자유가 완전히 소극적인 자유이기 때문에 발생한다. 그는 자유를 구속으로부터의 자유로 이해하고 있다. 개인은 그들의 주관적인 소망을 따를 수 있고 그들이 좋아하는 것을 할 수 있을 정도로 구속으로부터 자유로워야만 한다. 자유에 대한 이러한 개념은, 개인은 원하는 것을 행할 수 있는 수단을 획득할 수 있을 정도로 자유로워야 한다는 자유에 대한 적극적인 측면을 간과하고 있다. 예를 들면, 표현의 자유는 국가의 억압, 명예 훼손법과 같은 형태의 억압으로부터의 자유의 관점에서 논의될 수 있고, 논의되고 있다. 따라서 만일 학생들이 파시즘에 동조하는 학문적인 입장을 표현하기 위해 캠퍼스의 강연을 혼란에 빠지게 한다면, 그들은 연사의 표현의 자유를 부정하기 때문에 비난받아 마땅할 것이다. 그들은 연사의 자연권 행사를 방해했기 때문에 비난을 받는다. 그러나 표현의 자유는 적극적인 관점에서, 개인이 자신의 입장을 타인에게 전달할 수 있는 방책이라는 맥락에서 논의될 수도 있다. 이를테면 특정의 개인이 어떤 매체를 수단으로 가져야만 하는가? 이러한 관점은 우리가 든 예를 다른 방향에서 살펴보게 한다. 강연을 혼란으로 몰고 간 행위는, 아마도 연사는 대학 강당의 강의실과 마이크로폰, 미디어 광고 등에 접근할 수 있었지만 그와 다른 입장을 지지하는 사람들은 그렇게 할 수 없다는 근거에서 정당화될 수 있을 것이다. 18세기의 철학자 데이비드 흄(David Hume)은 존 로크(John Locke)의 사회 계약론의 이념을 비판했을 때, 바로 지금 내가 지적하고 있는 점을 아주 분명히 밝혀 주었다. 로크는 사회 계약을 민주 사회의 구성원들이 자유롭게 채택한 것으로 해석하면서 계약에 서명하고 싶지 않은 사람은 누구나 자유롭게 이민을 갈 수 있다는 주장을 하였다. 이에 대해 흄은 다음과 같은 반응을 보인다.

> 우리는 진지하게, 외국어와 외국의 생활 방식을 알지 못하고, 그가 번적은 수입으로 하루 벌어 하루 먹고사는 가난한 농민이나 직공이 자유롭게 그가 살고 있는 나라를 떠나겠다는 선택권을 가졌다고 주장할 수 있겠는가? 우리는 이와 마찬가지로, 어떤 사람이 잠든 사이에 몰래 배로 옮겨진 상태에서, 그가 배를 떠나는 순간 바다에 뛰어들어 익사할 수밖에 없는 상황임에도, 그는 배에 남아 자유 의지로 주인의 지배를 받아들이기로 동의한 것이라고 말할 수 있을 것인가?[1]

개인은 그들에 앞서 존재하는 사회에 태어난다. 그러므로 이러한 의미에서 사회는 그들이 선택할 수 없는 성질을 가지고 있으며, 그들은 사회의 성질을 선택할 입장에 있지 않다. 그들에게 열려진 행동의 방향과 결과적으로 그들이 자유롭다고 하는 말의 정확한 의미는 다양한 행동을 선택하기 위해 필요한 수단에 실제적으로 얼마나 접근할 수 있는가에 의해 결정된다. 과학에서도 역시 과학에 기여하려고 하는 과학자 개인은 다양한 이론, 수학적 기법, 도구와 실험 기법과 같은 과학의 현재 상황에서 출발해야 한다. 과학자 일반이 취

---

1) 흄의 "원초적 계약에 관하여"(Of the Original Contract)에서 따온 인용문은 Barker(1976, 156면)에 들어 있다. 이 구절에서 비판 받고 있는 로크의 특별한 입장은 Barker의 책 70~72면에 있다.

할 수 있는 행동 방식은 객관적으로 존재하는 상황에 의해 제한을 받는 반면, 특정의 과학자가 취할 수 있는 방식은 과학자 개인이 실제로 접근할 수 있는 방식에 의해 결정된다. 과학자들이 그들에게 열려진 제한된 선택지 가운데에서만 자유롭게 선택하는 한 그들은 '주관적인 소망'에 따라 자유롭게 선택했다고 볼 수 있을 것이다. 더구나 그 상황을 이해하기 위한 전제 조건을 결정하는 것은 과학자 개인이 좋아하든 싫어하든 그가 직면한 상황의 특성이다. 과학이나 사회에서 변화하는 것과는 관계없이, 일반적으로 중요한 이론적 연구는 제한 없는 자유에 대한 일반화된 호소가 아니라 개인이 당면한 상황에 대한 이해와 관련이 있다.

과학 연구에서는 이론 중립적 사실의 존재를 마음껏 부정한 파이어아벤트가 사회 이론에서는 대단히 야심적인 이데올로기 중립적인 국가의 필요성을 강조하고 있는 것은 하나의 아이러니이다. 어떻게 그러한 국가가 존재할 수 있으며, 그 국가가 어떻게 기능하고 무엇이 그 국가를 유지시킬 수 있겠는가? '국가'의 기원과 성격에 관한 물음에 대답하기 위해 지금까지 행해진 연구에 비추어 볼 때, 아무런 제한을 받지 않고 모든 개인들이 자유롭게 그들이 하고 싶어하는 것을 추구하는 그러한 유토피아에 대한 파이어아벤트의 비현실적인 상상은 유치하게 보인다.

파이어아벤트가 과학에 대한 그의 입장을 자유에 대한 소박한 개념을 포함하고 있는 개인주의적인 틀에서 전개하였다는 것과 그가 주창한 과학에서의 '반방법'의 자세한 내용을 파악하는 것은 서로 다른 문제이다. 우리는 다음 장에서 방법에 대한 파이어아벤트의 공격에서 건설적으로 구해낼 수 있는 것이 무엇인가를 살펴보게 될 것이다.

더 읽어 볼 만한 문헌

파이어아벤트는 그가 《반방법: 무정부주의적인 지식 이론 개요》 (*Against Method: Outline of an Anarchistic Theory of Knowledge*)(1975)에서 전개한 사상의 일부를 《자유 사회 속의 과학》 (*Science in a Free Society*, 1978)에서 발전시켰다. 《실재론, 합리주의, 과학적 방법》(*Realism, Rationalism and Scientific Method*), (Feyerabend, 1981a)과 《경험론의 문제들》(*Problems of Empiricism*), (Feyerabend, 1981b)은 그의 논문 모음집이며, 이 가운데 대부분의 논문은 그가 '무정부주의적인' 입장을 취하기 전에 쓴 것이다. "전문가를 위한 위로"(Consolations for the Specialist, 1970)와 "과학적 이성에 대한 비판에 관하여"(On the Critique of Scientific Reason, 1976)는 쿤과 라카토슈를 각각 비판한 논문이다. 갈릴레오의 과학에 대한 파이어아벤트의 묘사와 관련된 문제들을 나는 "금성과 화성에 대한 갈릴레오의 망원경 관찰"(Galileo's Telescopic Observations of Venus and Mars, Chalmers, 1985)과 "파이어아벤트가 놓친 갈릴레오" (The Galileo that Feyerabend Missed, Chalmers, 1986)에서 논의하였다.

제11장

방법에서 질서 있는 변화

보편적 방법에 대한 반대

우리는 앞 장에서 과학적 지식의 특징적인 모습을 파악하기 위해 철학자들이 제시해 온 다양한 과학적 방법에 반대하는 파이어아벤트의 주장을 살펴보았다. 그가 사용한 주요 전략은 철학자들의 설명과 물리학에서 갈릴레오가 이룩한 진보가 양립하지 않는다는 것을 논증하는 것이었다. 다른 곳에서(Chalmers, 1985와 1986) 나는 갈릴레오의 에피소드에 대한 파이어아벤트의 역사적 설명을 논의하였다. 나는 다음 절에서 나와 파이어아벤트 사이의 의견의 불일치들 가운데 일부를 소개하고 나의 입장을 밝힐 것이다. 나는 일단 역사가 정정되면, 정정된 역사는 과학과 과학의 방법에 대한 표준적인 설명에 문제를 제기하게 된다고 믿는다. 말하자면, 나는 만일 우리가 반박된 방법의 개념을 명확하게 한다면, 파이어아벤트의 반방법이 지지될 수 있다는 입장은 의미가 있다고 생각한다. 파이어아벤트는 '과학'이라는 직함을 받으려는 모든 과학이 따라야 하는 표준을 가지고 있는 보편적이고, 비역사적인 과학의 방법이 존재한다는 주장에 반대하고 있는 것이다. 여기에서 '보편적'이라는 말은 제안된 방법이 물리학, 심리학, 창조 과학 등과 같은 과학 또는 과학으로 추정되기도 하는 모든 과학에 적용된다는 것을 의미하며, '비역사적'이라는 말은 이 방법이 시간적으로 제약이 없음을 의미한다. 비역사적인 방법은 아리스토텔레스의 물리학뿐만 아니라 아인슈타인과 데모크리토스의 원자론, 현대 원자 물리학을 평가하기 위해 사용될 수 있다는 것을 의미한다. 보편적이고 비역사적인 방법은 대단히 받아들이기 어려울 뿐만 아니라 어처구니없다는 점에 대해서는 내가 파이어아벤트와 같은 입장을 취하게 된 것을 기쁘게 생각한다. 파이어아벤트(Feyerabend, 1975, 295면)가 말하고 있듯이, "과학은 고정되고 보편적인 규칙에 따라 작동할 수 있고 작동해야만 한다는 생각은 비현실적이고 해로우며", "과학의 변화에 영향을 미치는 복잡한 물리적이고 역사적인 조건을 무시하고 있기 때문에 과학에 손상을 주며", "과학의 융통성을 더 손상하고 독단을 더 강화한다." 만일 모든 종류의 과학, 과거와 현재 그리고 미래의 과학을 판단할 수 있는 하나의 과학적 방법이 존재한다면, 우리는 철학자들이 어떤 자원을 이용하여 그렇게 강력한 연장, 미래의 과학을 판단할 수 있는 적절한 기준이 무엇인가를 미리 말해 줄 수 있을 정도로 강력한 연장을 가지게 되었는가 하는 물음을 제기할 수 있다. 만일 우리가 우리의 지식을 개선하는 끝없는 탐구가 과학이라는 개념을 갖는다면, 우리의 방법을 개선하고 우리가 배운 것에 비추어 우리의 기준을 채택하고 세련화할 수 있는 여지가 우리에게 주어져 있지 않겠는가.

과학의 방법을 보편적이고 불변적인 것으로 이해해야 한다면, 나는 방법에 반대하여 파이어아벤트가 전개한 캠페인에 아무런 문제 없이 참여할 것이다. 우리가 이미 살펴보았듯이, 방법에 대한 파이어아벤트의 대응은 방법은 존재하지 않으며 따라서 과학자는 그들 자신의 주관적인 소망을 따라야 하고, 어떻게 해도 좋다는 것이다. 그러나 보편적인 방법과 방법의 부재 가운데 어느 하나를 선택해야 하는 것은 아니다. 중도를 택하여 과학에는 여러 방법과 여러 기준이 존재한다고 할 수도 있다. 곧 방법들과 기준들은 한 과학에서 다른 과학으로 가면 변할 수도 있고, 한 과학 안에서도 변할 수 있으며, 더 좋게 변할 수도 있다. 나는 파이어아벤트의 경우 전적으로 이러한 중간적인 입장에 대립하는 것이 아니며 갈릴레오의 예는 중간적인 입장을 지지하는 방식으로 해석될 수 있다고 생각한다. 나는 다음 절에서 이러한 나의 입장을 보여 주고자 한다.

　나는 중도적인 방법이 존재한다고 생각한다. 이 방법에 따르면, 성공적인 과학에는 역사적으로 우연적인 방법들과 기준들이 존재한다. 나 못지 않게 강력하게 파이어아벤트의 무정부주의와 극단적인 상대주의를 거부하는 과학 철학자들의 나처럼 중도를 추구하는 사람에 대한 반응은, 그들이 우리를 속이고 있다는 것이다. 예를 들어, 존 워럴(John Worrall, 1988)의 경우 그는 논의의 일반적인 노선을 분명하게 표현하였다. 그에 따르면 만일 내가 극단적인 상대주의를 피하면서 과학적 방법에서의 변화를 옹호한다면, 나는 어떤 방식으로 그러한 변화가 더 좋은지를 보여 주어야만 한다. 그런데 어떤 기준에 따라서 더 좋은가? 기준에서의 변화를 판단할 수 있는 어떤 초 기준(superstandards)이 존재하지 않는다면 이러한 변화는 여전히 상대주의적인 것으로 보일 수 있다. 그런데 초 기준은 초 기준의 산출을 의미하는 보편적인 기준으로 우리를 되돌아가게 한다. 따라서 워럴의 논증은 우리에게 보편적 기준을 가지고 있는지, 상대주의인지를 묻는 것이다. 그에게 중도는 존재하지 않는다. 그러므로 적어도 이러한 논증에 대한 서두로 과학에서 기준들의 변화가 일어난 예를 찾아보는 것이 유익할 것이다. 다음 절에서는 갈릴레오가 이룩한 그러한 변화를 논의할 것이다.

육안에 의한 자료를 대신한 망원경 자료: 표준의 변화

아리스토텔레스의 입장에 대한 갈릴레오 편에서의 반대 입장 가운데 하나(Galileo, 1967, 248면에 인용되어 있다)는 '과학 자체의 표준'으로서 "철학함에 있어서 감각과 경험이 우리의 길잡이가 되어야만 한다"는 아리스토텔레스주의자들의 생각에 주목하고 있다. 아리스토텔레스주의의 전통을 연구한 주석가들 가운데 많은 사람들은 주장된 지식이 적절한 조건 아래서 아주 주의 깊게 감각을 사용하여 얻은 증거와 모순이 없어야 한다는 것은 아리스토텔레스주의의 전통 안에서 핵심적 원리였다는 사실을 지적하였다. 갈릴레오의 전기 작가인 루도비코 제이모나(Ludovico Geymonat, 1965, 45면)는 "[갈릴레오의 혁신이 일어났을] 당시 대부분의 학자들이 공통으로 가지고 있었던" 믿음은 "오직 직접적인 시각만이 실제 존재를 파악할 수 있는 힘을 가지고 있다"라고 하였다. 모리스 클라블랭(Maurice Clavelin, 1974, 384면)은 갈릴레오의 과학과 아리스토텔레스의 과학을 비교하는 자리에서, 아리스토텔레스 물리학의 주요 금언은 "감각의 증거에 결코 반대해서는 안 된다"는 것이라고 하였다. 그리고 유사한 맥락에서 스티븐 가우크로거(Stephen Gaukroger, 1978, 92면)에서 "아리스토텔레스의 저작에 나타난 감각-지각에 대한 근본적이고 전적인 의존"에 대해 언급하고 있다. 이러한 근본적인 기준들에 대한 목적론적인 옹호는 일반적이었다. 감각의 기능은 세계에 대한 정보를 우리에게 제공하는 것으로 이해되었다. 따라서 비록 정상적이지 못한 상황, 예를 들면 관찰자가 병들었다거나 술에 취한 경우, 감각이 잘못을 범할 수는 있어도 감각 기관들이 의도한 과제를 수행할 때 조직적으로 오류를 범한다고 가정하는 것은 잘못이다. 어빙 블록(Irving Block, 1961, 9면)은 아리스토텔레스의 감각 지각 이론에 대한 탁월한 논문에서 아리스토텔레스의 입장을 다음과 같이 기술하고 있다.

자연은 목적을 가지고 모든 것을 만들었다. 그리고 인간을 만든 목적은 인간이 과학을 통해 자연을 이해하도록 하기 위해서이다. 따라서 인간이 그의 감각 기관을 통해 얻은 모든 지식과 과학이 시작에서부터 거짓이 되어야만 하도록 인간과 감각 기관이 만들어졌다고 생각하는 것은 자연과 어긋난다.

블록(Block, 1961, 7면)의 보고에 따르면 우리는 여러 세기 후 아리스토텔레스의 입장을 다시 토마스 아퀴나스(Thomas Aquinas)에게서 듣게 된다.

지각할 수 있는 대상에 대한 감각 기관의 지각은 항상 참되다. 왜냐하면 하나의 일반 법칙으로서 자연의 능력은 그 능력에 맞는 활동을 하는 경우에는 실패하지 않기 때문이다. 만일 자연의 능력이 실패한다면, 그것은 어떤 혼란이나 다른 어떤 요소 때문이다. 따라서 오직 극소수의 경우에만 감각은 적절한 대상에 대해서 정확하지 않은 판단을 내린다. 그리고 어떤 신체 기관의 결함을 통해서 정확하지 않은 판단을 내린다. 예를 들면 발열로 사람들이 아플 때는 단 것도 쓴맛이 난다. 왜냐하면 혀가 잘못되었기 때문이다.

갈릴레오는 육안을 통한 자료를 포함하여 감각 기관에 의존하는 것이 '바로 과학의 기준'이던 그러한 상황에 직면하고 있다. 망원경을 도입하고, 망원경에 의한 자료로 육안에 의한 자료를 대체하며, 그것을 압도하기 위해 그는 당시의 기준을 뛰어넘을 필요가 있었고 그 때부터 그 기준을 뛰어넘었다. 그는 과학의 기준들에 변화가 일어나게 하였다. 우리가 살펴보았듯이, 파이어아벤트는 갈릴레오가 어떤 기준에 준하여 자신의 정당성을 주장한 것이 아니라 선전이나 책략에 호소하였다고 생각하였다. 그러나 역사적 사실은 이와 다르다.

내가 이미 고찰한 것처럼 갈릴레오는 목성의 달에 대한 그의 관찰이 진실하다고 주장하였다. 여기에서 나는 금성과 화성의 외견상의 크기의 변화와 관련하여 망원경에 나타난 것을 받아들이기 위해 파이어아벤트가 수집할 수 있었던 것에만 초점을 맞출 것이다. 우리는 이미 앞 장에서 망원경의 관찰에 대한 질문이 중요하다는 것을 기술하고 또한 천체에 대한 망원경의 관찰을 받아들이는 방식이 안고 있는 난점에 대한 파이어아벤트의 설명을 받아들였다.

갈릴레오는 육안에 의한 천체 관찰을 불신하고 망원경에 의한 관찰을 선택해야 할 근거를 제공하기 위해 광삼(光滲) 현상(phenomenon of irradiation)에 호소하였다. 갈릴레오의 가설(Galileo, 1967, 333면)은 어둠을 배경으로 작고, 밝고 멀리 떨어져 있는 광원을 볼 때, 눈은 "스스로 방해한다"는 것이다. 그래서 그 물체들은 "우발적이고 성질이 다른 빛으로 꽃줄장식을 하고 있는 것처럼 보인다." 따라서 갈릴레오(Galileo, 1957, 46면)는 다른 곳에서, 만일 별들을 "도구의 도움을 받지 않고 본다면, 그 별들은 있는 그대로의 (말하자면 그것들의 물리적) 크기로 보이지 않고 어떤 반짝이는 불빛의 꽃줄장식을 한 것으로, 즉 반짝이는 광선으로 줄무늬를 하고 있는 것으로 보인다. 행성의 광삼인 경우 망원경으로 보면 그것을 없앨 수 있다.

　갈릴레오의 가설은 광원이 작고, 밝으며, 멀리 떨어져 있어서 광삼이 발생한다는 주장이기 때문에, 이 가설은 망원경을 사용하지 않고도 이러한 요소들을 다양한 방식으로 변화시킴으로써 시험될 수 있다. 갈릴레오(Galileo, 1957, 46~7면)는 여러 가지 방식을 명확하게 제시하였다. 별과 행성의 광도는 그것을 구름, 검은 베일, 색유리, 튜브, 손가락 사이의 틈이나 카드의 구멍을 통해 봄으로써 줄여질 수 있다. 행성의 경우 이러한 기법을 통해 광삼이 제거되었다. 따라서 행성은 "완전히 둥글고, 명확한 경계를 가진 구체로 보였다." 반면 별의 경우는 광삼을 완전히 제거할 수 없었다. 따라서 "별들은 원주에 의한 경계선이 보이지 않았고, 주변에 불꽃이 흔들리고 많은 불꽃이 튀는 화염의 형태로 보였다." 관찰된 광원의 외견상의 크기에 의존하여 광삼이 발생하는 한, 달과 태양에 광삼 현상이 나타나지 않는다는 사실에 의해 갈릴레오의 가설은 입증되었다. 광원의 외견상의 크기와 관련된 광삼 현상뿐만 아니라 광원의 거리과 관련된 광삼 현상은 지상에서 직접 시험할 수 있다. 반짝이는 회중 전등은 가까이서 또는 멀리서, 낮이나 밤에 볼 수 있는데, 밤에 멀리서 회중 전등을 볼 때 회중 전등이 주변과 비교하여 밝으면 회중 전등은 실제 크기보다 크게 보인다. 그러므로 갈릴레오(Galileo, 1967, 361면)는 티코와 클라비우스(Clavius)를 포함한 그의 선임자들은 별의 크기를 측정할 때 더 많은 주의를 기울여야만 한다고 말했다.

　나는 그들이 주변이 밝지 않고 대단히 어두운 곳에서 회중 전등을 보았을 때, 그것의 실제 원반 모습이 보일 것이라는 생각을 했다고 믿지 않는다. 왜냐하면 밤에 멀리서 발광체를 보면 크게 보이지만, 가까이서 보면 실제로는 광체가 작고 테두리가 있는 것처럼 보이기 때문이다.

　황혼의 별은 밝은 광원은 그것의 주변 환경에 따라 광삼 효과가 보여진다는 것을 입증한다. 밤에는 별들이 아주 작게 보인다. 밝은 낮에 금성을 보면 "금성은 아주 선명한 모양을 하고 있지만, 한밤 중에는 마치 커다란 회중 전등처럼 보인다." 금성의 경우 망원경의 증거에 호소하지 않고서도 예측한 대로 크기가 변하는 것을 시험할 수 있다. 낮이나 황혼에 육안에 의한 관찰만으로도 시험을 할 수 있다. 갈릴레오에 따르면 적어도 크기의 변화는 망원경으로 더욱 정확하게 관찰할 수 있겠지만 "육안으로도 잘 지각할 수 있다"(Drake, 1957, 131면).

　그런데 대단히 간단한 실제적인 증명을 통해 갈릴레오는 육안으로 주변 상황과 비교하여 밝은 작은 광원을 땅과 하늘에서 볼 때 일관성 없는 정보를 제공한다는 것을 보여 줄 수 있었다. 갈릴레오가 램프를 통한 직접적인 증명뿐만 아니라 많은 증명을 제시한 광삼 현상에 따르면, 작고 밝은 광원을 육안으로 관찰하는 것은 믿을 수 없다. 따라서 금성이 주변 환경과 비교하여 더 밝을 때에는 금성에 대하여 밤이 아니라 낮에 행한 육안 관찰이 더 정확하다. 밤이 아닌 낮에 한 관찰은 연중 금성의 외견상의 크기가 변한다는 것을 보여 준다. 우리는 망원경과 관계없이 이러한 이야기를 할 수 있다. 그러나 우리가 행성을 관찰할 때 망원경을 사용하면 광삼을 없앨 수 있으며, 망원경을 통해 본 외관상 크기의 변화가 낮 동안 육안에 의해 관찰할 수 있는 변화와 양립할 수 있다는 사실을 알게 된다면, 망원경에 의한 자료를 지지하는 증거가 나타나는 것이라 할 수 있다.

　금성과 화성의 크기에 대한 망원경 자료가 정확하다는 것을 입증해주는 마지막 논증은 그것들이 그 당시 중대한 천문학 이론이 제시한 모든 예측과 정확하게 일치한다는 것이다. 이 논증은 그 자료들이 코페르니쿠스 이론이 경합 관계에 있는 이론보다 더 낫다는 것을 지지한다는 것을 보여 주기 위해 파이어아벤트와 갈릴레오 자신이 제시한 상황을 기술하는 방식과 갈등을 일으킨다. 코페르니쿠스 이론의 경쟁자는 프톨레마이오스와 티코 브라헤의 이론이었다. 이 두 이론은 모두 코페르니쿠스 이론이 예측한 것과 같이 정확하게 크기의 변화를 예측하였다. 외견상의 크기의 예측에서 변화를 초래한 지구로부터 거리의 변화가 프톨레마이오스 체계에서 발생하였는데, 그 이유는 행성들이 주원(deferent)에 겹쳐진 주전원의 궤도를 운동하는 동안, 그 행성들이 지구에 가까워졌다 멀어졌다 하기 때문이며, 행성들은 뒤에 지구와 같은 거리에 있게 된다. 이러한 변화들은 정지해 있는 지구 주위를 회전하는 태양 둘레를 지구 이외의 다른 행성이 회전한다는 티코 브라헤의 체계에서 발생한다. 동일한 이유로 이러한 변화들은 코페르니쿠스의 이론에서도 발생한다. 그것은 두 이론이 기하학적으로 동등하기 때문이다. 프라이스(Derek J. de S. Price, 1969)는 일단 그 체계들이 행성들과 태양 간의 관찰된 각의 위치와 일치하도록 조정되면, 그러해야만 한다는 것을 일반적으로 아주 잘 보여 주었다. 오시안더는 행성들의 외견상의 크기가 고대로부터 주요 천문학 이론들에 대해 문제를 야기해 왔다고 하는 것을 코페르니쿠스의《천구의 회전에 관하여》의 서문에서 인정하였다.

우리는 갈릴레오가 망원경에 의한 몇몇 중요한 발견들의 승인을 옹호하는 방법을 개관하였다. 나는 그 논증이 짧은 시간 안에 갈릴레오를 격렬하게 반대해 온 모든 사람들을 설득했음이 역사적 사실에 의해 입증되었다는 주장을 하였다. 갈릴레오는 도구를 통해서 획득한 자료가 육안에 의한 자료를 대체하게 되는, 과학에서의 일반적인 경향이 일어나도록 하는 데 첫발을 내디뎠다. 그는 그렇게 하여 '과학의 표준 자체'를 위반하면서 변화를 불러 일으켰다. 그의 이러

236

한 성취가 방법에 대한 찬성이나 반대와 관련을 맺게 되는가?

이론, 방법, 표준의 점진적 변화

　갈릴레오는 어떻게 존 워럴 같은 학자들이 제시한 표준의 변화가 불가능하다는 논증과는 달리 합리적인 주장을 함으로써 표준들을 변화시킬 수 있었을까? 그것은 그와 그의 경쟁자들이 많은 것을 공유하고 있었기 때문이다. 그들의 목적에는 많은 중복됨이 있었다. 무엇보다도 그들은 경험적인 증거에 의해 입증된 천체의 운동을 기술하려는 목적을 가지고 있었다. 결국 프톨레마이오스의 《알마게스트》(*Almagest*)는 행성의 위치에 대한 기록들로 가득 차 있었고, 티코 브라헤는 기록의 정확성을 극적으로 높인 육중한 상한의(quadrants) 등등의 제작으로 명성을 날렸다. 갈릴레오가 밤에 먼 곳에 있는 램프를 보면 그 램프는 실제보다 크게 보인다든가, 금성은 어두운 밤보다 낮에 더 작게 보인다든가 하는 낮은 차원(low-level)의 관찰을 지적하였을 때, 그의 반대자들은 설득력 있는 대안이 없었기 때문에 이러한 관찰을 받아들일 수밖에 없었다. 공유한 목적에 반하는 이러한 공유한 관찰을 통해 갈릴레오는 반대자들을 충분히 설득할 수 있었다. 그는 분명한 논증을 포함한 '재치있는 설득의 기술로' 반대자들을 확신시킬 수 있었다. 적어도 그들은 어떤 상황에서는 '과학의 표준 자체'를 기꺼이 포기하고 육안 자료가 아닌 망원경 자료를 받아들였다.

　과학은, 발전의 모든 단계에서 어떤 특별한 종류의 지식에 도달하려는 특정의 목적, 이러한 목적에 도달하는 방법, 그 방법이 목적을 얼마나 충족시키는가를 판단할 수 있는 기준, 목적 실현과 관련이 있는 한, 과학 발전의 현재 상황을 보여 주는 특정의 사실과 이론들

로 구성되어 있을 것이다. 존재의 그물에서 구성물 각각은 연구가
진행되면서 수정될 것이다. 우리는 이미 이론들과 사실들이 오류를
범할 수 있다는 것을 논의하였으며(빙점 이하로 냉각된 액체가 오
르막으로 흐를 수 없다는 주장을 반박하였다는 사실을 기억하자),
앞 절에서 방법과 기준들이 변한다는 사실을 살펴보았다. 과학의 목
적 역시 변할 수 있다. 한 가지 예를 들어보자.

로버트 보일(Robert Boyle)의 실험적 연구가 17세기의 과학 혁명
에 중요한 기여를 하였다는 것은 올바른 판단이다. 보일의 연구에는
어느 정도 서로 대립적인 측면이 들어있다. 어떤 의미에서 보일의
연구는 과학 활동의 낡은 방식과 새로운 방식을 보여 준다. 그는 다
소 철학적인 저술에서 "기계적 철학"(mechanical philosophy)을 주장
하였다. 이 철학에 따르면 물리적인 세계는 물질들로 구성되어 있다.
그에게 세계를 구성하고 있는 물질은 한 가지 종류임은 자명하다.
관찰 가능한 크기를 가진 대상들은 미세한 물질 미립자의 배열로
구성되어 있으며, 변화는 미립자의 재배열로 이해할 수 있다. 물질
미립자는 각각의 미립자가 가지고 있는 정해진 크기, 모양, 운동이라
는 속성과 함께 빈 공간과 물질을 구별 가능하게 해주는 투입불가
능성(impenetrability)이라는 속성이 있다. 미립자의 운동은 다른 미립
자와 충돌할 때 변하고, 이 메카니즘이 자연에서 발생하는 모든 활
동과 변화의 원천이다. 어떤 물리적 과정에 대한 설명은 관련된 미
립자의 운동, 충돌, 재배열로 돌아가는 과정을 추적하는 것을 포함할
것이다. 이러한 세계관을 표현하면서 보일은 아리스토텔레스 세계관
에 대한 적절한 대안으로 볼 수 있는 새로운 기계론적 세계관을 제
시하였다. 이 세계관에서 적절한 설명은 궁극적인 설명이었다. 궁극
적인 설명은 미립자의 형태와 크기와 운동에 호소하고 있으며, 이러
한 개념들 자체에 대한 설명은 필요하지 않은 것으로 생각하였다.

이러한 관점에서 볼 때 과학의 목적은 궁극적인 설명에 있었다.

보일은 기계적 철학을 주장하면서 실험을 하였다. 특히 그는 기체 역학 실험과 화학 실험을 하였다. 보일 자신이 몇 차례 언급한 것처럼, 그의 실험적 성공이 기계적 철학이 요구하는 과학적 지식을 생산하지는 못했다. 그는 대기 물리학에 대한 실험 특히 유리관 속의 공기를 대부분 비우게 한 진공 펌프에 대한 실험에서 공기의 무게와 탄성에 의해 진공관의 안과 밖에서 기압계의 행태와 같은 일련의 현상을 설명할 수 있게 되었다. 이로써 그는 일정량의 기체의 압력과 부피 사이의 관계를 말해주는 보일의 법칙을 제안하게 되었다. 그러나 그것은 궁극적인 법칙이 아니었기 때문에 기계적 철학이라는 관점에서 볼 때 과학적 설명이라 할 수 없었다. 무게와 탄성에 호소하는 것은 이러한 속성 자체가 미립자의 메카니즘에 의해 설명되기 이전에는 받아들여지지 않았다. 보일은 그러한 요구를 충족시킬 수 없었다. 결국 보일의 실험 과학은 유용하고 성공적인 설명을 찾았다는 평가를 받게 되었지만 이와 대조적으로 엄격한 의미의 기계론적인 설명은 달성할 수 없다는 평가를 받게 되었다. 실제로 17세기 말 궁극적 설명(ultimate explanations)이라는 목적은 물리학에서 포기되었다. 이러한 목적은 특히 실험 과학의 성취와 대비할 때 유토피아적인 것으로 보이게 되었다.

따라서 일반적인 이념에 따르면 특정 시대의 과학을 구성하고 있는 목적들, 방법들, 이론들과 관찰 사실들의 모든 부분은 점진적으로 변할 수 있으며 그 그물의 나머지 부분들은 변화가 일어날 수 있는 상황에 대한 배경을 제공하게 될 것이다. 그러나 그물을 구성하고 있는 모든 것들을 한꺼번에 변화시킬 수 있는 상황을 초래할 수는 없다. 그것은 그런 상황이 일어날 수 있다는 주장을 지지할 수 있는 근거가 없기 때문이다. 따라서 경합하는 과학자들이 모든 것을 그들 각각의 패러다임의 관점에 따라 다르게 보고 그들이 아무 것도 공통으로 가질 수 없을 정도로 다른 세계에 산다면, 객관적인 의미에서 과학이 진보한다고 할 수 없을 것이다. 그러나 이것을 입증해주는 상황은 과학이나 과학사, 다른 어느 곳에도 존재하지 않는다. 우리는 과학에서의 진보를 객관적으로 설명할 수 있는 과학의 방법에 대한 보편적이고 비역사적인 설명을 필요로 하지 않는다. 더욱이 우리는 더 나은 것을 가능하게 하기 위해 방법이 어떻게 변화될 수 있는가에 대한 객관적인 설명을 필요로 하지 않는다.

유쾌한 간주곡

나는 존 워럴이나 그처럼 상대주의에 반대하는 사람들과 보편적 방법의 옹호자들이 내가 앞에서 취한 노선에 대해 어떻게 반응할 것인가를 상상할 수 있다. 아마도 그들은 내가 예로 든 갈릴레오에 대해 다음과 같이 말할 것이다. 비록 그 예가 기준에 있어서의 변화를 보여 주기는 하지만, 거기에는 더 높고 일반적인 기준에 대한 호소가 포함되어 있다고 말할 것이다. 예를 들어 갈릴레오와 그의 경합자들 양자 모두는 천체의 궤도에 대한 그들의 설명이 적절한 증거에 의해 입증되어야만 한다는 요구를 받을 것이다. 우리가 일반적 가정들을 설명한다면, 비판가들은 보편적 방법을 구성하고 있는 것은 일반적 가정이며, 갈릴레오가 일으킨 변화를 진보적인 변화로 판단할 수 있는 배경을 형성하는 것이 바로 일반적 가정이라고 주장할 것이다. 그들은 이러한 배경이 존재하지 않는다면, 당신은 변화가 진보적이라는 주장을 할 수 없을 것이라고 말할 것이다.

양보를 해 보자. 우리가 아리스토텔레스부터 스티븐 호킹(Stephen Hawking)에 이르기까지 과학의 지지자들 모두가 따를 것이라고 기대할 수 있는 어떤 일반적인 원리를 만들고자 한다고 생각해 보자. 그리고 "논증을 하고 이용 가능한 증거를 신중하게 취하라. 그리고 이용할 수 있는 방법을 넘어서 있는 지식이나 입증을 목적으로 삼지 말라." 이것을 과학적 방법에 대한 상식적인 버전이라고 가정하자. 나는 상식적인 차원에서 보편적 방법이 존재한다는 것을 받아들인다. 그러나 나는 존 워럴과 그의 동맹자들이 이러한 나의 양보를 받아냈기 때문에 자신들이 승리했다는 도취감에 빠져들게 하고 싶지는 않다. 나는 상식적인 보편적 방법이 옳고 적절한 한, 그것은 나 자신뿐만 아니라 그들도 파산시킬 것이라는 지적을 하고 싶다. 왜냐하면 그 기준은 전문 철학자들이 형식화하고, 이해하고, 옹호하려고 하는 기준은 아니기 때문이다. 나는 더 진지하게 다음과 같은 사실을 지적하고 싶다. 일단 우리가 이 문제를 더 밀고 나간다면 무엇을 증거와 입증으로 간주할 것인가, 정확하게 어떤 종류의 주장이 어떻게 지지될 수 있는가에 대해 더 자세한 내용을 제시하라는 요구를 받게 될 것이며, 이러한 자세한 내용은 과학에 따라, 역사적 맥락에 따라 바뀌게 될 것이다.

과학 철학자들이 상식적인 방법의 정식화 요구에 따라 자신의 일을 계속 수행할 것이라고 할 수는 없다. 그러나 나는 상식적인 방법에 대한 올바른 평가는 과학 연구에서의 어떤 현대적 추세에 저항하기 위해 필요하다고 생각한다. 나는 과학 지식을 중시하지 않거나 그것에 특별한 지위를 부여하지 않는 과학 사회학자나 포스트모더니스트(그들을 간략히 '수평파'(the levellers)라 부르자)를 염두에 두고 있다. 그들은 다른 사회적인 일들이 그런 것처럼, 과학 지식에 대한 신임은 필연적으로 재정상의 지원이나 사회적 지위와 같은 과학자의 이익이나 과학자 집단의 이익을 수반한다고 믿기 때문이다. 이러한 믿음에 대한 나의 대응은 화합물은 어떻게 결합하는가와 같은 지식을 개선하려는 목적과 직업적인 화학자들의 사회적 지위를 개선하려는 목적 사이에는 상식적인 구별이 있을 수 있다고 말하는 것이다. 이 상식에 반대하는 학적인 운동이 존재한다면, 나는 그러한 분별을 가지고 있는 사람들은 그 운동의 기금을 고갈시켜야 한다는 요구를 해야만 한다고 제안하는 상황까지 나갈 것이다. 전통적인 과학 철학자들 스스로가 수평파들을 위한 공간을 열어 주는 데 기여했다고 하는 사실은 흥미로운 일이다. 철학적으로 명료하게 설명할 수 있는 어떤 보편적인 방법에 의해서 과학과 다른 종류의 지식 사이의 구별이 이루어질 수 있다고 생각한 사람들은 바로 전통적인 과학 철학자 자신들이었다. 결과적으로 이 책의 앞 장들에서 밝힌 것과 같이 이러한 시도가 성공을 거두지 못할 때, 수평파가 들어올 수 있는 여지가 생겨난다. 가장 온건한 수평파 가운데 한 사람인 마이클 멀케이(Michael Mulkay, 1979)는 과학을 사회학적 범주에서 설명하는 입장은 그가 '표준적인 관점'[1]이라고 부른 것이 실패할 때 필연적으로 생겨난다는 결론을 이끌어 내는 과학 분석가들의 많은 예 가운데 하나를 제공하고 있다.

이것은 약 15년 전에 과학 철학 내부에서 일어났던 논쟁으로 우

---

1) 내가 《과학과 그 짜임새》(*Science and Its Fabrication*, Chalmers, 1990, 8장)에서 명확하게 보여 주려고 하였듯이, 이 문단에서 내가 한 말이 사회에서 기능을 수행하고 있는 것으로서의 과학에 대한 정치적이고 사회적인 분석의 여지가 존재하지 않는다는 주장을 함축하는 것으로 생각해서는 안 된다. 내 말은 '과학에 대한 사회적 연구'라는 이름으로 행해지는 모든 것을 무시하려는 의도는 조금도 가지고 있지 않다. 현대에 과학에 대하여 이루어진 많은 사회적 연구는 과학의 본성에 대한 타당한 통찰을 산출하였기 때문이다. 나의 말은, 높은 지위를 확보한 사회학적 지식이나 그 밖의 다른 지식을 구성한 사람들이 그들 자신의 사회학적 관점에서, 과학적 지식은 아무런 특별한 지위도 가지고 있지 않다라고 판단하려 할 때, 그러한 사람들을 향해 있다.

242

리를 인도한다. 우리는 이 문제들을 여기에서 그만 둘 수는 없다. 왜냐하면 지난 15년 동안에 전개된 두 가지 중요한 운동은 주목받을 만한 가치가 있기 때문이다. 이 운동 가운데 하나는 확률 이론의 한 버전을 채택함으로써 보편적 방법에 대한 설명을 발전시키려는 시도를 하고 있다. 우리는 이러한 시도를 다음 장에서 탐구할 것이다. 두 번째 운동은 실험과 실험이 수반시키는 바를 면밀하게 살펴봄으로써 한동안 지배력을 행사한 과학에 대한 이론 지배적인(theory-dominated) 설명의 지나침에 반대하는 기도가 되고 있다. 이러한 시도는 13장에서 논의하게 될 것이다.

더 읽어 볼 만한 문헌

보편적인 방법에 반대하는 나의 주장은 《과학과 그 짜임새》 (*Science and Its Fabrication*, Chalmers, 1990, 2장)에서 좀더 자세하게 전개되었다. 반면 "금성과 화성에 대한 갈릴레오의 망원경 관찰" (Galileo's Telescopic Observations of Venus and Mars, Chalmers, 1985)과 "파이어아벤트가 놓친 갈릴레오"(The Galileo that Feyerabend Missed, Chalmers, 1986)에는 파이어아벤트의 갈릴레오 사례 연구에 대한 비판과 개선이 들어 있다. Laudan(1977)과 Laudan(1984)은 나의 중도와는 다른, 보편적 방법과 무정부주의 사이의 중도를 발견하려는 시도이다. 보일의 연구를 근거로 중도적인 방법을 탐색하려는 나의 연구에 대한 자세한 사항은 "보일의 기계론적 철학에서 우수성의 결여"(The Lack of Excellence of Boyle's Mechanical Philosophy, Chalmers, 1993)와 "과학에서 궁극적 설명" (Ultimate Explanation in Science, Chalmers, 1995)에 들어 있다.

제12장

베이스적 접근

도입

우리 가운데 많은 사람들은 헬리 혜성의 가장 최근의 귀환에 대한 예측에 충분한 확신을 갖고 있었기 때문에, 그 혜성을 관찰하기 위해 도시와는 달리 불빛이 없는 시골에서 주말을 보내고자 아주 일찍 예약을 했다. 곧 우리의 확신이 잘못되지 않았음이 증명되었다. 과학자들은 그들의 이론의 신뢰성에 대해 충분하게 확신을 갖고 있어서 사람이 타고 있는 우주선을 우주공간으로 보낼 정도이다. 이 가운데 한 우주선에서 일이 잘못되었을 때, 우리는 깊은 인상을 받았지만, 과학자가 컴퓨터의 도움으로 우주선이 지구로 돌아 올 수 있는 궤도로 들어가게끔, 올바른 방향으로 우주선을 움직이도록 하기 위해서 얼마만큼의 연료가 필요한지를 재빠르게 계산해 낼 수 있었을 때에는, 어쩌면 우리는 별로 놀라지 않았을 것이다. 이 이야기는 지금까지 우리가 다루어 온 포퍼에서 파이어아벤트에 이르는 과학 철학자들이 강조했던, 이론은 어떤 정도로 오류 가능한가에 대

244

한 견해가 아마도 잘못되었거나 과장되었음을 시사한다. 모든 과학 이론의 확률은 0이라는 포퍼적 주장이 위의 이야기와 조화될 수 있을까? 이런 점에서 나의 두 가지 이야기 모두에 나오는 과학자들이 사용한 이론은 뉴턴 이론이었음을 강조할 필요가 있는데, 이 이론은 포퍼적 설명(그리고 여타 이들의 주장)에 따르면 20세기 초반에 수많은 방식으로 반증된 것이다. 확실히 무언가 심각하게 잘못되어 있다.

무언가 철저하게 잘못되어 있다고 생각하는 일군의 철학자와 잘못된 것을 제자리에 돌려 놓고자 하는 그들의 시도는 지난 수십 년간 인기가 있었는데, 이들은 베이스주의자들(Bayesians)로 불린다. 그것은 그들의 견해가 18세기 수학자인 토마스 베이스(Thomas Bayes)가 증명한 확률 이론에 토대를 두고 있기 때문이다. 베이스주의자는 잘 입증된 이론에 0의 확률을 부여하는 것은 부적절하다고 여기며, 앞의 4장에서 기술한 것과 같은 종류의 난점을 피하는 방식으로 그 같은 이론에 대해서 0이 아닌 확률을 산출해낼 어떤 종류의 귀납 추론을 추구한다. 예를 들어 그들은 어떻게 그리고 왜 높은 확률이 헬리 혜성이나 우주선의 궤도를 계산하는 데 쓰인 뉴턴 이론에 부여될 수 있는지를 보여 주기를 원한다. 이 장에서는 그들의 관점에 대한 개요와 그들에 대한 비판적 평가가 제시된다.

베이스 정리

베이스 정리는 조건부 확률에 관한 것이고, 조건부 확률은 명제가 그 명제에 영향을 미치는 증거에 의존할(따라서 제약될) 경우 그 명제가 갖는 확률을 말한다. 예를 들어, 경마에서 각각의 말에 한 사람의 도박사가 부여할 확률은 각각의 말의 과거의 건강 상태에 대해서 그가 갖고 있는 지식에 의해 제약될 것이다. 게다가 그 확률은 새로운 증거에 비추어 그 도박사에 의해 바뀌게 되는데, 그가 경마장에 도착해서 경마 가운데 한 마리가 건강에 이상이 있어 땀을 흘리고 있고 결정적으로 아파 보이는 것을 발견할 때처럼 말이다. 베이스 정리는 어떻게 확률이 새로운 증거에 비추어서 변하게 되는가를 규정하는 정리이다.

과학의 맥락에서 이 문제는 증거에 비추어서 이론 또는 가설에 어떻게 확률을 부여할 것인가의 문제이다. P(h/e)는 증거 e에 비추어 볼 때 가설 h가 될 확률을, P(e/h)는 가설 h가 옳다고 가정할 때 증거 e가 될 확률을, P(h)는 e에 대한 지식을 갖고 있지 않을 때 h가 가질 확률을, P(e)는 h의 참에 대한 어떤 가정도 없을 때 e에 부여하게 되는 확률을 표시한다고 보자. 그렇다면 베이스 정리를 다음과 같이 쓸 수 있다.

$$P(h/e) = P(h) \cdot \frac{P(e/h)}{P(e)}$$

P(h)는 사전 확률(prior probability)이라 불리는데, 그것은 증거 e를 고려하기 전에 가설에 부여한 확률이기 때문이고, P(h/e)는 사후 확률(posterior probability)이라고 부르는데, 이 확률은 증거 e를 고려한 이후의 확률이다. 그러므로 위의 공식은 우리에게 어떻게 한 가설의 확률을 특정한 증거에 비추어 새로이 수정된 확률로 바꿀 것인가에 대해서 이야기해준다.

위의 공식은 사전 확률 P(h)가 증거에 비추어 비율 요소(scaling factor) P(e/h)/P(e)에 의해서 변화된다는 점을 지시한다. 이것이 어떻게 상식적 직관과 조화되는지는 쉽게 알 수 있다. 요소 P(e/h)는 h

가 주어졌을 때 e가 될 가능성이 얼마만큼인가에 대한 척도이다. 이 값은 만일 e가 h에서 따라 나오면 최대값 1이 될 것이고, 만일 h에서 e의 부정이 따라 나오면 최소값 0이 될 것이다. (확률은 항상 확실성을 나타내는 1에서부터 불가능성을 나타내는 0 사이의 값을 갖는다.) 어떤 증거가 한 가설을 어느 정도로 지지하는가는 어느 정도로 그 가설이 증거를 예측할 수 있는가에 비례하는데, 이것은 그럴 듯해 보인다. 분모항에 있는 비율 요소 P(e)는 h의 참을 가정하지 않을 경우 증거가 존재할 가능성이 얼마나 되는가에 대한 척도이다. 따라서 만일 증거의 어떤 부분이 우리가 한 가설을 가정하든 말든 극단적으로 존재할 가능성을 갖는다면, 그 가설은 그 증거가 입증될 때 유의미하게 지지되지 않는 것인 반면, 증거가 그 가설이 가정되지 않는다면 존재할 가능성이 매우 낮다고 여겨진다면, 그 가설은 그 증거가 입증된다면 매우 높게 입증된다. 예를 들어, 만일 어떤 새로운 중력 이론이 무거운 물체는 땅으로 떨어진다고 예측한다면, 그것은 떨어지는 돌에 대한 관찰에 의해서 유의미하게 입증되지 않는데, 그 돌은 어쨌거나 떨어질 것으로 기대되기 때문이다. 만일 그 새로운 이론이 온도에 따른 약간의 중력의 변화를 예측한다면, 그 이론은 그 효과를 발견함으로써 매우 높게 입증될 것인데, 그것은 새로운 이론이 부재할 경우 일어날 가능성이 가장 낮을 것이기 때문이다.

과학에 대한 베이스적 이론의 한 중요한 측면은 사전 확률과 사후 확률에 대한 계산은 항상 당연하다고 여겨지는 가정을 배경으로, 즉 포퍼가 배경 지식(background knowledge)이라고 부른 것을 가정하면서 이루어진다는 점이다. 예를 들어, 앞에서 e가 h에서 따라 나올 때 P(e/h)는 1의 값을 갖는다고 가정했을 때, 이용 가능한 배경 지식과 결합되어 h가 취해진 것임은 당연하다. 우리는 지금까지 나온 장들에서 이론은 그들이 시험 가능한 예측을 산출해내기 전에 적당한 보조적 가정에 의해 증대될 필요가 있음을 살펴보았다. 베이스주의자는 이 같은 입장을 취하고 있다. 그들은 이러한 논의 전체를 통해 확률은 가정된 지식을 배경으로 계산된다고 가정할 것이다.

어떤 의미에서 베이스 정리가 정말로 정리인지를 명확히 하는 것이 중요하다. 여기서 세부 사항을 고려하지는 않겠지만, 우리는 이른바 '확률 계산'을 함께 구성할 확률의 본성에 대한 몇몇 최소 가정들이 존재한다는 데에 주목하게 된다. 베이스주의자와 비베이스주의자(non-Baysians) 모두 이 가정들을 받아들인다. 이 가정들을 부정하는 것은 일련의 바람직하지 않은 결과를 초래한다. 예를 들어, 확률 계산을 위배하는 도박은 게임, 경주, 혹은 그 무엇의 모든 가능한 결과에 대해서, 결과가 어떻든 내기의 한쪽 참여자 또는 다른 참여자가 이기게 되는 그런 방식이 되도록 만들 수 있다는 의미에서 '비합리적'임을 보여 준다. (이러한 가능성을 허용하는 노름의 승산 체계를 더치 북스(Dutch Books)라고 한다.) 베이스 정리는 확률 계산을 구성하는 전제들로부터 이끌어 낼 수 있다. 그런 의미에서 이 정리 자체는 논쟁거리가 아니다.

지금까지 우리는 베이스 정리를 도입했고, 이 정리가 한 가설의 확률이 증거에 비추어 어떻게 변화되어야 하는지를 규정하는 방식은 증거와 이론의 관련성에 관한 몇 가지 간단한 직관을 포착해 낸다는 점을 지적했다. 이제 우리는 복잡한 확률 해석의 문제를 더 집중적으로 다뤄야 한다.

주관주의적 베이스주의자

베이스주의자들은 확률의 본성과 관련된 근본적인 문제에 대해서 그들 내에서도 의견을 달리하고 있다. 그 분파의 한쪽에 '객관주의적'(objective) 베이스주의자가 있다. 그들에 따르면 확률은 합리적 행위자가 객관적 상황에 비추어 동의해야 하는 확률을 나타낸다. 경마의 예를 들어 그들 입장의 요지를 살펴보도록 하자. 우리가 경마에 참여할 경주마의 명단을 가지고 있고 그 말들에 대해서는 아무런 정보를 가지고 있지 않다고 가정하자. 그렇다면 어떤 '무차별성의 원칙'에 기초해서 각각의 말이 이길 가능도(likelihood)에 확률을 부여하는 유일하게 합리적인 방법은 모든 경주마에 확률을 똑같이 부여하는 것이라고 주장할 수 있다. 우리가 이 같은 '객관적인' 사전 확률로 시작하면 베이스 정리는 확률이 어떤 증거에 비추어 어떻게 수정될 것인지를 말해주고, 따라서 그 결과로 나오는 사후 확률은 합리적 행위자가 수용해야 하는 것이다. 적어도 과학의 영역에서 이러한 접근이 갖는 주요하고, 악명 높은 문제는 객관적인 사전 확률을 어떻게 가설에 부여할 것인가와 관련되어 있다. 이를 위해 필요해 보이는 것은 어떤 영역에서 모든 가능한 가설을 목록화하고 그 가설들에 확률을 부여하는 것인데, 아마도 무차별성 원칙을 써서 각각의 가설에 똑같은 확률을 부여해야 할 것이다. 그러나 어디서 그러한 목록이 나오는 것일까? 어떤 영역에서 가능한 가설의 수는 무한이라고 생각할 수 있을 것이고, 이것은 각각의 가설에 대한 확률이 0이 되게 할 것이며, 베이스적인 게임을 시작할 수 없게 될 것이다. 모든 이론은 0의 확률을 가지며 포퍼는 그날 승리한다. 어떻게 0이 아닌 객관적인 사전 확률을 부여할 수 있게 해줄 유한 수의 가설을 얻어낼 수 있을 것인가? 내 견해로 이 문제는 극복해내기 어렵고 대부분의 베이스주의자 자신이 이러한 견해에서 일치를 보고 있는 요즘의 문헌에서도 역시 이 같은 인상을 받는다. 그러므로 이제 '주관주의적' 베이스주의로 관심을 돌리기로 한다.

주관주의적 베이스주의자에게 베이스 정리로 다루게 될 확률은 주관적인 믿음의 정도(subjective degree of belief)를 나타낸다. 주관주의적 베이스주의자는 확률 이론에 대한 일관된 해석을 이 같은 기초 위에서 발전시킬 수 있으며, 더욱이 과학에 대해서 완전히 정당한 것이라고 주장한다. 그들의 이론적 근거의 일부분은 이 장의 시작 부분에서 들었던 예에 의거해서 파악할 수 있다. 모든 가설과 이론에 0의 확률을 부여하는 논의가 갖는 강점이 무엇이든, 주관주의적 베이스주의자들의 주장으로는, 일반적으로 사람들은 그리고 특히 과학자는 분명히 잘 입증된 가설에 0의 확률을 부여하지는 않는다. 핼리 혜성을 관찰하고자 내가 산으로 가는 여행을 예약해 놓았다는 사실은 적어도 나의 경우에 있어서는 이론들이 옳다는 것을 의미한다. 과학자들은 작업을 하면서 많은 법칙을 당연하게 여긴다. 천문학자가 의심 없이 굴절 법칙을 이용하는 일과 우주 프로그램에 관계된 이들이 뉴턴 법칙을 의심 없이 사용하는 일은 그들이 법칙에 1은 아니지만 1에 가까운 확률을 부여한다는 점을 증명한다. 주관주의적 베이스주의자는 가설에 대한 믿음의 정도를 사실상 과학자가 그들이 베이스적인 계산을 할 때 사전 확률의 기초로서 우연히 사용하는 것이라고 받아들인다. 이런 방식으로 그들은 모든 보편가설의 확률은 0이어야 한다는 취지의 포퍼의 혹평에서 탈출한다.

베이스주의는 도박의 맥락에서 상당한 의미를 갖는다. 우리는 그 안에서 베이스 정리를 증명할 수 있는 확률 연산에 대한 고수가 더치 북스를 피할 수 있는 충분 조건이라는 점에 주목했다. 과학에 대한 베이스적인 접근은 과학과 도박을 세밀히 유비시킴으로써 이 점을 활용한다. 한 과학자가 갖는 가설에 대한 믿음의 정도는 공정하다고 여겨지는 경마에서 특수한 말이 이길 승산에 유비된다. 여기에는 짚고 넘어갈 필요가 있는 애매성의 가능한 원천이 존재한다. 우리가 경마에의 유비에 매달린다면, 경마꾼이 공정하다고 생각하는 승산은 그들의 개인적인 주관적 믿음의 정도를 지시하거나 실제 그들의 돈걸기 행동에서 표현되는 믿음을 지시하는 것으로 여길 수 있다. 승산이 반드시 똑같을 필요는 없다. 경마꾼은 경마장을 보고서 흥분하게 되는 경우나 그들이 믿은 승산의 체계가 특히 큰 돈걸기를 보장할 때, 정신을 못차리게 되어 승산이 있는 범위에서 벗어날 수 있다. 모든 베이스주의자가 베이스적 계산을 과학에 적용할 때 대안적인 이론들 사이에서 똑같은 선택을 하는 것은 아니다. 예를 들어, 존 돌링(Jon Dorling, 1979)은 그 확률을 과학적 실천(scientific practice)에 반영되는 것을 측정하기 위한 것으로 여기고 하우슨과 어배크(Howson and Urbach, 1989)는 이 확률을 주관적 믿음의 정도를 측정하기 위한 것으로 여긴다. 전자의 입장이 갖는 난점은 돈걸기 행동에 유비되는 무엇이 과학적 실천 안에 존재하는지를 알아내는 일이다. 하우슨과 어배크처럼 확률을 주관적 믿음의 정도로 파악하는 것은 적어도 확률이 무엇을 말하는지를 명백히 해주는 이점은 갖고 있다.

과학자의 주관적 믿음의 정도로서 과학과 과학적 추론을 이해하려는 기도는 과학에 대한 객관적 해명을 추구하는 사람에게는 실망스러운 출발로 보일 수도 있다. 하우슨과 어배크는 이러한 비난에 대한 답을 갖고 있다. 그들은 베이스적 이론은 과학적 추론에 대한 객관적인 이론이라고 주장한다. 즉 일군의 사전 확률과 몇몇 새로운 증거가 주어지면, 베이스 정리는 객관적인 방식으로 증거에 비추어 무엇이 새로운 사후 확률이 되어야 하는지를 말해준다는 것이다. 이런 점에서 베이스주의와 연역주의는 아무런 차이가 없는데, 논리는 연역의 전제를 이루는 명제의 원천에 대해서 아무것도 말해주는 바가 없기 때문이다. 그것은 단지 문장들이 주어지면 그 문장들에서 무엇이 따라 나오는지를 이야기한다. 베이스적 방어는 한 단계 더 취할 수 있다. 개별 과학자의 믿음들은 처음에 얼마나 많이 다르던 간에, 증거의 적당한 도입이 있으면 수렴될 수 있다. 이것은 비형식적인 방식으로 쉽게 알아 볼 수 있다. 다른 경우라면 기대되지 않을 실험 결과 e를 예측하는 h의 개연적 참에 대해서 처음에는 커다란 의견의 불일치가 있었던 두 과학자를 생각해 보자. h에 높은 확률을 부여하는 과학자는 h에 낮은 확률을 부여하는 과학자에 비해서 e가 되지 않을 가능성은 작다고 여길 것이다. 그러므로 P(e)는 앞의 과학자의 경우 높을 것이고, 뒤의 과학자의 경우 낮을 것이다. 이제 e가 실험적으로 입증되었다고 가정하자. 각각의 과학자는 h에 대한 확률을 요소 P(e/h)/P(e)를 고려해서 조정해야 한다. 하지만 우리는 e가 h에서 따라 나온다고 가정하고 있으므로, P(e/h)는 1이고 비율 요소는 1/P(e)이다. 결과적으로, h에 낮은 확률을 부여하면서 출발한 과학자는 h에 높은 확률을 부여하면서 출발한 과학자보다 더 큰 비율 요소로 그 확률을 높이게 될 것이다. 더 많은 긍정적 증거가 들어오면 처음에는 의심을 하던 사람도 기존에 확신을 하던 과학자가 생각하는 확률값에 결국 근접하는 방식으로 확률을 높이지 않을 수 없게 된다. 베이스주의자의 논의에 의하면 이런 방식에 의해서 아주 다르던 주관적 견해들이 객관적인 방식으로 증거에 반응하여 서로 유사해질 수가 있다는 것이다.

베이스 공식의 적용

앞 문단은 베이스주의자가 어떤 종류의 방식으로 과학에서 전형적인 추론의 유형을 포착하고자 하며 인가하고자 하는지에 대한 유력한 맛보기를 제공해주고 있다. 이 절에서는 실제로 베이스주의가 어떻게 적용되는지에 대한 몇 가지 예를 더 살펴보기로 하자.

앞에서 실험으로 이론을 시험할 때 감소 수익(diminishing returns)의 법칙이 작동한다는 것을 지적한 바 있다. 일단 이론이 실험으로 입증되었을 때, 과학자들은 똑같은 상황에서 똑같은 실험을 반복하는 것은 처음의 실험 만큼이나 높은 정도로 그 이론을 입증한다고는 여기지 않을 것이다. 베이스주의자는 이것을 즉각적으로 설명할 수 있다. 만일 이론 T가 실험 결과 E를 예측하면 확률 $P(E/T)$는 1이며, 따라서 T의 확률을 긍정적 결과 E에 비추어서 증가시키는 요소는 $1/P(E)$이 될 것이다. 실험이 성공적으로 수행될 때마다 과학자는 다음 번에도 다시 성공적으로 수행해내리라는 기대를 하게 될 것이다. 즉 $P(E)$는 증가할 것이다. 결과적으로, 수정되어야 하는 이론의 확률은 매번 반복할 때 더 조금씩 증가할 것이다.

베이스적인 접근을 옹호해줄 다른 주안점은 역사적 사례에 비추어 이해할 수 있다. 실제로 최근의 베이스적 접근의 상승세가 갖는 주요한 이유는 베이스주의자가 과학의 역사적 예를 취급한다는 것이며, 이는 존 돌링(1979)에 의해서 시작된 경향이다. 라카토슈의 방법론에 대한 논의에서 우리는 그 방법론에 따르면 외견상의 반증보다는 프로그램의 입증이 더 중요하다는 데에 주목했는데, 외견상의 반증은 견고한 핵(hard core)보다는 오히려 보호대(protective belt) 내의 보조적 가정 탓일 수 있다. 베이스주의자는 이같은 전략을 위한 이론적 근거를 포착할 수 있다고 주장한다. 이것은 하우슨과 어배크(Howson and Urbach, 1989, 97~102면)가 활용했던 역사적 사례를 살펴봄으로써 이해할 수 있다.

이 예는 윌리엄 프라우트(William Prout)가 1815년 제기한 가설과 관계가 있다. 수소의 원자량에 비교했을 때 화학 원소의 원자량은 일반적으로 정수에 가깝다는 사실에 특별한 인상을 받은 프라우트는 모든 원소의 원자는 수소 원자의 정수배로 이루어져 있다고 추측했다. 즉, 프라우트는 수소 원자가 기본 벽돌의 역할을 한다고 믿었다. 문제는 수소와 비교한 (1815년에 측정한) 염소의 원자량은 35.83이었다는, 즉 정수가 아니었다는 사실에 대한 프라우트와 그 추종자들의 반응이 합리적이었는가 하는 것이다. 베이스적 전략은 프라우트와 그의 추종자들이 배경 지식의 유관된 측면을 고려하여 그들의 이론에 부여할 수 있었을 사전 확률을 반영하는 확률을 부여하는 것이고, 이어서 문제가 되는 있는 증거, 즉 정수가 아닌 염소 원자량의 값을 발견한 이후 이에 비추어서 확률이 어떻게 변화될지를 계산해내는 것이다. 하우슨과 어배크는 이 때, 프라우트의 가설에 대한 확률은 단지 약간 떨어질 뿐인 반면, 정확해야 할 유관된 측정 결과의 확률은 급격히 떨어지게 된다는 점을 보여 주고자 한다. 이에 비추어 보았을 때 프라우트가 그의 이론(견고한 핵)을 유지시키고 측정 과정의 어떤 측면(보호대)에 잘못이 있다고 지적한 것은 합당한 것으로 보인다. 라카토슈의 방법론 내에서 어떤 기반도 부여받지 못했던 '방법론적 결정'(methodological decisions)으로 여길 수 있는 부분에 대한 명확한 이론적 근거를 제공한 것으로 볼 수가 있다. 이 이상으로, 하우슨과 어배크는 여기서 돌링이 이끄는 대로, 이른바 '뒤엠-콰인 문제'(Duhem-Quine problem)에 대한 일반적인 해결책을 제시했다. 외견상의 반증에 대해서 가정들의 그물의 어떤 부분이 잘못되었다고 할 것인가의 문제에 직면했을 때 베이스적인 대답은 적당한 사전 확률을 주고 사후 확률을 계산한다는 것이다. 이는 어느 가정이 낮은 확률을 갖게 되고, 결과적으로 어느 가정이 미래에 성공 기회를 극대화하는 것이 되어야 하는지를 보여 줄 것이다.

나는 프라우트의 경우나 혹은 베이스주의자가 제공한 여타의 어떤 경우에서도 계산의 세부 내용을 철저히 살펴보지는 않겠지만, 적

어도 그들이 추진하는 방식이 갖는 맛을 보여 주기에 충분할 만큼
은 이야기할 것이다. 프라우트의 가설 h와 증거 e, 즉 정수배가 아닌
염소의 원자량이 가설에 부여될 확률에 미치는 영향은 가져다 쓸
수 있는 배경 지식 a의 맥락에서 판단될 것이다. 배경 지식이 갖는
가장 유관한 측면은 원자량의 측정을 위해 쓸 수 있는 기법 및 이와
관련된 화학물질의 순도의 정도에 대한 확신이다. h, a, e의 사전 확
률에 대한 어림값을 구할 필요가 있다. 하우슨과 어배크는 P(h)에
대해서 0.9의 값을 제안했는데 그들은 프라우트주의자들이 그들의
가설에 대해 커다란 확신을 갖고 있다는 역사적 근거에 기초해서
이 값을 제시한다. 그들은 P(a)를 0.6보다 약간 낮게 잡는데 이는 과
학자들이 불순물 문제를 의식하고 있었으며 특수한 원소의 원자량
에 대한 서로 다른 측정의 결과에 변동이 있다는 근거에서 그런 것
이다. 확률 P(e)는 h에 대한 대안은 염소의 원자량은 임의적으로 분
포한다는 내용임을 가정하는 상태에서 평가되고, 따라서 P(e/not h
& a)는 염소의 원자량이 어떤 단위 간격에서 임의로 분포한다면 그
것이 35.83이 될 가능성은 1/100이 되리라는 근거 위에서 0.01을 부
여받는다. 이 어림값들과 이와 유사한 몇 가지 다른 값들은 h와 a에
대한 사후 확률 P(h/e)와 P(a/e)를 계산해내기 위해서 베이스 정리
에 입력된다. 그 결과 전자는 0.878로 나오고 후자는 0.073으로 나온
다. 프라우트의 가설 h에 대한 확률은 원래의 값 0.9에서 단지 약간
떨어진 것에 비해 a, 즉 측정이 신뢰할 만하다는 가정에 대한 확률
은 0.6에서 0.073으로 급격히 떨어졌다는 점에 주목해야 한다. 하우
슨과 어배크가 결론내리기로, 프라우트주의자의 온당한 반응은 그들
의 가설을 유지하고 측정을 의심하는 것이었다. 그들은 계산에 들어
가는 수들의 절대값은 그것들이 역사적 문헌에 나타나는 프라우트
주의자들의 태도를 올바르게 반영해내기 위한 것인 한, 문제가 될

것이 없다고 지적한다.

베이스적 접근은 애드 호크(ad hoc) 가설이 갖는 바람직하지 않음에 대한 몇 가지 표준적인 해명 및 그와 관련된 문제에 대해 비판을 제기하는 데에 쓰일 수 있다. 이 책의 앞부분에서 나는 포퍼를 추종하여 애드 호크 가설들은 그들을 정식화하는 데 쓰이는 증거와 독립적으로 시험될 수 없기 때문에 바람직하지 않다는 착상을 제안했다. 이와 관계된 착상은 이론을 만드는 데 쓰이는 증거가 그 이론에 대한 증거로 다시 쓰일 수는 없다는 것이다. 베이스주의적 관점에서 볼 때, 이와 같은 개념들은 이론이 증거에 의해 얼마나 잘 입증되는가와 관련해서 때때로 적당한 해답을 제시함에도 불구하고, 그것들은 방향을 잃고 있으며 더욱이 그것들 아래 있는 이론적 근거는 오인된 것이다. 베이스주의자는 다음과 같은 방식으로 더 잘 해내고자 한다.

그들은 이론은 특수한 종류의 증거보다는 다양한 종류의 증거에 의해서 더 잘 입증된다는 널리 주장되고 있는 견해에 동의한다. 왜 이것은 이래야 하고 저것은 저래야 하는지를 설명하는 간단한 베이스주의적인 이론적 근거가 존재한다. 요점은 단일한 종류의 증거로 이론을 입증하려는 노력에서 오는 감소 수익이 존재한다는 것이다. 이는 이론이 단일한 종류의 증거에 의해 입증될 때마다, 그것이 미래에 그렇게 될 것이라는 믿음의 정도를 표현하는 확률은 점차적으로 증가한다는 사실에서 따라 나온다. 이와 대조적으로 이론이 어떤 새로운 종류의 증거에 의해서 입증될 사전 확률은 매우 낮을 수 있다. 이 같은 경우에서 그러한 입증이 일어난다면, 그러한 입증의 결과를 베이스 공식에 넣는 것은 그 이론에 부여된 확률에서 유의미한 증가를 가져온다. 따라서 독립적 증거의 유의미성은 논쟁거리가 안 된다. 그럼에도 불구하고 하우슨과 어배크는 베이스적인 관점에

256

서 볼 때, 만일 가설들이 애드 호크 성격을 띤다고 하여 기각된다면, 독립적인 시험 가능성(testability)의 부재가 그 기각의 정당한 이유가 되지는 않는다고 주장한다. 더욱이 그들은 이론을 구성할 때 이용한 증거는 그것을 입증하는 데 쓰일 수가 없음을 부정한다.

독립적 시험 가능성이라는 요구 조건으로 애드 호크 가설을 배제하려는 시도가 갖는 주요한 난점은 그것이 너무 약하고, 적어도 우리의 직관과 충돌하는 방식으로 가설을 승인한다는 점이다. 예를 들어, 달과 달의 분화구에 대한 갈릴레오의 관찰에 직면해서, 갈릴레오의 경쟁자가 관찰 가능한 달을 둘러싸는 투명한 결정질 물질이 존재할 것이라고 가정함으로써 위성은 구형이라는 그들의 가정을 유지시키고자 하는 경우를 생각해 보기로 하자. 이 같은 조정은 독립적 시험 가능성의 표준을 적용하여 배제시킬 수 없다. 왜냐하면 여러 차례의 달 착륙을 통해 어떠한 결정질 구도 달착륙을 방해하지 않았다는 것에 의해 그것이 논박되어 왔다는 사실에 의해서 입증되듯이, 그것이 독립적으로 시험 가능하기 때문이다. 그레그 뱀포드(Greg Bamford, 1993)는 이 문제와 포퍼적 경향의 철학자들이 애드 호크니스(ad hocness)를 정의하려는 광범위한 시도가 갖는 일련의 문제를 제기했고 그들은 결과적으로 상식적 관념 이상의 아무 것도 아닌 기술적 의미(technical notion)를 정의하려 하고 있다고 제안한다. 뱀포드의 비판이 베이스적인 관점에서 나온 것은 아님에도 불구하고, 하우슨과 어배크의 반응은 이와 유사한데, 애드 호크 가설은 단순히 그것들이 가망성이 없다고 여겨지기 때문에 그리고 이로 인해 낮은 확률을 갖기 때문에 거부된다는 것이 그들의 견해인 한 유사하다는 것이다. 이론 t가 어떤 문제가 되고 있는 증거와 만나 알력을 빚고 가정 a를 추가시킴으로써 수정되었다고 가정하면, 새로운 이론 t는 (t & a)가 된다. 그렇다면 P(t & a)가 P(a)보다 클 수 없다는 것은 확률 이론의 단순한 결과이다. 그러므로 베이스적인 관점에서 볼 때, P(a)는 단순히 가망성이 없다는 근거에서 수정된 이론은 낮은 확률을 부여받게 될 것이다. 갈릴레오의 경쟁자가 갖고 있던 이론은 그 경쟁자가 제안한 내용이 어느 정도 받아들이기가 어려웠는가에 따라 거부되었음이 틀림없다. 거기에는 더 이상의 것이 없으며, 그 밖에 어떤 것도 필요가 없다.

이론 구성을 위해서 자료를 사용하고, 그 자료가 이론을 지지하는 것으로 여기는 일을 부정하는 경우로 돌아가기로 하자. 하우슨과 어배크(Howson and Urbach, 1989, 275~80면)는 반례를 든다. 공이 담긴 항아리가 있다고 생각하고, 모든 공은 흰색이며 다른 어떤 색도 갖고 있지 않다는 가정과 함께 출발한다고 생각해 보자. 공을 1000번 꺼내는데 매번 공을 다시 항아리에 넣고 섞는다. 그리고 그 결과로 495개의 흰색 공이 나온다고 가정하자. 이제 우리의 가설을 조정해서 항아리는 흰색 공과 다른 색의 공을 동일한 수로 포함하고 있다고 해 보자. 동일한 수 가설에 도달하는 데 쓰인 그 증거에 의해서 이 조정된 가설도 지지되는 것일까? 하우슨과 어배크는 당연히 그렇다고 제안하며 그 이유를 베이스적 토대 위에서 보여 준다. 495개의 흰색 공을 꺼낸 실험의 결과로서 증가를 겪게 되는 동일한 수 가설의 확률에 이르게 하는 결정적 요소는, 만일 동일한 수 가설이 거짓일 경우 그 숫자를 꺼낼 확률이다. 그 확률이 낮다는 것에 일단 동의가 된다면, 실험이 동일한 수 가설을 입증시키는 결과가, 그 가설이 자료를 만드는 데 쓰였음에도 불구하고, 베이스적 계산에서 간단하게 나오게 되는 것이다.

종종 베이스적 접근을 겨냥한 표준적인 비판이 존재하지만, 나는 하우슨과 어배크가 방어한 버전은 그 비판에 대항할 수 있다고 생각한다. 베이스의 정리를 활용하기 위해서는 P(e), 즉 고려되고 있는 몇몇 증거의 확률을 필수적으로 평가할 수 있어야 한다. 가설 h가 고려되고 있는 맥락에서, P(e)를 P(e/h).P(h) + P(e/not h).P(not h)로, 즉 확률 이론에서의 간단한 동치로 간편하게 쓸 수 있다. 베이스주의자는 가설을 참이라고 가정할 때 증거의 확률을 추정할 수 있어야 하고, 이는 증거가 가설에서 따라 나오면 1이 되며, 또한 가설이 거짓일 때 증거의 확률도 추정할 수 있어야 한다. 문제가 되는 것은 후자다. h가 아닌 다른 모든 가설에 비추어서 h의 가능도(likelihood)를 추정할 필요가 있는 것으로 보인다. 이것은 주요한 장애물로 보이는데, 이는 어떤 특수한 과학자도 h에 대한 모든 대안적 가설을 알 수 있는 입장에 처할 수 없기 때문이며 몇몇 사람이 제안했듯이, 만일 이것이 아직 만들어지지 않은 모든 가설을 포함해야 한다면 특히 그렇다. 하우슨과 어배크에게 열려 있는 대응은 그들의 베이스적인 계산 안에 나타나는 확률이 개인적 확률(personal probabilities)을, 즉 개인이 사실상 다양한 명제들에 부여하는 확률을 나타낸다고 주장하는 것이다. h에 대항하는 가설에 비추어 참이 될 어떤 증거의 확률값은 과학자가 우연히 무엇을 알고 있는가(이는 아직 만들어지지 않은 모든 가설을 확실히 배제시킬 것이다)에 비추어 과학자에 의해 결정될 것이다. 따라서 프라우트의 사례를 다룰 때, 하우슨과 어배크는 프라우트의 가설에 대한 유일한 대안은 원자량은 임의로 분포한다는 가설이라고 받아들였는데, 이것은 그 대안적 가설이 프라우트주의자들이 대안으로 믿었던 것이라는 취지의 역사적 증거에 기초하고 있다. 하우슨과 어배크로 하여금 여기서 제기한 특수한 문제를 피해가게 해주는 것은 주관적 확률로의 그들의 이동이 갖는 철저한 본성이다.

내가 과학에 대한 베이스적인 분석을 이루고 있는 요소를 묘사하면서, 하우슨과 어배크가 윤곽을 제시했던 입장에 주로 집중했는데

이는 그것이 내게는 비일관성에서 가장 벗어나 있다고 보이기 때문이다. 확률을 과학자들이 실제로 주장하는 믿음의 정도로 해석하는 방식 때문에, 하우슨과 어배크의 체계는 0이 아닌 확률을 이론과 가설에 부과할 수 있고, 이는 어떻게 확률이 증거에 비추어서 수정되는지에 대한 정밀한 해명을 제시해주며, 많은 이들이 무엇을 과학적 방법의 핵심적 면모로 받아들이는지에 대한 이론적 근거를 제시할 수 있다. 하우슨과 어배크는 그들의 체계를 역사적 사례 연구로 가꾸고 있다.

주관주의적 베이스주의에 대한 비판

주관주의적 베이스주의, 즉 확률을 과학자들이 실제로 주장하는 믿음의 정도라고 일관되게 이해하는 입장은, 어떤 종류의 객관적 확률을 찾는 대안적인 베이스주의자를 낙담하게 한 많은 문제를 피해 갈 수 있다는 이점을 갖고 있다. 많은 이들에게, 주관적 확률을 끌어안는 것은 이론에 확률을 부여할 수 있다는 호사에 대하여 너무나 지나친 대가를 지불한다. 예를 들어, 하우슨과 어배크가 우리가 받아들여야 한다고 주장하고 있는 정도에서 확률을 주관적 믿음의 정도로 받아들이면 일련의 부적절한 결과가 따라 나오게 된다.

베이스적 계산은 사전 확률을 주어진 증거에 비추어서 사후 확률로 전환시키는 데 도움이 되는 객관적 추론 양식으로 묘사된다. 우리가 사태를 일단 이렇게 보면, 경쟁하는 연구 프로그램, 패러다임, 혹은 그 밖에 어떤 것을 옹호하는 사람들 사이에서 나타나는, 과학자들의 (사후) 믿음에 반영되는 과학 내의 어떤 불일치는 과학자들이 주장하는 사전 확률에 그 원천을 두어야 한다는 결과가 나오게 된다. 이것은 증거는 주어지는 것으로 여겨지고 추론은 객관적인 것으로 여겨지기 때문이다. 그러나 사전 확률은 그 자체가 전적으로 주관적이며 비판적 분석의 대상이 되지 않는다. 그것은 단순히 각각의 개별 과학자가 우연히 갖게 되는 다양한 믿음의 정도를 반영할 뿐이다. 결과적으로, 경쟁하는 이론들의 상대적 장점에 관해서 그리고 과학이 어떤 의미에서 진보적일 수 있는지에 관해서 문제를 제기하는 우리는, 개별 과학자가 그저 처음에 우연히 갖고 출발한다는 믿음에 대해서 언급하는 답변에 우리가 만족하지 않는 한, 그 문제에 대한 주관주의적 베이스주의자의 대답을 들을 수 없을 것이다.

만일 주관주의적 베이스주의가 과학과 과학의 역사를 이해하는 열쇠라면, 그러한 이해를 위해서 우리가 접근할 필요가 있는 가장 중요한 정보의 원천 가운데 하나는 과학자들이 실제로 갖고 있는 또는 갖고 있던 믿음의 정도이다. (정보의 다른 원천은 증거이며, 이는 다음에서 논의된다.) 따라서 빛의 입자설에 대한 빛의 파동설의 우월성을 이해하는 일은, 예를 들어, 프레넬(Fresnel)과 푸아송(Poisson)이 1830년대 초반에 있던 논쟁에 끌어들인 믿음의 정도에 대한 몇몇 지식을 필요로 할 것이다. 여기에는 두 가지 문제가 존재한다. 하나는 이같은 사적인 믿음의 정도에 대한 지식에 접근하는 문제이다. (하우슨과 어배크가 사적인 믿음과 행동을 구분하고, 그들이 다루는 것은 전자이며 따라서 우리는 과학자의 믿음을 그들이 무엇을 하는가로부터 또는 심지어 그들이 무엇을 쓰는가로부터도 이끌어 낼 수 없다고 주장한다는 점을 상기해 보라.) 두 번째 문제는 파동설이 그것보다 앞서 있던 이론보다 개선된 것이었다는 의미를 얻어내기 위해서 이 같은 사적인 믿음에 접근할 필요가 있다는 생각의 미심쩍음이다. 이 문제는, 우리가 현대 과학의 복잡성의 정도에 초점을 둘 때, 그리고 어느 정도로 현대 과학이 협동 연구와 관계되어 있는지에 초점을 둘 때 강화된다. (8장에서 대성당을 지을

때 노동자들이 어떻게 협력하는지와 내가 비교했던 내용을 상기해
보라.) 극명하고 효과적인 예가 현대의 기본 입자 물리학 속의 연구
가 갖는 성격에 대한 피터 갤리슨(Peter Galison, 1997)의 해명에 의
해서 제시되었는데, 그 분야에서 매우 난해한 수학적 이론은 정교한
컴퓨터 기법과 실험의 작동을 위한 최첨단의 공학을 필요로 하는
도구사용을 포함하는 실험적 작업을 거쳐 세계와 관계를 맺게 된다.
이런 상황에서는 이같이 복잡한 연구의 모든 측면을 파악할 수 있
는 어떤 개별 인간도 존재할 수 없다. 이론 물리학자, 컴퓨터 프로그
래머, 기계공학자, 실험 물리학자 모두 그들의 분리된 기량을 가지고
있으며, 이런 기량은 협동적 기획과 관계를 맺게 된다. 이런 기획의
진보성이 주관적 믿음의 정도에 초점을 둠으로써 이해되는 것이라
면 우리는 누구의 믿음을 선택하고, 왜 그래야 하는 것일까?
  하우슨과 어배크의 분석에서 믿음의 정도가 사전 확률에 어느 정
도로 의존하는가는 또 다른 문제의 원천이 되고 있다. 과학자가 그
이론을 갖고 출발할 정도로 그의 이론을 강력하게 믿는다고 (그리
고 주관주의적 베이스주의에는 어떤 사람이 원할 만큼의 강한 믿음
의 정도를 막는 아무 것도 없다고) 가정하면, 이 믿음은 그에 반대
되는 믿음에 대한 어떠한 증거에 의해서도, 그 증거가 아무리 강력
하고 광범위하더라도, 동요되지 않을 것이다. 이 점은 사실상 프라우
트에 대한 연구에서 설명되고 있으며, 이 연구는 하우슨과 어배크가
그들의 입장을 지지하기 위해서 이용한 바로 그것이다. 여기에서 프
라우트주의자들이 원자량들은 수소 원자량의 정수배라는 그들의 이
론에 대해서 0.9의 사전 확률을, 그리고 원자량의 측정은 실제 원자
량을 온당하고 정확하게 반영한다는 가정에 대해서는 0.6의 사전 확
률을 주면서 출발했다고 우리가 가정하고 있음을 상기해 보라. 염소
에 대해서 얻은 값인 35.83에 비추어서 계산된 사후 확률은 프라우

트의 이론에 대해서는 0.878이었고, 실험은 믿을 만하다는 가정에 대해서는 0.073이었다. 그러므로 프라우트주의자들은 올바로 그들의 이론에 집착했고 증거를 거부했던 것이다. 나는 여기서 프라우트의 가설 뒤에 있는 원래의 유인(誘引)은 염소의 원자량이 아닌 일군의 여타 원자량들의 정수에 가까운 값들이었음을 지적하고 싶다. 이 값들은 프라우트주의자들이 신뢰할 수 없다고 여겨서 0.073이라는 낮은 확률을 보장한 바로 그 기법에 의해서 측정된 것이었다! 이는 만일 과학자가 애초부터 충분히 교조적이라면 그가 어떤 반대되는 증거도 상쇄시킬 수 있음을 보여 주는 것이 아닌가? 이것이 그런 한, 주관주의적 베이스주의자가 그런 활동을 나쁜 과학적 실천(bad scientific practice)이라고 판정할 방법이 없다. 사전 확률을 판정할 수 없는 것이다. 그들은 단순히 주어지는 것으로 여겨져야 한다. 하우슨과 어배크(Howson and Urbach, 1989, 273면) 자신들이 강조하는 것처럼, 그들은 "사람들이 사전 확률을 할당하기 위해 채택하는 방법과 관련해서 입법을 할 의무를 갖고 있지는" 않다.

베이스주의자는 확률을 과학자들이 사실상 우연히 갖게 되는 믿음의 정도라고 파악하는 한, 모든 이론들의 확률은 0이어야 한다는 포퍼적 주장에 반격을 가하는 것으로 보인다. 하지만 베이스적 입장이 그렇게 간단하지만은 않다. 왜냐하면 베이스주의자가 반사실적 (counterfactual) 확률을 부여해야 하는 것은 필수적이고, 따라서 실제로 주장된 믿음의 정도라고 단순하게 파악할 수 없기 때문이다. 어떻게 과거의 증거가 어떤 이론에 중요할 수 있는가의 문제를 예로 들어 보기로 한다. 어떻게 수성의 궤도에 관한 관찰을, 만일 그 관찰이 아인슈타인의 일반 상대성 이론에 수십년 앞선 것이었다면, 그 이론에 대한 입증이라고 여길 수 있을까? 이 증거에 비추어 아인슈타인 이론의 확률을 계산하려면 주관주의적 베이스주의자는 무엇보다도 아인슈타인의 지지자가 아인슈타인의 이론에 대한 지식이 없는 상태에서 세차운동할 수성의 궤도의 확률에 부여했을 확률의 척도를 제공할 의무가 있다. 그 확률은 한 과학자가 실제로 갖는 확률이 아니라 과학자들이 사실은 알고 있는 것을 그들이 몰랐다고 했을 때 갖게 되는 믿음의 정도에 대한 척도이다. 이러한 믿음의 정도가 갖는 지위 및 어떤 사람이 그 값을 어떻게 구해낼 것인가의 질문은 심각한 문제를 제기한다.

이제 주관주의적 베이스주의에서 나타나는 '증거'의 본성에 관심을 돌리기로 하자. 우리는 증거는 주어지는 것으로, 사전 확률을 사후 확률과 바꾸기 위해서 베이스 정리에 들어가는 어떤 것으로 취급했다. 하지만 이 책의 앞 장들에서 이미 분명히 논의되었어야 하는 것으로, 과학에서 증거는 단순히 주어지는 것과는 거리가 멀다. 하우슨과 어배크(Howson and Urbach, 1989, 272면)가 취한 다음의 입장은 명백하고 그들의 전반적 접근과 총체적으로 궤를 같이 한다.

> 우리가 제안하고 있는 베이스적 이론은 자료로부터의 추론에 관한 이론이다. 우리는 자료를 받아들이는 것이 옳은가의 여부에 대해서, 또는 심지어 자료에 대한 당신의 인정이 절대적인가의 여부에 대해서 아무 것도 말하지 않는다. 그것은 그렇지 않을 수 있고, 당신은 바보처럼 당신이 실제로 갖는 확신에 의지할 수도 있다. 지지(support)에 대한 베이스적 이론은 어떤 증거적 문장을 참으로 수용(acceptance)하는 것이 어떤 가설에 대한 당신의 믿음에 어떤 영향을 미치느냐에 대한 이론이다. 어떻게 당신이 증거를 참으로 수용하게 되는지, 당신이 그것을 참이라고 받아들이는 것이 올바른지 그렇지 않은지는, 베이스적 이론에 비추어 볼 때, 단순히 별개의 문제인 것이다.

확실히 이것은 과학적 추론(scientific reasoning)에 대한 책을 쓰고자 하는 사람들에게는 전적으로 받아들여질 수 없는 것이다. 그것은 우리가 과학에서 무엇을 적절한 증거로 여길 것인가에 대한 해명을 추구하는 경우가 아니기 때문인가? 분명 어떤 과학자는, 증거적 주장을 만들어 내는 과학자에게 얼마나 강하게 그 증거적 주장을 믿는가라고 물어서가 아니라, 증거를 산출한 실험의 본성과 어떤 예방책을 썼는지, 오류가 어떻게 평가되었는지 등에 대한 정보를 찾음으로써 그 증거적 주장에 반응할 것이다. 과학적 방법에 관한 좋은 이론은 어떤 상황에서 증거가 적절하다고 여겨질 수 있는가를 해명해낼 것을, 그리고 과학 내의 경험적 연구가 충족시켜야 하는 표준을 정해줄 수 있는 입장에 설 수 있어야 함을 확실히 요구받을 것이다. 의심의 여지없이 실험 과학자는 조잡한 연구를 거부하며 주관적인 믿음의 정도에 호소하지 않는 여러 방식을 갖고 있다.

특히 그들이 비판에 대응할 때, 하우슨과 어배크는 베이스 정리에 들어갈 필요가 있는 사전 확률 및 증거 양자 모두가 어느 정도로 주관주의적 베이스주의자들이 그에 대해서 아무 할 말도 없는 주관적 믿음인지를 강조한다. 그러나 그들의 입장에 남아 있는 부분들이 어느 정도로 과학적 방법에 대한 이론이라고 불릴 수 있을 것인가? 남아 있는 모든 것은 확률 계산의 정리뿐이다. 하우슨과 어배크에 의해 해석된 것으로서의 이 정리가 연역 논리에 가까운 지위를 갖는 진정한 정리임을 하우슨과 어배크에게 양보한다고 가정하자. 그러면 이 관대한 양보는 그들의 입장의 한계를 명백히 하는 데 도움이 된다. 과학적 방법에 대한 그들의 이론은 과학은 연역 논리의 지시에 집착한다는 주목만큼이나 과학에 관해서 우리에게 많은 것을 말해준다. 적어도 대부분의 과학 철학자는 과학이 연역 논리를 당연하게 여긴다는 것을 받아들이는 데에 아무런 문제점을 느끼지 않겠지만,

그들은 훨씬 더 많은 것을 듣고 싶어할 것이다.

더 읽어 볼 만한 문헌

Dorling(1979)은 주관주의적 베이스주의를 현대적 경향을 띠게 한 영향력 있는 논문이고, Howson and Urbach(1989)는 그것을 옹호하는 한결같고 부끄럼 없는 사례이다. Horwich(1982)는 과학을 주관주의적 베이스주의로 이해하려는 또 다른 시도라 할 수 있다. Rosenkrantz(1977)는 과학에 대한 베이스적인 해명을 객관적 확률과 관련지어 발전시키고자 하며, Earman(1992)은 베이스주의 프로그램에 대한 비판적이지만, 전문적인 방어이다. Mayo(1996)은 베이스주의에 대한 한결같은 비판을 포함하고 있다.

제13장

새로운 실험주의

도입

만일 우리가 과학적 추론에 대한 베이스적 해명을 실패로 여긴다면, 우리는 과학적 지식을 구별되게끔 하는 그 무엇을 특징지우려는 몇몇 방식을 통해서 아직도 많은 것을 제공하지 못한 것이다. 포퍼는 관찰의 이론 의존성(theory-dependence of observation)과, 이론이 항상 증거를 어떤 정도로 초월하며 이론은 결코 증거로부터 유도될 수 없음을 강조함으로써, 실증주의와 귀납주의에 문제를 제기했다. 과학에 대한 포퍼의 해명은 가장 엄격한 시험에서 살아남은 이론이 최선의 이론이라는 착상에 기반하고 있다. 하지만 그의 해명은 실패한 시험에 대해서 배경 지식의 어떤 요소보다는 이론에 그 책임이 있다고 언제 주장해야 하는지에 관한 분명한 길잡이를 제시할 수 없고, 우연히 시험에서 살아남은 이론에 대해서 충분하게 어떤 사항을 이야기할 수 없었다. 우리가 논의했던 잇따른 시도들은 모두 포퍼가 했던 이상으로 이론 의존성의 관념과 관련되어 있었다. 라카토슈는 연구 프로그램을 도입했고, 연구 프로그램은 명백한 반증에 처하여 규약적 결정(conventional decisions), 예를 들면 견고한 핵의 원리(hard-core principles)보다는 보조적 가정(auxiliary assumptions)을 비난하는 결정에 따라서 유지되거나 거부된다고 보았다. 하지만 그는 그런 결정의 기반을 제공할 수 없었고, 어떤 경우 그 기반은 다른 연구 프로그램을 선호하여 한 연구 프로그램을 포기하는 시점을 구체적으로 지적하기에는 너무 약했다. 쿤은 연구 프로그램보다는 패러다임을 도입했고 그럼으로써 포퍼의 이론 의존성보다 훨씬 더 나아간 과학에서의 패러다임 의존성(paradigm-dependence)의 정도를 도입했다. 그러므로 쿤은 어떤 의미에서 한 패러다임이 그것이 대체한 다른 패러다임보다 개선되었다고 할 수 있는가라는 문제에 대한 명쾌한 대답을 제시하는 데서 라카토슈에 미치지 못했다. 파이어아벤트는 이론 의존성 운동을 극단까지 몰고 간 것으로 볼 수 있는데, 그는 과학을 위한 특수한 방법과 표준 모두를 포기했으며, 쿤과 함께 경쟁하는 이론들을 공약 불가능(incommensurable)한 것으로 묘사하고 있다. 베이스주의자들 역시 내가 이론 의존성 전통이라고 부르는 조류의 일부라고 할 수 있다. 그들에게 과학 이론의 장점에 관한 판단을 내릴 때에 정보를 주게 되는 배경을 이루는 이론적 가정들(background theoretical assumptions)은 사전 확률(prior probabilities)이라는 방식으로 도입된다.

일군의 철학자들은 급진적인 이론 의존성을 향한 움직임을 그것의 원천에서부터 강력하게 저지함으로써 현재의 과학 철학자를 괴롭히는 일련의 문제에 대처할 수 있을 것이다. 감각이 과학을 위한 문제점이 없는 기초를 제공한다는 실증주의적 관념으로 돌아가기를 원하지는 않지만, 그들은 관찰이 아니라 실험에서 상대적으로 안정된 기초를 찾는다. 나는 로버트 애커만(Robert Ackermann, 1989)을 따라서 이런 최근의 경향을 '새로운 실험주의'(new experimentalism) 라고 부를 것이다. 새로운 실험주의의 주창자들은 해킹(Ian Hacking, 1983, p. vii)의 말처럼, 실험은 거시(large-scale) 이론과 독립적으로 '고유한 생명'(life its own)을 가질 수 있다고 주장한다. 실험주의자 들은 거시 이론에 의지하지 않고도 실험적 효과(experimental effects)의 실재성을 확립하는 일련의 실천적 전략을 갖고 있는 것으 로 알려져 있다. 만일 과학적 진보를 실험적 지식(experimental knowledge)의 착실한 비축으로 본다면, 과학에서 누적적 진보의 관 념을 복귀시킬 수 있으며 그것은 거시 이론 변화와 관계된 과학 혁 명이 존재한다는 주장에 의해서 위협받지 않을 수 있다.

고유한 생명을 갖고 있는 실험

이 절은 구딩(Gooding, 1990)에 의존한 역사적 이야기로 시작하기 로 한다. 1820년 늦여름, 전류가 흐르는 도선이 만드는 자기장은 그 도선 둘레를 돈다는 외르슈테트(Oersted)의 발견에 관한 보고가 영 국에 도착했다. 패러데이(Faraday)는 이 주장이 무엇인지를 명확히 하고 그것을 더 발전시키기 위해 실험적 작업에 착수했다. 몇 달이 지난 후 그는 결과적으로 원시적 전동기라 할 수 있는 것을 만들어 냈다. 원통형 유리관의 위와 아래를 코르크로 씌워 위 코르크의 중 심을 통과하여 원통 안으로 이어지는 도선은 고리형으로 끝나고, 두 번째 도선이 여기에 수직으로 매달리게 된다. 그것의 하단은 바닥 코르크를 경유해서 원통의 바닥으로 돌출해 있는 연철 실린더의 끝 둘레를 자유롭게 회전할 수 있었다. 매달린 도선의 아래쪽 끝과 철 심 간의 전기적 접촉은 아래 코르크 위에 놓인 수은을 매개로 유지 되었다. 이 '전동기'를 가동시키기 위해 막대 자석의 한 극은 아래 코르크에서 나오는 철심의 끝에 인접시켰고, 다른 도선은 철심을 전지를 경유해서 위 코르크에서 나오는 도선에 연결시켰다. 발생하는 전기가 매달린 도선의 아래쪽이 자화된 철심 둘레를 회전하도록 하면서 수은과의 접촉을 유지시켰다. 패러데이는 이 장치의 표본을 유럽 곳곳에 있는 그의 경쟁자들에게 조작법을 포함시켜서 보냈다. 그는 그들에게 전지의 연결을 뒤바꾸거나 자석의 방향을 뒤바꿈으로써 회전의 방향을 역전시킬 수 있음을 지적했다.

패러데이의 이 같은 성취를 이론 의존적이며 오류가 있는 것이라고 보는 것이 유용하거나 적절한 것인가? 어느 의미에서 이것은 이론 의존적이라고 말할 수 있다. 유럽 대륙에 있는 패러데이의 경쟁자들이 자석, 수은, 전지를 몰랐다면 패러데이의 조작법을 따라갈 수 없었을 것이다. 그러나 이것은, 다름 아닌 사실이란 감각 자료(sensory data)의 정신 속으로의 유입에 의해 직접적으로 수립되며, 그 감각 자료 없이 정신은 아무 것도 알 수 없다는 극단적인 경험주의적 관념에 대한 논박이 된다. 자석과 당근을 구별하지 못하는 어떤 이는 전자기에서 무엇을 수립된 사실로 보아야 할지를 평가할 입장에 설 수 없다는 주장은 누구도 부인할 필요가 없을 것이다. "자석은 당근이 아니다"가 이론이 된다는 그처럼 일반적 의미에서 '이론'이라는 용어를 사용하는 것은 확실히 현명하지 못하다. 더욱이 모든 이야기를 '이론 의존적'이라고 해석하는 것은 패러데이와 앙페르(Ampere) 같은 사람들 간의 진정한 차이를 파악하는 데 도움이 되지 않는다. 잘 알려져 있듯이, 패러데이는 전기와 자기 현상은 하전된 물체와 자석에서 나오며 그 주위의 공간을 채우는 역선(lines of force)의 관점에서 이해하고자 했고, 한편 유럽 대륙의 이론가들은 절연체 속에 있으면서 도체를 통과해서 흐르는, 서로 원격 작용하는 유체의 원소들을 갖는 전기 유체(electric fluids)에 대해서 사고

했다. 그것들은 사활이 걸린 이론들이었고, 전동기 효과에 대한 패러데이의 평가는, 전동기 효과에 대한 평가가 경쟁 이론들 중의 하나에 대한 어떤 버전의 수용과 그 버전에 대한 친숙함에 의존한다는 의미에서 '이론 의존적'인 것은 아니었다. 그 당시 전자기학에서 패러데이 전동기는 모든 전자기 이론들이 주의를 기울여야만 했던 실험적으로 수립된 이론 중립적(theory-neutral) 효과였다.

그렇지만 패러데이의 전동기 효과가 오류였다고 여기는 것도 도움이 되지 않는다. 자석이 너무 약하거나 도선을 수은 속에 너무 깊숙히 담가서 수은이 회전에 너무 많이 저항하기 때문에 혹은 다른 어떤 것 때문에 패러데이의 전동기가 이따금 작동하지 않는 것은 사실이다. 결과적으로, "패러데이의 기술(記述)을 만족시키는 실험적 배치 속에 놓인 모든 도선은 회전한다"는 언명은 거짓이다. 그러나 이는 단순히 패러데이의 발견이 갖는 핵심을 이 같은 종류의 보편 언명(universal statement)으로 잡아내려는 시도가 부적절하다는 점을 지적할 뿐이다. 패러데이는 새로운 실험적 효과를 발견했고, 작동했던 그의 장치의 한 버전을 만듦으로써 그것을 증명했으며, 또한 작동되었던 장치들을 만들 수 있도록 그의 경쟁자들에게 조작법을 준 것이다. 이따금의 실패는 놀라운 일도 아니고, 문제가 되는 것도 아니다. 패러데이 전동기에 대한 오늘날에 받아들일 수 있는 이론적 설명은 중요한 점에서 패러데이와 앙페르가 제공했던 것 양자 모두와 다르다. 그러나 패러데이의 전동기는 여전히 통상적으로 작동하고 있다. (미래에 또 다른 실험적 효과가 발견되어서 전동기가 쓸모없게 될 수는 있을지라도) 미래에 이론의 진전이 아무튼 전동기가 작동하지 않는다는 결론에 이르게 되리라고 보기는 어렵다. 이렇게 보면, 어떤 통제된 방식으로 산출된 실험적 효과는 오류가 없으며, 그것은 영원히 여기에 있는 것이다. 더욱이, 만일 우리가 과학의 진

272

보를 그러한 효과의 누적이라고 이해한다면 우리는 과학의 성장을 이론 독립적인 것으로 이해하게 된다.

두 번째 예는 문제를 이런 식으로 파악하는 것을 더욱 지지해준다. 제드 버크월드(Jed Buchwald, 1989)의 하인리히 헤르츠(Heinrich Hertz)의 실험적 이력에 대한 자세한 연구는 헤르츠가 새로운 실험적 효과를 산출할 목적을 어느 정도로 지니고 있었는가를 지적한다. 새로운 효과를 산출해냈다는 헤르츠의 주장의 일부는 일반적인 승인을 얻지 못했다. 그 이유를 평가하는 것은 어렵지 않다. 헤르츠는 헬름홀츠(Helmholtz)에게서 전자기학을 배웠고 헬름홀츠의 이론적 틀에서 사물을 보았는데, 헬름홀츠의 이론적 틀은 당시에 전자기학의 몇 가지 이론적 접근(베버(Weber)의 이론적 틀과 맥스웰의 이론적 틀이 주요한 대안이 되고 있었음) 가운데 하나였다. 헤르츠의 실험적 발견이 새로운 효과를 이루어 냈다는 점은, 헤르츠가 그의 실험을 위해 끌어들인 이론적 해석의 정교한 세부 사항이 평가받고 방어될 때 비로소 평가받고 방어될 수 있을 뿐이다. 이 결과들은 상당히 이론 의존적이었고, 새로운 실험주의자가 이 점을 왜 그것들이 새로운 사실을 이루어 낸 것으로 일반적으로 받아들여지지 못했는가에 대한 이유로 주장할 가능성이 있다. 헤르츠가 그의 전파를 산출해내자 사태는 아주 달라졌다. 그러한 파가 존재한다는 것은 어떤 일반적인 이론을 승인할 것인가와는 독립적인 방식으로 증명될 수 있다. 헤르츠는 이 새로운 효과를 통제된 방식으로 보여 줄 수 있었다. 그는 정상파(standing waves)를 일으켰고 작은 스파크 탐지기(spark detectors)는 파동의 배(antinodes)에서 최대 스파크를 일으켰고, 마디(nodes)에서는 스파크가 없었다. 이것은 결코 쉽게 이루어진 것도 아니었고, 버크월드가 그것을 시도해 봤을 때 알게 된 것처럼, 그 결과들이 쉽게 재생되는 것도 아니었다. 나는 단순히 실험가가 새로이 실험적으로 산출된 현상을 증명했다는 사실은 경쟁하는 전자기 이론의 하나나 다른 것에 의지하지 않는 방식으로 음미될 수 있다는 것을 말하고 있으며, 이 주장은 헤르츠의 파가 모든 진영에서 받아들여졌던 그 신속함에 의해서 지지되는 것이다.

　그렇다면 통제된 실험적 효과의 산출은 고수준 이론(high-level theory)과 독립적으로 이루어질 수 있고 평가될 수 있다. 유사한 맥락에서 새로운 실험주의자는 실험자들이 그들의 주장을 수립시키는 데에 고수준 이론에의 호소를 포함하지 않는 일련의 유용한 전략을 제시할 수 있다. 예를 들어 실험주의자가 한 도구에 의한 특수한 관찰이 인공물(artifact)보다는 실재하는 어떤 것을 표상한다고 어떻게 주장할 수 있는가에 대해 생각해 보기로 하자. 현미경의 사용에 관한 이안 해킹(Ian Hacking, 1983, 186~209면)의 이야기는 이 논점을 잘 설명해준다. 글자 등이 쓰인 정사각형으로 된 소형 격자를 유리판에 새기고 그 유리판을 사진찍어 눈에 보이지 않을 정도로 축소시킨다. 이 축소된 격자는 글자가 쓰인 정사각형의 모든 부분과 함께 그 격자를 나타내 주는 현미경을 통해서 보이게 된다. 이것은 이미 현미경은 믿을 만하게 확대시킨다는 점에 대한 강력한 지시이고, 이에 부수적으로 현미경이 어떻게 작동하는가에 관한 이론에 의존하지 않는 논변이 된다. 우리는 이제 격자 위에 올려 놓은 적혈구를 보기 위해서 전자 현미경을 사용하고 있는 생물학자에 대해 숙고하기로 한다. (여기서 해킹은 과학자가 그에게 이야기해 준 정황의 실질적 결과에 대해서 보고하고 있다.) 몇몇 조밀한 물체는 세포 안에서 관찰 가능하다. 과학자는 그것이 피 속에서 나타나는 것인지 도구에 의한 인공물인지를 의심한다. (그는 후자가 아닌지 의구심을 갖는다.) 그는 격자 위의 표시가 된 정사각형의 어느 부분이 이 조밀한 물체를 포함하는가에 주목한다. 그리고 형광 현미경을 통해 그

274

표본을 본다. 똑같은 물체가 격자 위의 똑같은 지점에 다시 한 번 나타난다. 관찰하고 있는 것이 인공물이라기보다는 적혈구 내의 어떤 물체임을 의심할 여지가 있을까? 이 논변이 설득력 있게 하기 위해 필요한 모든 것은, 두 가지 현미경이 상당히 다른 물리적 원리에서 작동하고, 그러므로 두 현미경 모두 동일한 인공물을 산출해낼 가능성은 아주 낮다는 지식이다. 이 논변은 두 도구의 작동에 관한 자세한 이론적 지식을 요구하지 않는다.

엄격한 실험적 시험에 대한 데보라 메이요의 입장

데보라 메이요(Deborah Mayo, 1996)는 새로운 실험주의 함의를 철학적으로 엄격한 방식으로 포착하고자 시도해 온 과학 철학자이다. 그는 주장이 실험에 의해 정당화되는 세밀한 방식에 초점을 맞추고 있으며, 어떤 주장이 지지되며 어떻게 그렇게 되는지를 파악해내는 일에 관련을 맺고 있다. 그의 치료법이 갖는 핵심적 착상은, 한 주장은 그 주장이 오류에 처할 수 있는 다양한 방식이 조사되고 제거되었을 경우에만 실험에 의해 지지되었다고 할 수 있다는 것이다. 한 주장은 그것이 실험에 의해 엄격하게 시험되었을 때에만 실험에 의해 지지되었다고 이야기 할 수 있고, 한 주장에 대한 엄격한 시험(severe test)은 메이요의 유익한 분석과 같이 그 주장이 거짓이라면 그 시험을 통과할 가망성이 없는 그런 주장이 되어야 한다.

그의 착상은 몇몇 간단한 예를 들어서 설명할 수 있다. 빛의 굴절에 관한 스넬(Snell)의 법칙이 입사각과 굴절각을 측정할 때 광범위한 오류가 발생하는 아주 거친 실험에 의해 시험되고, 그 오류의 범위 안에서 결과는 그 법칙과 양립하는 것으로 나타났다고 가정하자. 그 법칙은 그것을 엄격하게 시험한 실험에 의해 지지되었는가? 메이요의 관점에서 보면, 그것은 아니다. 굴절 법칙은 그것이 거짓이며 스넬 법칙과 별로 다르지 않은 어떤 여타의 법칙이 참임에도 불구하고 측정의 거침 때문에 시험을 통과했을 가능성이 있기 때문이다. 교사 시절 내가 행했던 한 과제는 이 논점을 충분히 납득시키는 데에 알맞다. 내가 가르치던 학생들은 스넬의 법칙을 시험하기 위해 그다지 조심스럽지 못했던 몇몇 실험을 수행했다. 나는 당시 학생들에게 스넬의 법칙에 앞서서, 고대와 중세에 제기된 몇 가지 다른 굴절 법칙들을 제시해주었고, 그들로 하여금 그 다른 굴절 법칙들을 스넬 법칙을 시험하는 데에 썼던 측정물로 시험해 보도록 했다. 학생들이 그들의 측정에 돌렸던 광범위한 오류 때문에 그 모든 대안적 법칙은 시험에 통과했다. 이것은 문제의 실험들이 스넬의 법칙에 대한 엄격한 실험이 될 수 없었다는 점을 분명히 증명한다. 그 법칙은 그것이 거짓이며 역사 속의 대안적 법칙들이 참임에도 불구하고 그 시험을 통과했을 것이다.

두 번째 예는 메이요의 입장 뒤에 있는 본의를 좀더 잘 설명해준다. 아침에 커피 두 잔을 마셨고 오후에 두통이 생겼다. 그렇다면 "모닝 커피가 두통을 일으켰다"는 주장은 입증된 것인가? 메이요는 왜 이에 대한 대답이 부정적인지에 대한 이유를 포착하고 있다. 그 주장이 엄격하게 시험되었고, 따라서 입증되었다고 말할 수 있기 전에 우리는 그 주장이 오류에 처할 수 있는 다양한 방식을 제거해야 한다. 아마도 나의 두통은 지난 밤에 마신 독한 베트남 맥주 탓일 수도 있고, 내가 너무 일찍 일어났다는 사실, 이 절을 쓰기가 특히 어렵다는 것을 깨닫고 있다는 사실에 기인할 수도 있고, 기타 다른 이유 때문일 수도 있다. 커피와 두통 사이의 인과적 연결(causal connection)이 확립되려면, 여타의 가능한 원인을 제거해줄 통제된 실험을 하는 것이 필요하다. 커피가 진정으로 두통을 일으키는 경우가 아니라면 일어날 가능성이 가장 낮은 결과를 수립시키려고 해야 한다. 실험은 오류의 가능한 원천들(possible sources of error)이 제거되고, 따라서 한 주장이 참인 아닌 경우를 빼고는 시험에 통과할 가망이 없을 때에만 그 주장을 지지하게 된다. 이 간단한 착상은 실험적 추론에 대한 몇몇 상식적 직관을 산뜻한 방식으로 포착하는 데 도움이 되며, 메이요에 의해 확장되어 몇 가지 신선한 통찰을 제공한다.

내가 예를 들어 설명하는 이른바 "덧붙이기 역설"(tacking paradox)에 대해서 생각해 보기로 한다. 주변의 행성에 의한 인력, 지구 대기 속에서의 굴절 등에 기인한 오류의 원천을 제거하기 위해서 조심스럽게 이루어진 혜성의 운동에 대한 신중한 관찰에 의해서 뉴턴(Newton)의 이론 T가 입증되어 왔다고 가정하자. 우리는 이제 "에메랄드는 초록색이다"와 같은 어떤 문장을 뉴턴의 이론에 덧붙여서 이론 T′를 구성한다고 가정한다. T′는 혜성에 대한 관찰에 의해서 입증되는가? 만일 p가 한 이론에서 따라 나오며 실험으로 입증된다면, 그리고 예측 p는 그 이론을 입증한다는 견해를 우리가 유지한다면, T′(그리고 유사하게 구성된 수많은 이론들)는 문제의 관찰에 의해서, 우리의 직관에 반하여, 입증된다. 따라서 '덧붙이기 역설'이 나온다. 하지만 메이요의 관점에서 볼 때, T′는 입증되지 않으며, '역설'은 해소된다. 오류의 가능한 원천 제거라는 우리의 가정을 생각할 때, 우리는 혜성의 궤도는 뉴턴의 이론이 참이 아닌 이상 뉴턴 이론의 예측과 일치할 가망이 없을 것이라고 말할 수 있다. 똑같은 이야기를 T′에 적용시킬 수는 없는데, 그것은 만일 어떤 에메랄드가 파란색이고 따라서 T′가 거짓이 될지라도 혜성이 뉴턴 이론의 예측과 일치할 가능도는 전혀 달라지지 않을 것이기 때문이다. T′는 문제의 실험에 의해 입증되지 않는다. 왜냐하면 "에메랄드는 초록색이다"가 거짓이 될 수 있는 다양한 방식을 조사하지 않기 때문이다. 혜성에 대한 관찰은 T를 엄격하게 시험할 수 있지만 T′에 대해서는 그렇게 할 수 없다.

메이요는 이 같은 추론의 노선을 좀더 심각한 경우로 확장시킨다. 그는 보증된 실험적 증거를 넘어서는 이론적 결론을 파악함으로써 이론적 사변을 예리하게 확인하고자 한다. 중력장 속에서 빛이 휘는 현상을 이야기하는 아인슈타인(Einstein)의 예측에 대한 에딩턴(Eddington)의 시험에 관한 그의 분석은 이 논점을 잘 설명해준다.

에딩턴은 별에서 나오는 빛이 태양 근처를 지나 지구로 오는 상황에서 별의 상대적 위치를 관찰하기 위해 일식이 갖는 이점을 이용했다. 그는 그 상대적 위치를 그 해의 후반기에 측정한 위치와 비교했는데, 이 때 별은 더 이상 태양과 직렬로 있지 않았다. 측정 가능한 차이가 관찰되었다. 일식 실험의 세부 사항을 살펴봄으로써 메이요는 아인슈타인의 일반 상대성 이론의 한 귀결인 아인슈타인의 중력 법칙은 실험에 의해 입증되었지만, 일반 상대성 이론 자체는 입증되지 않았다고 말할 수 있다. 메이요가 어떻게 그렇게 하는지 살펴보기로 한다.

일식 실험의 결과가 일반 상대성 이론을 입증하는 것으로 여겨지고 일반 상대성 이론이 거짓이라면 그 결과가 발생할 가능성이 가장 작다고 주장할 수 있어야만 할 것이다. 우리는 일반 상대성 이론과 그 결과 간의 오류를 갖는 연결을 제거할 수 있어야 한다. 문제의 경우에서는 그렇게 할 수 없었는데 그것은 사실상 수많은 시공간 이론이 존재하고 아인슈타인의 이론은 그들 중의 단지 하나일 뿐이며, 이들 모두가 아인슈타인의 중력 법칙을 예측하고, 일식 실험의 결과를 예측하기 때문이다. 이 이론들의 집합에서 아인슈타인의 이론이 아닌 어떤 하나가 참이고, 아인슈타인의 이론이 거짓이었더라도 정확히 똑같은 일식 실험의 결과가 기대되었을 것이다. 결과적으로 그 실험은 아인슈타인의 일반 상대성 이론에 대한 엄격한 시험이 되지 못했다. 그리고 아인슈타인의 일반 상대성 이론과 여타의 대안적인 이론을 구별해내는 데 도움이 되지 않았다. 일식 실험이 아인슈타인의 일반 상대성 이론을 지지해준다고 주장하는 것은 보증된 실험적 증거를 넘어서는 것이다.

일식 실험이 아인슈타인의 중력 법칙을 입증했다는 더 제한된 주장을 고려할 때 상황은 달라진다. 관찰은 확실히 그 법칙과 일치했지만 그것을 그 법칙에 대한 증거라고 정당하게 여기기에 앞서서, 우리는 일치를 보여 줄 수 있는 가능한 여타의 원인을 제거해야 한다. 그런 경우에만 관찰된 변위(observed displacements)는 아인슈타인의 법칙이 참이 아닌 이상 일어날 수 없었을 것이라고 말할 수 있다. 메이요는 태양과 질량을 갖고 있는 것으로 추정되는 광자 사이의 역제곱 법칙 인력에서 생겨나는 뉴턴적 이론을 포함하여 아인슈타인의 법칙과 경쟁하는 이론들이 어떻게 고려되고 제거되었는지를 자세히 보여 준다. 아인슈타인의 중력 법칙은 일식 실험으로 엄격하게 시험되었지만 일반 상대성 이론은 그렇지 못했던 것이다.

새로운 실험주의자는 일반적으로 고수준 이론과는 독립적으로 신뢰성 있게 확립될 수 있는 실험적 지식의 영역을 포착하는 일과 관계한다. 메이요의 입장은 이 대망에 꼭 들어맞는다. 그의 관점에서 볼 때, 실험 법칙(experimental laws)은 위에서 논의한 노선을 따라서 엄격하게 시험됨으로써 입증될 수 있다. 과학적 지식의 성장은 그러한 법칙의 누적과 확장으로 이해될 수 있을 것이다.

오류에서 배우기 그리고 혁명 촉발하기

실험 결과는 그것이 오류에서 자유롭다고 이야기할 수 있을 때 어떤 주장을 입증하며, 만일 어떤 주장이 거짓이라면 그 실험 결과가 존재할 가능성이 없을 때 그 주장을 입증한다. 하지만 실험적 오류에 대한 메이요의 집중에는 그 이상의 것이 있다. 그는 어떻게 해서 잘 수행된 실험이 우리로 하여금 오류에서 배우도록 하는지에 신경을 쓴다. 이 관점에서 보면, 사전에 받아들여졌던 주장 속의 오류를 탐지하는 데에 도움이 되는 실험은 소극적 기능은 물론 적극적 기능도 갖는다. 즉 그것은 그 주장을 반증하는 데에 봉사할 뿐만 아니라 사전에 알려지지 않은 효과를 적극적으로 파악해낸다. 과학에서 오류 탐지라는 적극적 역할은 쿤이 제시한 정상 과학 개념에 대한 메이요의 재정식화에 의해서 잘 설명되고 있다.

8장에서 다룬, 점성술이 왜 과학으로서의 자격을 갖추지 못하고 있는가에 관한 포퍼와 쿤의 충돌에 관한 우리의 해명을 상기해 보기로 하자. 포퍼에 따르면, 점성술은 그것이 반증 불가능하기 때문에 과학이 아니다. 쿤은 점성술은 반증되었고 (되기) 때문에 이는 부적절하다고 지적한다. 16, 17세기에 점성술이 '존경받을 만했을 때' 점성술사들은 시험 가능한 예측을 만들어 냈고, 그중 많은 수가 거짓으로 판명되었다. 과학 이론도 거짓으로 판명될 예측을 한다. 그 차이는, 쿤에 따르면 과학은 '반증들'로부터 건설적으로 배우는 입장에 처해 있는 데 비해, 점성술은 그렇지 않았다는 점이다. 쿤에게 있어 정상 과학 안에는 점성술이 결여하고 있었던 문제풀이 전통 (puzzle-solving tradition)이 존재한다. 과학에는 이론의 반증 이상의 것이 있다. 또한 반증이 건설적으로 극복되는 방식이 있다. 이런 관점에 볼 때, 때때로 "우리는 실수에서 배운다"라는 구호로 자신의

입장을 특징지었던 포퍼가, 정확히 말해 그의 소극적이고 반증주의
적 해명이 어떻게 과학이 실수(반증들)에서 배우는지에 대한 적절
하고 적극적인 해명을 잡아내지 못하고 있기 때문에, 실패하고 있다
는 것은 역설적이다.

　메이요는 쿤과 어깨를 나란히 하면서, 정상 과학을 실험으로 파악
해낸다. 오류 탐지(error detection)가 행하는 적극적인 역할을 보여
주는 몇몇 예에 주목해 보자. 천왕성의 궤도가 보여 준 문제시 되었
던 특징에 대한 관찰은, 당시의 배경 지식(background knowledge)과
결합한 상태에서 뉴턴 이론에 문제를 제기했다. 그러나 그 문제의
적극적인 측면은 문제의 원천이 어느 정도 추적될 수 있는지가 알
려졌다는 것이며, 이것은 우리가 이미 기술했던 바대로 해왕성의 발
견으로 이어졌다. 앞에서 우리가 언급했던 다른 에피소드는 음극선
에 관한 헤르츠의 실험들과 관계되는데, 이 실험들은 헤르츠로 하여
금 음극선은 전기장에 의해 편향되지 않는다는 결론을 내리게 했다.
J. J. 톰슨(Thomson)은, 그 선들이 방전관 속에 남아 있는 기체를 어
느 정도로 이온화하는지를 부분적으로 평가함으로써 헤르츠가 오류
에 처해 있었음을 나타냈는데, 이러한 이온화는 전극에 하전된 이온
을 축적하게 했고 전기장을 형성하게 했다. 방전관의 압력을 낮게
유지시키고 전극을 더욱 적절히 배치시킴으로써, 톰슨은 헤르츠가
놓쳤던 음극선에 대한 전기장의 영향을 탐지했다. 그는 또한 이온화
및 공간 전하(space charge)의 축적과 관련된 새로운 현상에 관한 몇
몇 사항에 대해 배우게 되었다. 편향(deflection) 실험의 맥락에서 이
들 사항은 제거되어야 할 장애물을 알려 주었다. 하지만 그것들은
그 자체로서 중요하다는 점 또한 판명되었다. 하전된 입자가 기체
속을 지나감으로써 생기는 기체의 이온화는 구름 상자(cloud
chambers) 속의 하전된 입자에 대한 연구의 기초가 되는 것이다. 장

치 속에서 작동하는 그 효과들에 대한 실험주의자의 자세한 연구는 오류로부터 배울 수 있는 기회를 제공해준다.

메이요는 정상 과학에 대한 쿤의 개념을 실험적 실천으로 단순히 번역하는 일 이상의 것을 한다. 그는 오류를 탐지하고 조절하기 위한 실험의 재능이 과학 혁명을 촉발하거나 과학 혁명에 기여하는 데 어떤 식으로 충분할 수 있게 되는지를 지적하는데, 이는 결정적으로 비쿤적인 논제(unKuhnian thesis)이다. 메이요가 제시하는 최상의 예는 20세기의 첫 10년의 끝 무렵에 있었던 장 페랭(Jean Perrin)의 브라운 운동(Brownian Motion)에 대한 실험과 관련이 있다. 브라운 입자의 운동에 대한 페랭의 세밀하고, 정교하며, 실제적인 관찰은 합리적인 의심을 넘어서서 그 운동이 임의적이라는 것을 확립시켰다. 이는 페랭으로 하여금 높이를 갖는 입자들의 분포 밀도의 변화에 대한 관찰과 함께 최대한의 결론으로서 입자들의 운동이 운동학적 이론에 대한 자세한 예측에의 순응을 위배함은 물론, 열역학 제2법칙도 위배한다는 점을 보여 줄 수 있도록 했다. 흑체 복사, 방사성 붕괴, 광전 효과에 대한 실험적 탐구가 어떤 방식으로 고전 물리학을 포기하도록 했으며, 20세기 초 수십년 동안의 새로운 양자 역학의 중요한 요소를 구성해냈는지에 대해서도 유사한 이야기를 할 수 있을 것이다.

새로운 실험주의자의 접근법에 내재되어 있는 것은, 실험 결과는 그것이 이론들 사이에서 어느 것이 옳다고 판결을 내리고자 할 때 쓸모가 없게 될 정도로 늘 '이론' 의존적 또는 '패러다임' 의존적이라는 데 대한 부정이다. 이러한 주장의 온당성은 실험적 실천(experimental practice)에 초점을 둔 점, 도구가 어떻게 사용되고, 어떻게 오류를 제거하며, 어떻게 교차 확인이 고안되고, 어떻게 표본이 조작되는지에 초점을 맞춘 데서 비롯된다. 이는 이러한 실험의 생명

이 그 생명의 산물로 하여금 이론에 대한 주요한 구속요인
(constraints)으로서 작용하도록 해줄 수 있는 사변적 이론과 어느 정
도로 독립적인 방식으로 유지되는가에 대한 것이다. 과학 혁명은 우
리가 보기에 그것이 어느 정도로 실험 결과에 의해서 강제될 수 있
는가에 따라서 '합리적'일 수 있다. 과학에 대한 이론 지배적
(theory-dominated) 또는 패러다임 지배적(paradigm-dominated) 견해
의 극단적인 경우들은 과학의 가장 두드러진 구성 요소의 하나인
실험하기와의 접촉을 놓치고 있으며 실험을 의미있게 만들지 못한
다.

조망해 보는 새로운 실험주의

새로운 실험주의자들은 고수준 이론과 독립적일 수 있고, 전형적
으로 독립적인 방식으로 실천적 개입, 교차 확인, 오류 통제 및 제거
과 관계된 전략들을 배치함으로써, 어떻게 실험 결과가 구체화될 수
있으며, 어떻게 실험적 효과가 산출될 수 있는지를 증명해 왔다. 그
결과, 그들은 과학의 진보를 해명할 수 있는데, 그러한 진보를 실험
적 지식의 성장이라고 해석한다. 최선의 이론은 엄격한 시험에서 살
아남은 이론이라는 관념을 받아들이면, 그리고 한 주장에 대한 엄격
한 실험적 시험은 그 주장이 거짓이면 실패할 가능성이 크다는 것
으로 이해하면, 새로운 실험주의자는 어떻게 실험이 근본적으로 서
로 다른 이론들을 비교하는 데 영향을 미칠 수 있는지와 또한 어떻
게 실험이 과학 혁명을 촉발하는 데 공헌할 수 있는지를 보여 줄 수
있다. 실험의 세부 사항에 유의하는 일은, 그리고 정확히 그러한 세
부 사항이 확립해내는 것이 무엇인지에 유의하는 일은 이론적 작업
이 제대로 되어 가고 있는지를 계속 확인하게 해주고, 실험에 의해

서 실질적으로 얻은 것과 그렇게 못한 것을 구별하는 데 도움이 된다.

새로운 실험주의가 과학 철학을 가치있는 방식으로 현실화했고, 그것이 이론 지배적 접근의 몇몇 과도한 내용을 유용하게 수정하고 있다는 점은 의심의 여지가 없다. 하지만 나는 새로운 실험주의를 과학의 특성에 관한 우리의 질문에 대한 완전한 답으로 여기는 일은 실수일 수도 있다고 본다. 실험이 이 장의 앞 절에서 강조된 것만큼 이론에서 독립적인 것은 아니다. 실험의 생명에 대한 건강하고 유익한 초점두기가 이론 역시 중요한 생명을 갖고 있다는 사실을 간과해서는 안 될 것이다.

새로운 실험주의자는 모든 실험을 이론에 의해서 제기된 질문에 답하기 위한 시도로 보는 것은 실수라고 옳게 주장하고 있는데, 이 같은 실수는 실험이 어느 정도 고유한 생명을 가질 수 있는지를 과소 평가한다. 갈릴레오는 그가 그의 망원경을 하늘로 돌렸을 때 목성의 위성에 대한 어떤 시험하고자 하는 이론도 갖고 있지 않았으며, 그 이후로 내내 새로운 도구와 기술이 열어 놓은 기회를 이용함으로써 많은 새로운 현상들이 발견되어 왔다. 한편, 이론이 종종 실험적 작업을 선도하고 새로운 현상의 발견으로 향하는 길을 지적해 온 경우는 그대로 남아 있다. 결국 에딩턴의 일식 탐사의 동기를 제공한 것은 아인슈타인의 일반 상대성 이론의 예측이었으며, 페랭이 그의 방식으로 브라운 운동을 탐구하게 한 것은 아인슈타인에 의한 기체운동론의 확장이었다. 그리고 헤르츠로 하여금 전파를 산출시키는 데에서 정점에 올랐던 실험적 경로 쪽으로 향하도록 한 것은 유전 매질(dielectric media)의 극성의 변화율이 전도 전류와 같은 자기적 효과를 가져야만 하는지의 여부와 관련되었던 근본적인 이론적 문제였으며, 원판의 그림자의 중심에서 밝은 점을 발견한 아라고

(Arago)의 연구는 프레넬(Fresnel)의 파동 이론에 대한 직접적인 시험의 결과로 나온 것이었다.

이론이 실험자를 옳은 방향으로 선도할 수 있든지 없든지 간에, 새로운 실험주의자는 어떤 의미에서 실험적 지식이 고수준 이론과 독립적인 방식으로 입증될 수 있는지를 기민하게 포착해낸다. 데보라 메이요는 의심의 여지없이 어떻게 오류 제거 기법(error-eliminating techniques)과 오차 통계학(error statistics)의 진용을 이용하여 실험 결과를 신뢰성 있게 수립시킬 수 있는지에 대한 세밀하고도 설득력 있는 설명을 제시해 왔다. 하지만 실험 결과가 그 결과를 산출시킨 실험적 상황을 넘어서서 그 결과에 유의미성을 부가하고자 하는 필요성이 나타나자마자 이론을 참조해야 할 필요성이 생겨나게 된다.

조심스럽게 통제된 실험이 (특정한) 높은 정도의 확률을 갖는 결과를 산출한다는 결론을 내리기 위해서 메이요는 어떻게 오차 통계학이 적용될 수 있는지를 보여 주려고 한다. 기록된 실험 결과는 그 유형의 실험으로 얻어낼 수 있는 모든 가능한 결과에 대한 한 표본으로 다루어지며, 오차 통계학은 그 표본에 기초하여 모집단에 확률을 부여하기 위해서 적용될 수 있다. 여기서 기본적인 문제는 무엇을 같은 유형의 실험으로 볼 것인가이다. 예를 들면 모든 실험은 그것들이 다른 시간, 다른 장소, 다른 도구를 사용해서 그리고 기타 다른 이유로 수행되면 어떤 점에서 서로 다를 것이다. 이 질문에 대한 일반적인 대답은 유관된 사항에서 비슷해야 한다는 것이다. 하지만 무엇을 유관된 것으로 볼 것인가에 대한 판단은 현재 유통되고 있는 지식에 의존하는 것이며 따라서 지식이 개선될 때 변화를 겪게 된다. 예를 들어, 갈릴레오가 일정 범위의 실험을 수행하고 그 실험의 결과로부터 그가 중력에 의한 가속도는 일정하다고 결론내린다

고 (그리고 반사실적으로, 갈릴레오가 현대의 오차 통계학을 사용하
는 것을 우리가 용인하고 그가 미래의 실험이 그에게 반하는 이야
기를 하게 해줄 가능성에 대해서 낮은 확률을 부여한다고) 상상해
보기로 하자. 현대의 관점에 서면, 갈릴레오의 가속도 값에 대한 의
존이, 만일 어떤 미래의 경우 그가 해수면으로부터 아주 높은 곳에
서 작업을 하고 있었다면, 그를 얼마나 실망시켰을지 알 수 있을 것
이다. 갈릴레오가 그랬듯이, 떨어지려는 경향은 무거운 물체가 그들
이 물질적 대상이기 때문에 소유하게 되는 내재적 속성이라고 가정
할 수 있는 맥락에서 작업을 한다면, 해발 고도가 유관한지는 분명
하지 않으며 따라서 갈릴레오의 표본이 대표성이 없는 것인지도 분
명하지 않다. 무엇을 유사한 종류의 실험으로 볼 것인가에 대한 판
단은 이론적 배경에 반해서 이루어지는 것이다.

　이런 류의 문제는 놓아 두고, 실험 결과가 그들이 산출된 어떤 특
정한 조건을 넘어서는 유의미성을 갖는 것으로 여겨지자마자 이론
적 고려가 결정적으로 중요해진다. 이는, 예를 들면, 데보라 메이요
자신이 일식 실험이 아인슈타인의 중력 법칙을 입증했다고 주장하
는 방식 속에서 분명하게 나타난다. 메이요가 설명하기로, 이는 그
실험 결과가 그 현상에 대해서 고려할 수 있는 여타의 대안적 설명
은—올리버 로지(Oliver Lodge)가 에테르 기제(ether mechanism)에
호소했던 것과 같은—물론이거니와 최선의 뉴턴역학적 평가치와 양
립 불가능하다는 점을 보여 주는 것과 관련되어 있었다. 하나씩 하
나씩 이들 대안들은 문제가 있다고 알려졌다. 메이요(Mayo, 1996,
291면)는 다이슨(Dyson)과 크로멜린(Crommelin)의 견해를 승인하면
서 《자연》(Nature)에 실린 그들의 논문을 인용한다. "그러므로 우리
는 결국 아인슈타인의 중력 이론을 유일하게 만족스러운 설명으로
받아들이는 방향으로 가고 있는 것으로 보인다." 나는 이것이 그 당

시 상황에 비추어 아인슈타인의 중력 이론을 수용하는 것이 합리적
이었음을 보여 준다고 논쟁하고 싶지는 않다. 그러나 그 논쟁의 결
정적인 부분은 사실상 수용할 만한 대안이 없다는 가정에 있다. 일
식 실험 결과를 설명해줄 수 있는, 아직까지 생각해 보지는 못한, 뉴
턴 이론 또는 에테르 이론의 어떤 변형체가 존재할 수 있는 가능성
을 메이요가 배제할 수는 없다. 이것이 왜 그가 가설에 확률을 부여
하지 않으려 할만큼 현명한지에 대한 이유이다. 그러므로 과학 법칙
과 이론에 대한 그의 논변은 그것들이 경쟁자 이상으로 엄격한 시
험을 견디어 냈다는 주장으로 요약할 수 있다. 메이요와 포퍼주의자
들의 유일한 차이는 메이요가 무엇이 엄격한 시험인지에 대해 더
월등한 견해를 갖고 있다는 것이다. 이론적 고려는 결정적인 역할을
한다.

　새로운 실험주의자는 실험자가 고수준 이론과 상대적으로 독립적
일 수 있는 견고하고 신뢰할 수 있는 방식으로 실험적 지식을 수립
시킬 수 있는 강력한 기법을 손에 쥐고 있다고 주장한다. 이 같은
주장이 어느 정도 보장될 수 있는가에 따라, 반증주의의 과도한 주
장이 제한될 수 있을 것이고, 신뢰할 만한 실험적 지식의 성장으로
서 이해되는 과학적 진보에 대한 누적적인 해명을 방어할 수 있을
것으로 본다. 하지만 내가 이 절에서 논의한 종류의 이론적 고려가
결정적인 역할을 한다는 점을 승인할 수 있다면, 이에 상응하는 반
증의 정도를 인정해야 할 것이다.

　새로운 실험주의는 어떻게 이론이, 때로는 고수준 이론이, 과학에
서 제거될 수 있는지 보여 주지는 않았다. 이와 관련하여, 우주 비행
이라는 맥락에서 뉴턴 역학의 신뢰성을 결정하는 데 있어 중요한
요소는, 기대되는 속도가 주어졌을 때 뉴턴 역학으로부터의 이탈이
상대성 이론에 비추어서 어느 정도로 무시될 것인가를 보여 줄 수 있

는가에 주목하는 것이다. 이는 의심의 여지없이 과학안에는 중요한 '이론의 생명'이 존재한다는 것으로 보여 주는 사례이다. 예를 들어, 전자 현미경의 세련화를 위해 채용되는 양자 역학의 원리들 또는 심지어 과학 전반에서 쓰이는 에너지 보존의 원리들은 특정한 실험에서 얻은 일반화 그 이상의 것들이다. 그 원리들이 과학 안에서 어떤 종류의 생명을 가지며, 어떻게 그 생명은 실험과 관련되는가?

새로운 실험주의자의 일부는 한편으로 잘 확립된(well-established) 실험적 지식과 다른 한편으로 고수준 이론을 구별하는 것을 원하는 것처럼 보인다. (데보라 메이요는 그가 일반 상대성 이론을 에딩턴의 실험에 의해서 지지되는 더 제한된 중력 이론과 구별할 때에 이 방향을 향하고 있는 것으로 보인다.) 어떤 이는 이 견해를 오직 실험 법칙만이 세계가 존재하는 방식에 관한 시험 가능한 주장을 만들어 내는 것으로 보는 관점이라고 밀어붙여 왔다. 고수준 이론은 세계가 존재하는 방식에 대한 주장을 만들어 내기보다는 어떤 종류의 조직화 역할 또는 발견적 역할을 하는 것으로 여겨진다. 이 같은 종류의 고려는 다음의 두 장에서 논의할 문제에 방향을 부여해준다.

부록: 이론과 실험의 행복한 만남

많은 사람들은 이론의 장점은 그것이 어느 정도로 엄격한 시험을 견디어 냈는가에 의해서 증명된다는 데에 동의한다. 하지만 시험의 엄격성을 규정하면서 아주 조심하지 않으면, 이 구도에 즉시 들어맞지 않는 입증(confirmation) 사례들의 광범위한 집합이 존재하게 된다. 내가 염두에 두는 사례들은 맞음의 결여가 이론이 잘못되었음을 말해주지 않는 상황 속에서의 이론과 관찰의 유의미한 맞음과 관계가 있다. 이 착상은 예를 통해서 가장 잘 설명될 수 있다.

과학에서 한 가지 공통적인 사항은 이론으로부터 그 이론에 몇몇 복잡하고 아마도 의심스러운 보조적 가정을 결합시켜서 새로운 예측을 만들어 내는 것과 관계가 있다. 예측이 입증될 때, 그 이론이 유의미한 지지를 얻어냈다고 가정한다면 그것은 합리적이다. 만일 그 이론이 입증되지 않으면, 문제는 그 이론에 있을 수 있는 만큼 보조적 가정에 있을 수도 있다. 결과적으로 예측에 대한 시험은 그 이론에 대한 엄격한 시험이 아닌 것으로 보일 수 있는 것이다. 그럼에도 불구하고 그 이론은 예측이 입증될 때 유의미한 지지를 얻는다. 닐 토마슨(Neil Thomason, 1994와 1998)은 그 견해를 좀더 세밀하게 발전시켰다. 그 예는 다음과 같다. 코페르니쿠스 이론은 만일 금성이 불투명하다고 가정한다면, 금성은 달처럼 특정한 방식으로 그것의 외견상의 크기 변화와 상관되어 있는 상(phases)의 변화를 보여주어야 한다고 예측한다. 역사적 관점에서 볼 때, 코페르니쿠스와 갈릴레오 모두가 아주 명백하게 이야기했듯이, 내가 고딕체로 강조한 부분은 상당히 열려 있는 문제였다. 갈릴레오가 자신의 망원경을 사용하여 지구, 태양, 금성의 상대적 위치가 달라짐에 따라 그리고 금성의 외견상의 크기 변화에 따라 나타나는 금성의 상들을 관찰했을 때, 코페르니쿠스 이론을 금성은 불투명하다는 가정과 결합시켜 예측했던 정확히 똑같은 방식으로, 갈릴레오의 관찰은 아주 합리적으로 그 이론(그리고 보조적 가정)에 강력한 지지를 제공하는 증거로 여겨졌다. 상 변화가 관찰되지 않았다면, 갈릴레오의 관찰은 이론이 잘못된 탓에 관찰이 되지 않았다고 할 수 있을 만큼 보조적 가정이 잘못된 탓이라고도 할 수 있을 것이며, 따라서 이 연습 문제는 어떤 의미로는 코페르니쿠스 체계에 대한 특별히 엄격한 시험이 되지 않았을 것이다.

이와 관련되어 있는 아주 흔한 상황은 관찰의 유의미성이 전혀 명료하지 않은 아주 복잡한 상황 속에서 이론을 탐구하는 일과 관계되어 있다. 여기서 이론적 예측과 관찰의 세밀한 맞음은 이론 및 관찰에 대한 해석 양자 모두를 입증하는 데 공헌하는 반면, 맞음이 없으면 그것은 단순히 더 할 일이 남아 있음을 지시해준다. 그 예로는 전자 현미경을 결정 내의 전위(dislocations)를 관찰하기 위해서 사용하는 경우가 있다. 이 전위는 결정질 고체 속의 규칙적인 원자들의 배열 안의 결함들인데, 1930년대 중반에 고체의 강도, 연성, 가소성을 설명하기 위한 이론적 기반 위에서 예측되었다. 만일 결정의 구조가 전적으로 규칙적이라면 결정 격자 간에 작용하는 힘은 너무나 강해서 고체의 알려진 강도와 유연도를 설명할 수 없을 것이다. 1950년대 초반에는 전자 현미경이 발전되어서, 전자/표본 상호작용에 대한 이론이 이런 방식이든 저런 방식이든 일정한 예측을 줄 수 있을 정도로 충분히 발전되지 못했음에도 불구하고, 결정 격자, 그리고 전위를 전자 현미경으로 관찰할 수 있으리라고 믿게 할 정도의 단계에 이르렀다. 1956년 짐 멘터(Jim Menter, 1956)와 피터 허시 등(Peter Hirsch et al, 1956)은 그들이 전위를 보여 주는 것으로 판정한 전자 현미경 상(images)을 산출해낼 수 있었다. 그들이 복잡한 상에 대한 해석을 정당화하기 위해 사용한 방식의 일부는 새로운 실험주의자가 부각시킨 기법들과 상당 부분을 공유하고 있다. 예를 들어, 결정 구부리기와 같은 실천적 개입(practical intervention)의 효과는 상들이 정말로 결정 격자에 관한 것이라는 가정과 일치하는 것으로 관찰되었으며, X선 회절과 전자 회절과 같은 여타의 물리적 과정의 효과는 상호간에 지지를 보여 주는 결과를 내는 것으로 나타났다. 하지만 여기서 내가 이야기 하려는 주안점에 대해서 좀더 말할 수 있는 것은 이론과 관찰의 맞음이 어느 정도로 양자를 입증하는 데에 기여했는가에 관해서이다. 예를 들어, 멘터는 현미경에 관한 아베

290

(Abbe)의 이론을 결정에 의해서 생겨난 전자의 상의 형성에 적용했으며, 그의 이론을 입증하고 또한 결정 격자에 대한 상으로서의 그 상에 대한 해석을 입증하기 위해 그의 예측과 관찰된 패턴 간의 유의미한 맞음을 얻어냈다. 허시는 전위가 전위에 관해서 그때에 유행하고 있던 이론에 의해 예측된 방식으로 정확히 이동한다는 것을 관찰했으며, 이것을 그 이론과 그가 얻은 상은 전위를 표상한다는 사실 양자에 대한 입증으로 받아들였다. 이들 경우에서 이론과 관찰의 행복한 맞음은 그 이론에 대한 유의미한 지지가 되었다. 한편, 실험적 상황은 충분히 복잡했으며 잘못 이해되어서, 시험에 놓인 전위에 대한 이론을 함축해내는 것이 아니라 그 이론의 실패에 대해 이야기하는 수많은 설명들을 허용할 정도였다. 나는 내가 여기서 서술하고 있는 이 같은 종류의 상황이 실험 과학에서 흔하게 일어날 것으로 기대할 수 있다고 제안한다.

데보라 메이요의 엄격성(severity)에 대한 규정은 이 같은 예들을 수용할 수 있다.[1] 그는 만일 이론이 거짓이면 입증이 일어날 가능성이 있을까에 대해 질문할 것이다. 내가 제시한 코페르니쿠스 사례와 전위 사례에서, 대답은 그럴 가능성이 아주 적다는 것이다. 결론적으로, 각각의 경우에서 관계된 이론들은 이론적 예측과 관찰 사이에서 관찰된 일치로부터 유의미한 지지를 얻어냈다. 메이요의 엄격성에 대한 개념은 과학적 실천과 궤를 같이 한다.

---

1) 처음에 나는 나의 사례가 데보라 메이요의 입장에 대해서도 반례가 된다고 여겼다. 그러나 그는 개인적인 서신왕래를 통해 그렇지 않음을 내게 확신시켜 주었다.

더 읽어 볼 만한 문헌

Hacking(1983)은 새로운 실험주의의 선구적인 업적이다. 같은 범주에 속하는 다른 연구로는 Franklin(1986)과 Franklin(1990), Galison(1987)과 Galison(1997), Gooding(1990)이 있다. 이 같은 입장에 대한 요약은 Ackermann(1989)에 의해 제시되었다. 그리고 이 입장에 대한 가장 정교한 철학적 방어는 Mayo(1996)이다.

제14장

세계는 왜 법칙을 따라야 하는가?

도입

우리는 앞의 장들에서 어떻게 과학적 지식이 증거에 호소하여 정당화되며, 그러한 증거의 본성은 무엇인가와 같은 인식론적인 질문을 다루었다. 이 장과 다음 장에서는 세계에 존재하는 사물들의 종류에 대한 질문 곧 존재론적인 질문으로 관심을 돌릴 것이다. 근대 과학은 세계 안에 어떤 종류의 존재자가 실재한다고 가정하거나 그것이 실재한다는 것을 보여 주었는가? 이 책은 지금까지 이런 질문에 대한 대답을 당연한 것으로 여겨 왔다. 세계의 움직임을 지배하는 법칙(laws)과 같은 것이 존재하며, 그것을 발견하는 것이 과학의 일이라는 것을 당연하게 생각하였다. 이 장에서는 이러한 법칙의 성질에 관심을 가질 것이다.

세계는 법칙의 지배를 받고, 그 법칙을 발견하는 것이 과학의 과제라는 입장은 아주 평범한 생각이다. 그러나 이러한 생각은 많은 문제점을 가지고 있다. 로버트 보일(Robert Boyle)은 17세기에 이러한 문제점을 부각시켰다. 법칙이라는 개념은 사회 영역에서 시작되었다. 사회 영역에서 법칙은 단순한 의미를 갖는다. 법칙과 그것을 위반할 때 받게 될 벌을 이해하고 있는 개인은 그 법칙을 따를 수도 있고 따르지 않을 수도 있다. 그러나 일단 이러한 방식으로 법칙을 이해하면, 자연의 물질계가 법칙을 지킨다고 어떻게 말할 수 있겠는가? 물질계는 법칙을 이해할 수 있는 처지에 있을 수 없고, 과학에서 응용되고 있는 근본 법칙(fundamental law)은 예외가 있을 수 없으며, 따라서 과학의 법칙은 개인이 사회 법칙을 어기고 처벌을 받는 것과는 아무런 관련이 없다. 무엇이 물질로 하여금 법칙을 따르도록 하는가? 이것은 합당하고 간단한 문제처럼 보이지만 쉽게 대답할 수 있는 문제는 아니다. 신이 자신이 정한 법칙에 따라 물질을 움직이도록 만들었다는 보일의 대답은 현대 물리학의 관점에서 볼 때 유감스러운 점이 많다.

규칙성으로서 법칙

"무엇이 물질로 하여금 법칙을 따르도록 하는가?"라는 질문에 대한 통상적인 대답은 이 질문의 정당성을 부정하는 것이다. 이와 같은 논리를 가장 강하게 전개한 철학자는 데이비드 흄(David Hume)이다. 흄이 이러한 논리를 제시한 이후 이 논리는 강력한 영향력을 행사하였다. 흄의 관점에서 볼 때 법칙을 따르는 운행이 어떤 것에 의해 야기되었다고 가정하는 것은 오류이다. 실제로 사람들은 자연에서의 인과 작용(causation)에 대하여 강한 의문을 품게 되었다. 그렇게 한 논거는 다음과 같다. 예를 들어, 두 개의 당구공이 충돌할 때, 충돌 직전과 충돌 직후 당구공의 움직임을 관찰할 수 있다. 그리고 우리는 충돌 이후의 속도는 충돌 전의 속도와 관련이 있으며, 양자 사이에는 비례관계가 존재한다는 것을 알 수 있다. 그러나 이에 덧붙여 두 당구공 사이에 인과적 효과(causal effect)가 존재한다는 것을 확인할 수는 없다. 이러한 관점에서 볼 때, 인과 작용은 규칙적 연결(regular connection)에 지나지 않는다. 그리고 법칙은 "B형태의 사건은 A형태의 사건에 변함없이 수반되거나 뒤따른다"와 같은 형식을 취하게 된다. 예를 들면, 갈릴레오의 낙하의 법칙은 "지구 표면 근처에서 무거운 물체가 떨어지면, 그 물체는 일정한 가속도로 땅에 떨어진다"와 같은 형식이 된다. 이것이 소위 말하는 법칙을 규칙성으로 보는 입장(regularity view of laws)이다. 법칙은 사실상 사건들 사이의 규칙성에 지나지 않기 때문에 물체가 법칙에 따라 움직이도록 하는 것은 없다.

법칙을 규칙성으로 보는 관점에 대한 표준적인 반론은 이러한 관점은 우연적인 규칙성(accidental regularities)과 법칙적 규칙성(lawlike regularities)을 구별하지 못한다는 것이다. 포퍼는 "50년 이상을 사는 모아(moa)는 없다"를 하나의 우연적인 규칙성의 예로 제시하였다. 오늘날에는 멸종되고 없는 모아는 50년 이상을 살지 못했다. 그것은 예외가 없는 규칙성이었다는 사실에 근거하여 법칙으로 간주될 수도 있다. 그런데 지금은 환경적인 조건이 많이 개선되었으므로 우리는 그 일반화는 법칙의 지위를 상실했다고 생각한다. 맨체스터에서 작업 종료를 알리는 공장의 경적이 울릴 때마다, 런던에서도 노동자들은 일을 마친다. 그러나 이러한 일반화에 예외가 존재하지 않는다고 할지라도, 그것은 자연 법칙으로 간주될 수 없다. 이러한 예는 많다. 그러므로 그 예가 말해주는 것은 자연 법칙에는 규칙성 이외에 어떤 것이 더 존재한다는 것이다. 법칙을 규칙성으로 보는 입장이 안고 있는 또 다른 문제점은 인과적 의존성(causal dependency)의 방향을 확인할 수 없다는 것이다. 흡연과 폐암 사이에는 규칙적인 인과작용이 존재한다. 인과작용이 존재하는 이유는 흡연이 폐암을 유발하기 때문이지 그 반대는 아니다. 이러한 이유 때문에 우리는 흡연을 제거함으로써 암의 발생을 줄이려고 한다. 그러나 암 치료법을 발견함으로써 흡연과 싸울 수는 없다. 사건이 보여 주는 규칙성은 법칙을 구성하는 충분 조건이 아니다. 법칙을 따르는 행동이 되기 위해서는 단순한 규칙성 이외에 다른 어떤 것이 더 존재해야 한다.

규칙성이 법칙의 충분 조건이라는 견해가 갖는 난점은 제쳐놓고라도, 과학에 나타난 법칙을 조금 살펴보면 규칙성이 필요 조건도 아니라는 것을 알 수 있다. 만일 법칙이 사건들 사이의 예외 없는 규칙적 연결을 기술한다는 입장을 심각하게 고수한다면, 전형적으로 과학 법칙으로 여겨지는 주장들 가운데 법칙의 자격을 얻을 수 있는 것은 없을 것이다. 가을 낙엽이 일정한 가속도로 땅에 떨어지는 경우는 드물다. 예외 없는 규칙성의 관점에서 보면 이것은 법칙을 거짓으로 만든다. 이와 비슷한 예로, 물보다 밀도가 큰 물체는 가라앉는다고 주장하는 아르키메데스의 원리는 물에 뜨는 바늘에 의해 반박된다. 만일 법칙을 예외 없는 규칙성으로 간주한다면, 법칙의 후보를 발견하는 것은 대단히 어렵다. 대부분 적절한 규칙성이 부족하기 때문이다. 마찬가지로 과학에서 법칙으로 여겨지는 일반화 가운데 대부분은 법칙의 자격을 부여받지 못할 것이다.

그러나 과학적인 실천의 관점이나 상식적인 관점에서 볼 때에도, 이러한 관찰이 주는 의문에 대해서는 바로 대답을 할 수 있다. 즉 왜 가을 낙엽이 규칙적인 방식으로 땅에 떨어지지 않는가는 쉽게 이해될 수 있다. 표면 장력 때문에 바늘이 가라앉지 못했듯이, 그것들은 바람이나 공기 저항과 같은 교란 요인의 영향을 받는다. 이러한 과정을 기술하는 물리 법칙이 방해물들이 제거되거나 고안된 실험 상황에서 시험되어야 하는 이유는 바로 물리적 과정이 교란에 의해 영향을 받기 때문이다. 법칙적 거동을 지시하며, 과학과 관련이 있는 규칙성은 전형적으로 세부적인 실험을 통해 어렵게 얻은 결과이다. 그 예로, 인력의 역제곱의 법칙을 보여 줄 수 있는 인력권(attracting spheres)을 확보하기 위해 헨리 캐번디시(Henry Cavendish)가 겪어야 했던 긴 시간들과, 헤르츠(Hertz)는 실패했지만 어떻게 톰슨(J. J. Thomson)은 전기장에서 움직이는 전자의 규칙적인 편향을 성공적으로 보여 줄 수 있었는가를 생각해 보자.

법칙을 규칙성으로 보는 관점을 옹호하는 사람들이 이러한 관찰에 대해 취할 수 있는 명백한 반응은 그 관점을 조건언의 형태(conditional form)로 다시 진술하는 것이다. 법칙은 "방해 요소가 존재하지 않는다면 A형태의 사건에는 B형태의 사건이 규칙적으로 따라 오거나 수반된다." 따라서 갈릴레오의 낙하의 법칙은 "무거운 물체는 그것이 가변적인 저항을 만나지 않거나 바람 또는 다른 교란 요인이 작용하지 않는다면, 땅에 일정한 가속도로 떨어진다." '다른 교란 요인'이라는 구절은 법칙이 적용되기 위하여 만족시켜야 할 조건에 대한 정확한 언명이 어떻게 형식화될 수 있는가와 관련된 일반적인 문제를 제기한다. 그러나 나는 이 문제를 여기에서 다루지는 않을 것이다. 왜냐하면 규칙성의 관점이 직면하고 있는 더 근본적인 문제가 많이 존재하기 때문이다. 만일 우리가 조건언 형태로 표시된 규칙성을 법칙의 특성으로 받아들인다면, 우리는 법칙은 오직 이러한 조건이 충족되는 경우에만 적용될 수 있다는 것을 받아들여야만 한다. 적절한 조건의 충족은 일반적으로 특별한 실험 장치에서만 얻어질 수 있기 때문에, 우리는 과학 법칙은 일반적으로 실험 조건 밖이 아니라 오직 실험 조건 안에서만 적용될 수 있다는 결론을 내려야만 한다. 갈릴레오의 낙하의 법칙은 무거운 물체가 공기 저항 같은 것이 제거된 상황에서 떨어질 때에만 적용될 수 있을 것이다. 따라서 이렇게 개정된 규칙성의 관점에 따르면, 가을 낙엽은 갈릴레오의 낙하의 법칙을 따르지 않는다. 이것은 우리의 직관과 충돌하지 않는가? 가을 낙엽은 낙하 법칙의 지배를 받을 뿐만 아니라 공기 저항을 지배하는 법칙과 공기 역학의 지배를 받는다고 할 수 있다. 그러므로 떨어지는 낙엽은 다양한 법칙이 함께 작용하여 나타난 복잡한 결과이다. 조건언의 형태로 표시된 법칙에 대한 규칙성의 입장은 법칙의 응용가능성을 적절한 조건을 충족시키는 실험 상황에만 제한하기 때문에 이러한 조건 밖에서 일어나는 것에 대해서는 아무 것도 말할 수 없다. 이러한 관점에 따르면, 과학은 왜 가을 낙엽들이 땅에 떨어지는가를 말할 수 없게 된다.

이 난점은 새로운 실험주의가 과학적 지식에 대해서 말할 수 있는 것을 망라하고 있다고 여길 때에도 발생할 수 있는 되풀이되는 문제이다. 왜냐하면 우리가 앞 장에서 살펴보았듯이, 새로운 실험주의는 과학의 진보를 실험적 지식의 착실한 누적이라는 강력한 의미에서 이해할 수 있게 해주지만, 그것이 어떻게 실험 상황 내부에서 획득한 지식이 상황 밖으로 옮겨져 다른 곳에서도 사용될 수 있는가에 대한 설명을 우리에게 제시하지는 못하기 때문이다. 우리는 어떻게 기술자가 물리학을 사용하고, 지사학(地史學, historical geology)에서 방사성 연대 측정법을 사용하거나, 혜성의 운동에 뉴턴의 이론이 응용될 수 있는지를 설명할 수 있을까? 만일 과학 법칙을 실험 상황 내부에서 뿐만 아니라 외부에서도 적용할 수 있다고 가정할 때, 법칙은 실험 상황에서 얻을 수 있는 규칙성과 동일시될 수 없다. 법칙을 규칙으로 보는 입장은 어려움에 봉착할 것이다.

힘 또는 성향에 대한 규정으로서 법칙

우리가 지금까지 논의해 온 법칙에 관한 관점이 안고 있는 문제에서 벗어날 수 있는 간단한 방법이 존재한다. 그것은 과학뿐만 아니라 상식적인 입장에 포함되어 있는 것, 말하자면 물질계가 움직이고 있다는 바로 그 사실을 진지하게 고려하는 것이다. 이 세계의 사물들은 저절로 움직인다. 이 세계의 존재들은 그들의 방식대로 움직이거나 행위할 수 있는 역량(capacity), 힘(power), 성향(disposition) 또는 경향성(tendency)을 가지고 있기 때문이다. 공은 탄성을 가지고 있기 때문에 튄다. 독극물이나 인화성 물질, 폭발성 물질의 용기에 위험하다는 경고가 붙어 있는 이유는 그 내용물이 충격을 받을 때 어떠한 방식의 변화가 올 것인가를 미리 알기 때문이다. 전자의 질량과 전하를 알면 그것이 전기장과 자기장에서 어떻게 반응할 것인가를 알 수 있다. 어떤 것이 무엇인가에 대한 중요한 요소는 그것이 어떻게 움직이거나 어떻게 될 것인가 하는 것이다. 이미 아리스토텔레스가 정확하게 알고 있었듯이 우리는 사물들의 특성을 실제로 그것이 어떠한가 하는 것뿐만 아니라 그것들이 어떤 잠재성을 가지고 있는가를 통해 규정한다. 참나무로 자랄 수 있는 잠재성이 도토리의 중요한 속성인 것처럼 다른 전하끼리는 끌어당기고 같은 전하끼리는 밀어내는 것이 전자의 중요한 속성이다. 우리는 그것들이 어떻게 될 것인가를 알기 위해 체계(systems)를 실험한다.

일단 우리가 물질계의 특성을 규정하면서 성향, 경향성, 힘, 잠재성과 같은 것을 받아들인다면, 자연 법칙은 이러한 성향, 경향성, 힘 또는 잠재성의 특성을 규정하는 것으로 이해할 수 있다. 갈릴레오의 낙하의 법칙은 무거운 물체가 일정한 가속도로 땅에 떨어지는 경향성을 가지고 있다는 것을 기술하고, 뉴턴의 인력의 법칙은 질량을 가진 물체들 사이에 존재하는 인력을 기술한다. 일단 우리가 법칙을 이러한 방식으로 해석하면, 우리는 더 이상 법칙이 세계에서 일어나는 일련의 사태들을 기술하는 것이라는 기대를 가질 필요가 없다. 왜냐하면 이러한 사태들은 복잡한 방식으로 서로 결합하여 움직이는 여러 성향, 경향성, 힘, 잠재성의 결과일 것이기 때문이다. 갈릴레오의 법칙에 따라 떨어지는 나뭇잎의 성향이 바람의 영향으로 흩어지게 되었다고 하는 사실이 그 법칙에 따라 나뭇잎이 계속 움직일 성향을 의심할 이유는 되지 못한다. 이러한 관점에서 볼 때, 법칙의 확인과 관련된 정보를 수집하기 위해 왜 실험이 필요한가를 쉽게 이해할 수 있다. 탐구 중인 법칙에 대응하는 경향성은 다른 경향성과 분리될 필요가 있으며, 이 분리는 그 경향성이 나타나도록 하기 위한 적절하고 실제적인 개입을 필요로 한다. 해저의 불규칙성, 달과 태양 그리고 행성과 태양 사이에 존재하는 인력의 불규칙성을 받아들이게 되면, 우리는 뉴턴의 이론과 초기 조건을 통해 조수를 정확하게 설명할 수 없다. 그럼에도 불구하고, 중력은 조수의 중요한 원인이며, 중력의 법칙을 확인할 수 있는 적절한 실험은 존재한다.

내가 옹호하는 관점에 따르면, 원인과 법칙은 긴밀하게 연결되어 있다. 사건은 원인으로 작용할 수 있는 힘을 가지고 있는 개체들의 운동을 통해 발생한다. 달의 인력은 조수의 중요한 원인이고, 전하를 가진 입자는 구름 상자(cloud chamber) 안에서 궤적을 내는 이온화의 원인이며, 진동하는 전자는 송신기에서 나오는 전자파를 일으킨다. 이러한 사례에 포함되어 있는 활동적인 힘의 작용 양태에 대한 기술이 자연 법칙을 구성한다. 인력의 역제곱의 법칙은 질량을 지닌 물체들이 가지고 있는 인력을 양적으로 기술하고, 고전적 전자기 이론의 법칙은 무엇보다도 전하를 가진 물체들이 끌어당기고 방사할 수 있는 역량을 기술한다. 법칙이 참일 때 법칙을 참으로 만드는 것은 현실적으로 작동하는 능동적인 힘(powers)이다. 우리는 이제 보일의 질문에 대답할 수 있다. 특수자들이 상호 작용할 때 그 특수자들을 법칙에 따라 움직이도록 하는 것은 바로 그 특수자들이 가지고 있는 힘과 역량이다. 유효한 인과 작용이 법칙적 거동을 일으킨다. 보일은 법칙 문제에 봉착하였으며, 신에 호소하였다. 그가 그런 것은 물질에 성향적 속성(dispositional properties)을 귀속시키려고 하였기 때문이다.

  대부분의 철학자들은 성향과 힘을 근원적인 것으로 받아들이는 존재론을 승인하고 싶어하지 않는 것처럼 보인다. 아마도 그 이유 가운데 일부는 역사적인 이유일 것이다. 힘이라는 말은 르네상스 시대 마술적 전통에서 채택되어 신비하고 애매한 방식으로 사용된 나쁜 이름이었으며, 아리스토텔레스주의자들은 형상(forms)을 가장하여 이 말을 호방하게 이용하였다. 보일이 그의 기계론적 철학에서 활동적인 속성들(active properties)을 거부한 것은 이러한 경향에 대한 하나의 반동으로 볼 수 있다. 그의 거부는 신학적인 관심에서 촉발되었을 뿐만 아니라 이러한 전통의 내용에 대한 과도한 반응이었을 것이다. 그러나 힘이나 경향성 등등에 호소하는 일에 신비로운 요소나 인식론적인 의심이 전혀 없을 필요는 없다. 그러한 것에 대한 주장들이 다른 종류의 주장보다 엄격한 경험적 시험을 잘 견디어 낸다면 그만큼 더 좋은 주장이 된다. 더욱이 많은 철학자들은 성향적 속성을 싫어할 수도 있겠지만, 과학자들은 체계적으로 그것들에 호소하며 그것들이 없다면 그들의 연구는 진행될 수 없을 것이다. 이와 관련하여 보일이 그의 기계론적 철학과 반대되는 실험 과학에서 산성과 공기의 탄력과 같은 성향적 속성을 자유롭게 채택하였다는 사실을 지적하는 것은 중요하다. 다양한 형태의 탄성은 17세기 기계론적 철학자들에게는 당혹스러움이었다. 홉스(Hobbes)는 보일이 공기에 대해 탄성을 부여한 것은 공기가 저절로 움직일 수 있다는 것을 받아들이는 것과 동일하다고 불평하였다. 그러나 보일 및 17세기의 다른 과학자들은 계속해서 탄성이라는 개념을 채택하였으며, 철학자들이 비성향적 속성을 끌어들여 그것을 사라지게 하는데 성공하지는 못했다. 그 이후로 어느 누구도 성공하지 못했다. 나는 과학자들이 흔히 도처에서 사용하는 성향적 속성을 철학자들이 어떤 근거에서 그것에 대해 의문을 제기하고 없애 버려야 한다고 느끼는지를 이해할 수 없다.

법칙이 사물의 성향, 경향성, 힘, 또는 역량을 특징짓는다는 입장은 시작부터 모든 과학적 실천에 함축되어 있는 말하자면 실제로 행해지는 것을 인정할 수 있다는 장점을 가지고 있다. 이러한 입장은 무엇이 체계를 법칙에 따라 움직이도록 하는가를 분명하게 밝혀 주며, 자연스러운 방식으로 법칙과 인과 작용을 결합시켜 준다. 뿐만 아니라 우리가 앞 장에서 봉착한 실험적 상황에서 획득한 지식이 그 상황을 넘어 어떻게 다른 상황으로 전달될 수 있는가에 대한 해답을 제공한다. 내가 일상 생활뿐만 아니라 과학적 실천에 들어있다고 주장하는 가정 곧 세계 안에 있는 존재자들은 그들이 가지고 있는 힘과 잠재성에 의해 그 성격이 규정된다고 가정하게 되면, 실험적 상황에서 확인될 수 있는 힘과 잠재성을 기술하는 법칙은 이러한 상황 밖에 대해서도 역시 적용될 수 있다고 생각할 수 있다. 그럼에도 불구하고 내 마음에는 거리낌이 있다. 왜냐하면 이러한 도식과 부합하기 어려운 중요한 과학 법칙이 존재하기 때문이다.

열역학 법칙과 보존의 법칙

내가 앞 문단에서 요약하고 옹호한 입장은 다음과 같다. 이 입장은 법칙을 인과적 힘의 특징을 기술하는 것으로 이해한다. 곧 법칙을 인과적인 것으로 이해한다. 그런데 물리학에는 이러한 도식과 잘 맞지 않는 중요한 법칙이 존재한다. 열역학 제1법칙과 제2법칙은 기본 입자 물리학의 에너지 보존 법칙과 잘 어울리지 않는다. 열역학 제1법칙은 고립계의 에너지는 일정하다고 주장한다. 고립계의 엔트로피(entropy)는 감소할 수 없다고 주장하는 제2법칙에 따르면, 열은 뜨거운 물체에서 차가운 물체로 흐르고, 그 반대로는 흐르지 않으며, 바다에서 열에너지를 얻어 그것을 유용한 일(work)로 전환시킬 수 없다. 만일 그럴 경우, 다만 이 일의 유일한 대가로 바다의 온도가 내려갈 뿐이다. 열역학 제1법칙은 첫번째 종류의 영구 기관을 배제하고, 두 번째 법칙은 두 번째 종류의 영구 기관을 배제한다. 이러한 완전한 일반 법칙은 물리계의 움직임에 대해 중요한 의미를 가지며, 작용하고 있는 자세한 인과적 과정에서 독립하여 자연계의 움직임을 예측하는 데 사용될 수 있다. 바로 이러한 이유 때문에 이러한 법칙을 인과적 법칙으로 해석할 수 없는 것이다.

내 주장의 요점을 잘 보여 주는 예를 하나 들어보자. 얼음이 정상적인 공기 압력보다 더 높은 압력을 받으면 녹는점은 낮아진다. 이러한 이유 때문에 무거운 것이 매달려 있는 철사는 얼음 덩어리를 통과할 때 얼음을 잘라 내는 것이다. 이러한 설명은 분자 수준에서 간단하지도 단순하지도 않다. 아마도 자세한 설명을 할 수도 없을 것이다. 압력이 분자들을 서로 가까이 모이도록 하기 때문에 분자들 사이의 인력이 증가하여 분자들을 떨어지게 할 수 있는 열에너지가 증가하여 녹는점이 올라갈 것이라는 기대를 할 수도 있다. 이것이 바로 녹는점 가까이에 있는 고체들에게 정확하게 일어나는 일이다. 얼음에서 물분자는 액체 상태에 있을 때보다 더 느슨한 상태로 존재한다. 이것이 바로 얼음의 밀도가 물보다 낮은 이유이다. (이것은 다행스러운 일이다. 그렇지 않으면 호수와 강이 바닥에서부터 얼 것이고, 추위가 오래 지속되면 호수와 강 전체가 얼게 될 것이다. 그렇게 되면 물고기와 물고기로부터 생존할 수 있는 형태로 진화한 모든 생명체들이 사라지게 될 것이다.) 만일 얼음의 분자가 정상 상태보다 더 밀집하게 되면 분자 사이의 힘이 감소하고, 따라서 그것들을 분리하는 데 필요한 열 에너지는 줄어들고, 녹는점은 떨어진다. 힘이 분자의 위치에 의존하는 정확한 방식은 복잡하다. 쿨롱력(Coulomb forces)뿐만 아니라 에너지 교환을 포함하는 양자 역학의 자세한 사항에 의존하며, 그 과정은 정확하게 알려져 있지 않다.

위에서 논의한 것과 같은 복잡한 상태를 인정하면, 제임스 톰슨(James Thomson)이 1849년 압력과 함께 물의 빙점을 예측할 수 있었고, 이 현상의 경험적 발견을 예견할 수 있었다는 것은 놀라운 일이다. 그는 이를 위해서 열역학과 물이 얼음보다 밀도가 높다는 경험적으로 알려진 사실을 필요로 하였다. 톰슨은 머릿속으로 섭씨 0도의 물에서 열을 추출하여 섭씨 0도의 얼음으로 변화시키는 순환 과정을 고안하였다. 이러한 엔진이 물에서 열을 추출할 수 있는 방법을 제공하여 그 열이 모두 팽창에 쓰이는 일로 전환될 수 있다면 두 번째 종류의 영구 기관을 고안할 수 있다는 생각은 열역학 제2법칙에 의해 배제되었다. 톰슨은 압력이 증가하여 빙점이 낮아진다고 가정함으로써 이러한 받아들일 수 없는 결론이 봉쇄될 수 있음을 알고 있었다.

이러한 사례에서 내가 부각시키고 싶은 특성은 톰슨은 분자 수준에서 인과 과정과 관련된 자세한 사항을 무시하고 이러한 예측을 하였다는 것이다. 열역학의 특성과 중요한 강점은 밑에 있는 인과적 과정의 세목들에 관계없이 거시적인 차원에 적용할 수 있다는 것이다. 열역학 법칙은 바로 이러한 특성 때문에 인과 법칙으로 해석될 수 없다.

인과적 견해가 안고 있는 난점이 여기에서 끝나는 것은 아니다. 그 체계를 구성하고 있는 각각의 요소들에 영향을 주고 있는 힘을 구체적으로 밝히고 뉴턴의 법칙을 이용하여 그 체계의 전개 과정을 추적함으로써 기계적 체계의 움직임을 이해하고 예측할 수 있다. 이러한 접근 방식 내부에서 뉴턴의 법칙은 특정한 힘에 대해서 작용하고 반응하는 사물들의 성향을 기술하는 인과적 법칙으로 해석될 수 있다. 그러나 이것이 기계적 체계를 다루는 유일한 방식은 아니다. 역학의 법칙은 처음부터 힘이 아닌 에너지 형태로 기술될 수 있다. 이러한 접근 방식을 채택한 해밀턴(Hamilton)과 라그랑쥬(Lagrange)의 역학에 대한 정식화에서 필요한 것은 함수들을 고정시키기 위해서 좌표가 무엇이든간에, 좌표들의 함수로서 그 체계의 위치 에너지와 운동 에너지를 표현하는 일이다. 체계의 진화는 이러한 표현을 해밀턴과 라그랑쥬의 운동 방정식에 입력함으로써 완전히 명기될 수 있다. 이것은 이와 관련된 인과적 과정에 대한 자세한 지식 없이도 이루어질 수 있다.

전자기 이론을 라그랑쥬적인 형태로 표시하려고 한 제임스 클럭 맥스웰(James Clerk Maxwell, 1965, vol. 2, 783~4면)은 이 점을 아주 분명하게 보여 주었다. 종지기 방으로 내려가 있는 밧줄에 의해 움직이는 아주 복잡한 기계 장치가 들어 있는 종 탑을 생각해 보자. 밧줄의 수가 많으면 많을수록 그 체계는 더 섬세하게 작동할 것이라는 가정을 할 수 있다. 밧줄로 행한 실험에 의해 그 밧줄의 위치와 속도의 함수로서 그 체계의 위치 에너지와 운동 에너지는 결정된다. 일단 우리가 이러한 방정식을 알게 되면, 우리는 이 체계를 라그랑쥬 방정식으로 표현할 수 있다. 어느 한 순간의 밧줄의 위치와 속도를 알면, 다른 한 순간의 위치와 속도를 이끌어 낼 수 있을 것이다. 우리가 이를 위해 종탑에서 어떤 일이 일어나고 있는가에 대한 인과적 줄거리를 자세히 알아야 하는 것은 아니다. 라그랑쥬의 방정식은 인과적 법칙을 언급하지 않는다.

라그랑쥬적인 역학의 정식화에 대한 관찰이 법칙에 대한 인과적 입장에 대한 심각한 반대 사례를 구성하지 못한다는 반론을 할 수도 있다. 예를 들어, 비록 종탑 메커니즘에 대한 자세한 인과적 관계를 무시하더라도 그 메커니즘을 다룰 수 있고 라그랑쥬적인 방식으로 종탑의 메커니즘을 다루어도 된다고 할지라도, 뉴턴주의적인 방식으로도 공식화될 수 있으며, 일단 개념들이 종탑에 경험적으로 적절하게 접근할 수 있다면, 인과적인 내용이 획득될 수 있다고 지적되어야 한다. 결국 라그랑쥬적인 방정식은 뉴턴 방정식에서 도출될 수 있다.

마지막 이 주장은 (이전에는 참이었다고 할지라도) 더 이상 참이 아니다. 현대 물리학에서 라그랑쥬 방정식은 뉴턴 법칙에서 이끌어낼 수 있는 그 방정식의 버전보다 더 일반적인 방식으로 해석될 수 있다. 포함되어 있는 에너지는 힘의 영향 아래 물체의 운동에서 나온 에너지뿐만 아니라 모든 종류의 에너지를 포함하는 일반적인 방식으로 해석될 수 있다. 예를 들면, 라그랑쥬적인 정식화는 전자기 에너지를 포섭할 수 있다. 전자기 에너지는 속도 의존적인 위치 에너지를 포함하고 있으며, 장의 전자기적 운동량과 같은 것을 필연적으로 수반한다. 그런데 전자기적 운동량은 질량 곱하기 속도에 대응하는 운동량과는 다르다. 현대 물리학을 극단까지 밀고 나갈 때 이러한 라그랑쥬적인 (또는 해밀턴적인) 공식화는 그 공식화의 기초가 되는 인과적 설명에 의해 대체될 수 있는 공식화가 아니다. 예를 들면 전하와 패리티(parity)의 보존과 같이, 라그랑쥬적인 에너지 함수에서 대칭과 밀접하게 결합되어 있는 다양한 보존 원리는 어떤 바닥에 깔려 있는 과정 (underlying process)을 통해서도 설명될 수 없다.

지금까지 논의한 것을 요약하면 다음과 같다. 물리학의 많은 법칙들은 인과적인 법칙으로 이해할 수 있다. 만일 그렇게 이해할 수 있다면, 물리계가 법칙에 따라 움직일 수 있도록 하는 것이 무엇인가와 관련된 보일의 질문에 대한 해답은 이미 존재한다. 물리계를 법칙에 복종하도록 하는 것은 법칙이 부여한 인과력과 역량의 작용이다. 그러나 우리가 살펴보았듯이 물리학에는 인과 법칙으로 해석될 수 없는 근본적인 법칙이 존재한다. 이러한 경우, 보일의 질문에 대한 즉각적인 대답은 존재하지 않는다. 물리계를 에너지 보존 법칙에 따라 운행하도록 하는 것은 무엇인가? 나는 알지 못한다. 물리계는 그저 그러할 뿐이다. 이것이 내게 전적으로 만족스럽지는 못하지만, 어떻게 이것을 피할 수 있을런지는 모르겠다.

더 읽어 볼 만한 문헌

법칙에 대하여 여기에서 제시한 것과는 다른 견해와 규칙성 입장에 대한 자세한 비판에 대해서는 Armstrong(1983)을 참조하고 법칙에 대한 인과적 견해에 실험이 의미하는 바에 대해서는 Bhasker(1978)를 참조하라. Cartwright는 그의 (1983)에서 세계에 대해 참인 근본 법칙이 존재할 수 있다는 입장에 대해 의문을 제기하였다. 그러나 1989년 저서에서는 인과적 입장과 유사한 입장을 옹호하기 위해 그의 입장을 바꾸었다. Christie(1994)는 많은 철학자들이 규정한 법칙과 과학자들이 채택한 법칙의 개념 사이에 존재하는 충돌을 잘 기술하고 있다. Chalmers(1999)를 참조하여 이 장의 내용 대부분을 구성하였으며, 나의 앞 논문은 이 책보다 좀더 자세한 내용을 담고

있다. 법칙의 본성에 대한 최근의 논의로는 Fraassen(1989)을 참조하
라.

제15장

실재론과 반실재론

도입

과학적 지식에 대한 자연스러운 가정은 그것이 겉보기에 그럴 것 같아 보이는 것을 넘어서서 세계의 본성에 대해 많은 것을 우리에게 말해준다는 것이다. 과학적 지식은 우리에게 전자, DNA 분자, 중력장에서 빛의 휨, 심지어 이 세계를 관찰하는 인간이 존재하기 오래 전에 이 세상에 널리 퍼져 있던 상태에 대해서도 말해준다. 과학은 그러한 것들에 대한 지식을 우리에게 제공하는 것을 목적으로 삼을 뿐만 아니라 대체적으로 그렇게 하는 데 성공을 거두었다. 과학은 관찰 가능한 세계를 기술할 뿐만 아니라 현상 뒤에 놓여 있는 세계에 대해서도 기술한다. 이것이 과학과 관련된 실재론(realism)에 대한 개략적인 진술이다.

왜 어떤 사람들은 실재론을 부정하고 싶어하는가? 많은 현대 과학 철학자들이 실재론을 부정하고 있는 것은 확실하다. 실재론에 대한 의구심의 원천 가운데 하나는 관찰 불가능한 세계에 대한 주장이 관찰에 기초하여 굳건하게 확립될 수 있는 것을 넘어서는 정도에 따라 그것은 가설적일 수밖에 없다는 사실이다. 과학과 관련하여 실재론은 그것이 합리적으로 옹호될 수 있는 것 이상의 것을 주장하는 한 지나치게 성급한 것으로 보일 수도 있다. 역사를 돌이켜 보면 이러한 의구심은 증대된다. 관찰 불가능한 존재자에 대한 주장을 담고 있었던 과거의 많은 이론들은 합리적으로 옹호될 수 있는 이상의 것을 주장하였다는 측면에서 거부되었고, 실제로 성급하였음이 밝혀지게 되었다. 뉴턴의 빛의 입자 이론, 열의 칼로릭(caloric) 이론, 맥스웰의 전자기장 이론이 전기와 자기장이 물질적 에테르 상태라고 가정하는 한 그 이론은 거부된 이론들의 예이다. 반실재론자들이 주목하고 있듯이, 비록 이러한 이론들의 이론적인 부분들은 거부되었다고 할지라도, 이들 이론 가운데 관찰에 기초한 부분들은 유지되었다. 색수차와 간섭에 관련된 뉴턴의 관찰, 대전체(charged bodies)의 인력과 척력에 대한 쿨롱(Coulomb)의 법칙과 패러데이(Faraday)의 전자기 유도 법칙은 현대 과학에 편입되었다. 과학에서 지속적인 부분은 관찰과 실험에 기초한 부분이다. 이론들은 그 유용성을 일단 잃게 되면 없어도 상관이 없는 뼈대에 지나지 않는다. 이것이 전형적인 반실재론자의 입장이다.

따라서 실재론자의 입장은 대부분의 과학자나 비과학자의 비반성적 태도를 반영하고 있다. 그리고 실재론자는 "만일 전기와 중력장과 같이 관찰 불가능한 존재자를 포함하고 있는 과학 이론들이 관찰 불가능한 영역들을 옳게, 적어도 근사적으로 옳게 기술하지 않았다면 어떻게 성공을 거둘 수 있었겠는가?"라고 묻는다. 이에 대한 대답으로 반실재론자들은 과학의 이론적인 부분에 대한 증거들이 결정적이지 않다는 것을 강조하고, 실재를 정확하게 기술하지 못했음에도 불구하고 그 이론들이 과거에 성공적인 것으로 증명될 수 있었듯이, 현대의 이론들도 그럴 수 있다고 생각하는 것이 합리적일 수 있다고 말한다. 이것이 이 장에서 우리가 탐구하려고 하는 논쟁이다.

광역적 반실재론: 언어, 진리, 실재

현대 문헌에서 빈번하게 다루고 있는 실재론-반실재론 논쟁이 존재하는데 나는 이것이 생산적이라고 생각하지 않는다. 나와 또 많은 다른 사람들은 이와는 구별되는 논쟁 형태를 제시하고 싶다. 이 토론에 나타난 일반적이고 추상적인 용어에 아무런 감흥이 없는 독자들은 이 부분을 뛰어 넘어도 무난하다. 내가 광역적(global) 반실재론이라고 부르는 입장은 어떻게 과학적 언어를 포함한 모든 형태의 언어가 세계와 관계하거나 결합할 수 있는가라는 물음을 제기한다. 반실재론의 지지자들은 우리는 지각을 통해서나 다른 어떤 방법에 의해서도, 세계에 대한 사실을 해독하기 위해 실재와 마주 대할 수 있는 방법을 가질 수 없다고 말한다. 우리는 인간이 만든 관점으로 세계를 볼 수 있을 뿐이며, 우리가 가지고 있는 이론의 언어로 그것을 기술한다. 우리는 영원히 언어에 갇혀 있으며 우리의 이론과 무관한 방식으로 '직접' 실재를 기술하기 위해 언어를 깨고 나갈 수 없다. 광역적 반실재론은 우리가 어떠한 방법으로든 실재에 접근할 수 없다고 주장하며, 과학에서도 그럴 수밖에 없다고 생각한다.

나는 진지한 현대 철학자들이 우리가 실재를 대면할 수 있고, 직접적으로 실재를 읽을 수 있다는 입장을 취하고 있다고 생각하지는 않는다. 나는 독자들에게 우리는 대략 제2장에서 그러한 생각에서 떠났다는 것을 일깨워 주고 싶다. 따라서 그러한 의미에서 우리 모두는 광역적 반실재론자이다. 그러나 광역적 반실재론은 약한 테제이기 때문에 너무 많은 것을 말하려고 해서는 안 된다. 실재에 직접적으로 접근할 수 없다는 사실에서 과학과 지식 일반에 대한 회의주의적인 태도를 정당화하려고 하면 강한 테제로 나아가는 것이다. 강한 테제에 따르면 어떤 지식도 세계의 특성에 대한 기술로서 특권적 지위를 가질 수 없다. 왜냐하면 특권적 지위를 정당화해줄 수 있는 세계에 대한 직접적인 접근은 불가능하기 때문이다. 그러나 이러한 입장 전환은 부당하다. 비록 우리가 어떤 개념적인 틀을 사용하지 않고서는 세계를 기술할 수 없다고 하는 것이 참일지라도, 그럼에도 불구하고 우리는 세계와 상호 작용을 함으로써 이러한 기술의 적절성을 시험할 수 있기 때문이다. 우리는 세계를 관찰하거나 기술함으로써가 아니라 세계와 상호 작용함으로써 세계에 관한 것을 발견할 수 있다. 1장에서 논의한 것과 같이 필연적으로 언어로 형식화될 수밖에 없는 세계에 대한 주장을 구성해내는 것과 그것의 참과 거짓은 별개의 문제이다. 때때로 진리 개념은 실재론에 관한 논쟁에서 대단히 중요한 것처럼 보이기 때문에 이 개념에 대한 논의가 필요하다.

실재론자들의 요구와 바로 연결되는 진리론은 소위 말하는 진리 대응설(correspondence theory of truth)이다. 진리 대응설의 일반적인 생각은 매우 간단하며, 일상적인 용어를 사용하여 설명할 수 있을 정도로 평범한 이론이다. 진리 대응설에 따르면, 한 문장은 그것이 사실과 대응하면 오직 그러한 경우에만 참이다. "고양이가 매트 위에 있다"는 문장은 만일 고양이가 매트 위에 있으면 참이고, 그렇지 않으면 거짓이다. 문장은 그 문장이 말하는 대로 그러하면 참이고, 그렇지 않으면 거짓이다.

진리 개념이 안고 있는 문제 가운데 하나는 그 개념이 쉽게 역설에 빠진다는 것이다. 소위 말하는 거짓말쟁이의 역설은 한 가지 예이다. 만일 내가 "나는 결코 진리를 말하지 않는다"라고 했다면, 내가 말한 것이 참이라면 내가 말한 것은 거짓이다! 다른 예는 다음과 같다. 한 면에는 "이 카드 반대 면에 씌어있는 문장은 참이다"라고 씌어있고, 반대 면에는 "이 카드의 반대 면에 씌어있는 문장은 거짓이다"라고 씌어있는 카드를 생각해 보자. 조금만 생각해 보면 이 두 문장 가운데 어느 한 문장도 동시에 참과 거짓일 수 있다는 역설적인 결론에 도달하게 된다.

논리학자 알프레트 타르스키(Alfred Tarski)는 온당하고 단순한 언어 체계 안에서 어떻게 역설들을 피할 수 있는가를 보여 주려고 하였다. 그가 자신의 주장을 전개하는 핵심적인 절차는 다음과 같다. 어떤 언어 체계 안에서 문장의 참 또는 거짓을 말할 때에는 무엇에 대해 말하는 문장 곧 '대상 언어'(object language)와 그 대상 언어에 대해서 말하는 문장인 '메타 언어'(metalanguage)를 주의 깊게 구별해야 한다. 카드 역설의 경우 타르스키의 권고를 따른다면, 우리는 카드 위에 적힌 문장이 무엇에 대해 말하는 언어인가 아니면 말하여진 것에 대해 말하는 언어인가를 결정해야만 한다. 만일 우리가 문장 각각은 대상 언어와 메타 언어 가운데 하나만 될 수 있고 동시에 둘 모두가 될 수 없다는 규칙을 따른다면, 문장들이 동시에 다른 것을 지시하거나 다른 것에 의해 지시될 수 없으며 역설도 발생하지 않는다.

그렇다면 타르스키 진리 대응설의 핵심은 다음과 같다. 만일 우리가 특정 언어로 구성된 문장의 진리값을 말하려 한다면, 우리는 좀 더 일반적인 언어 곧 메타 언어를 필요로 한다. 이 메타 언어에서 우리는 대상 언어와 이 대상 언어에 대응하는 사실 모두를 지시할 수 있다. 타르스키는 진리에 대한 대응론적인 개념이 대상 언어 안의 모든 문장에 대해 역설을 일으키지 않고 어떻게 체계적으로 적용될 수 있는가를 보여 줄 필요가 있었다. 이것이 기술적으로 어려운 과제인 이유는 모든 흥미로운 언어에는 수적으로 무한한 문장이 존재하기 때문이다. 타르스키는 "~은 희다" 또는 "~은 탁자이다"와 같이 유한개의 단일 술어를 포함하고 있는 언어를 통해 그의 과제를 달성하였다. 그의 방식은 술어가 의미하는 것은 대상에 의해 만족되어야 한다는 것을 당연한 것으로 받아들이고 있다. 일상 언어에서 이끌어 낸 예들은 사소한 것처럼 들린다. 예를 들면, "은 희다"라는 술어는 만일 x가 흰 경우에 오직 그러한 경우의 x에 의해 만족된다. 이와 같은 만족(satisfaction)이라는 개념을 한 언어의 모든 술어에 대해 적용한다면, 타르스키는 이것을 출발점으로 삼아 진리 개념을 어떻게 언어의 모든 문장에 부여할 수 있는가를 보여 주었다. (타르스키는 원초적인 만족(primitive satisfaction)이라는 개념을 주어진 것으로 간주하면서, 전문적인 용어를 사용하기 위해 진리를 순환적으로 정의하였다.)

타르스키의 성과는 수리 논리학에 있어서 확실히 기술적인 (technical) 중요성을 가지고 있었다. 타르스키의 성과는 모델 이론 (model theory)과 중요한 관계가 있을 뿐만 아니라 증거 이론 (proof theory)에 대해서도 분기점 구실을 하였다. 그러나 이 책이 이러한 문제를 다룰 수는 없다. 타르스키는 또한 자연 언어 안에서 진리를 논의할 때 모순이 어떻게 발생하며, 이러한 모순을 어떻게 피할 수 있는가를 보여 주었다. 그러나 나는 그가 그 이상의 일을 했다고 생각하지는 않는다. 그리고 타르스키 자신도 그 이상의 일을 했다고 생각하지는 않는 것처럼 보인다. 우리의 목적을 위해서, 나는 타르스키의 대응설에는 "눈은 희다"라는 문장은 눈이 흰 경우 오직 그런 경우에만 진리라는 사소하게 들리는 규정 이상의 것은 들어 있지 않다는 말을 하고 싶다. 곧 타르스키는 상식적인 진리관이 그 진리관을 위협하는 것으로 생각되었던 역설을 초래하지 않으면서 사용될 수 있다는 것을 보여 주었다. 이러한 관점에서 볼 때, 과학 이론은 세계가 그 이론이 말하는 것처럼 존재하면 참이고, 그렇지 않으면 거짓이다. 내가 채택하려고 하는 진리 개념은 바로 우리가 논의하고 있는 실재론에 포함되어 있는 진리 개념이다.

광역적 반실재론을 옹호하는 사람들은 진리 대응설은 문장들과 그 문장이 그렇다고 주장하는 세계의 존재 방식과의 관계를 기술하는 언어에서 벗어나지 못했다고 주장할 것이다. 만일 누가 나에게 "고양이가 매트 위에 있다"와 같은 언명이 무엇과 대응하는가라는 물음을 제기한다면, 내가 대답을 거절하지 않으려면 나는 한 언명을 제시해야만 한다. 나는 "고양이가 매트 위에 있다"는 매트 위에 있는 고양이와 대응한다고 대답할 것이다. 나의 생각에 반대하는 사람들은, 내가 대답을 하면서 한 언명과 세계 사이의 관계가 가지고 있는 특성이 아니라 한 언명과 다른 언명 사이의 관계가 가지고 있는 특성을 규정하였다고 말함으로써 이에 대응하려고 할 것이다. 그러나 이러한 반론이 잘못되었다는 것은 유추를 통해 명백하게 보여 줄 수 있다. 만일 내가 오스트레일리아의 지도를 가지고 있고, 그 지도가 지시하는 것이 무엇인가라는 질문을 받는다면, '오스트레일리아'라고 대답할 것이다. 이렇게 대답할 때 내가 이 지도는 '오스트레일리아'라는 단어를 지시한다고 말하는 것은 아니다. 만일 내가 그 지도가 무엇을 지시하는가라는 질문을 받는다면, 나는 말로 대답을 하는 것 이외에 다른 어떤 대안도 가지고 있지 못하다. 그 지도는 오스트레일리아라는 이름을 가진 큰 육괴의 지도이다. 고양이와 지도에 대해 내가 말로 한 대답을, 첫째, 내가 "고양이가 매트 위에 있다"라는 문장과 둘째, 지도는 어떤 말을 지시한다는 주장을 하고 있는 것으로 받아들이는 것은 모두 합당하지 않다. (예를 들어 스티

316

브 울가(Steve Woolgar, 1988))의 과학에서 광역적 반실재론은 내가 여기에서 해명하려고 한 혼란을 범하고 있는 것처럼 보인다.) 적어도 나에게는 "고양이가 매트 위에 있다"는 세계 안에서 일어나는 하나의 사태를 지시하는 것이고, 고양이가 매트 위에 있으면 참이고, 있지 않으면 거짓이라는 주장은 완전히 명쾌하고 통상적으로 옳다.

실재론자는 과학이 관찰 가능하거나 관찰 불가능한 세계 모두에 대해 진리인 이론을 목적으로 한다고 주장을 할 것이다. 여기에서 진리는 사실과의 대응이라는 상식적인 개념으로 해석된다. 한 이론은 만일 세계가 그 이론이 말하는 대로 존재하면 참이고, 그렇지 않으면 거짓이다. 매트 위에 있는 고양이의 경우, 이 언명의 참은 아주 간단하게 확립될 수 있다. 과학 이론의 경우에는 매트 위에 있는 고양이의 경우와는 아주 다르다. 내가 반복해서 주장하는 것은, 내가 탐구하려고 하는 실재론은 우리가 실재를 대면할 수 있으며 그리고 어떤 사실이 참이고 어떤 사실이 거짓인가를 판단할 수 있다는 주장을 포함하고 있지 않다는 것이다.

과학에 대한 실재론자와 반실재론자 사이의 전통적인 논쟁은 과학 이론을 아무런 제한이 없는 의미에서 진리의 후보자로 여겨야만 하는가 또는 그 이론을 오직 관찰 가능한 세계에 대한 주장만을 하고 있는 것으로 간주해야 하는가라는 문제와 관련이 있다. 따라서 양쪽 모두 과학을 어떤 의미에서 (위에서 논의한 내가 해석하려고 하는 대응론적 의미로) 진리를 목적으로 하는 것으로 보고 있다. 따라서 실재론자뿐만 아니라 반실재론자도 광역적 반실재론을 지지하지는 않는다. 광역적 반실재론은 제쳐두고, 심각한 문제를 다루어 보기로 하자.

반실재론

반실재론자는 과학 이론의 내용은 관찰과 실험에 의해 증명될 수 있는 일련의 주장에 지나지 않는다고 단언한다. 따라서 많은 반실재론자를 도구주의자(instrumentalists)로 부르는 것은 편리하고, 흔히 그렇게 불린다. 도구주의자들에게 이론은 관찰과 실험의 결과를 서로 관련시키고 예측하는 것을 도와 주는 유용한 도구에 지나지 않는다. 이론을 참 또는 거짓으로 해석하는 것은 타당한 해석이 아니다. 푸앵카레(Henri Poincaré, 1952, 211면)가 이론을 도서관의 목록과 비교하였을 때, 그는 도구주의자의 입장을 예시한 것이다. 목록은 그것의 유용성에 의해 평가될 수 있다. 그러나 목록이 참이나 거짓이라고 생각하는 것은 그릇될 것이다. 이것이 이론에 대한 도구주의자들의 입장이다. 도구주의자에 따르면 이론은 관찰 및 실험과 양립가능해야 한다는 주요한 요구를 충족시켜야 할 뿐만 아니라 (다양한 종류의 관찰을 품을 수 있도록) 일반적이고, 단순해야 한다. 반 프라센(Bas van Fraassen, 1980)은 이론은 실제로 참이거나 거짓이라고 생각한다는 점에서 도구주의자가 아니라 현대의 반실재론자이다. 그러나 그는 과학 이론의 참과 거짓은 요점에서 벗어난 것으로 생각한다. 그에게 있어서 이론의 장점은 그 이론의 일반성과 단순성 그리고 관찰에 의해 얼마나 잘 입증되는가와 얼마나 새로운 종류의 관찰을 산출하는가에 의해 판단된다. 반 프라센은 그의 입장을 '구성적 경험론'(constructive empiricism)이라고 하였다. 과학의 성장을 통제 가능한 과학적 효과(controllable scientific effects)의 성장으로 보고 그 이상으로는 보지 않는 새로운 실험주의의 옹호자들은 내가 논의하고 있는 그러한 의미의 반실재론자라고 할 수도 있을 것이다.

반실재론은 과학적인 수단에 의해 정당화될 수 있는 주장만을 과학의 영역에 들어오게 하고, 정당화될 수 없는 사변을 피하려고 하는 갈망에서 나온 것처럼 보인다. 반실재론자는 과학의 이론적인 부분은 안전하게 확립된 것으로 간주될 수 없다는 그들의 주장을 실증하는 증거로 과학의 역사를 제시할 수 있다. 과거의 이론은 거짓으로 거부되었을 뿐만 아니라 과학자들이 자명한 것으로 가정한 존재자들이 존재한다고 더 이상 믿지 않는다. 뉴턴의 빛의 미립자 이론은 100년 이상 과학에 공헌하였다. 지금 그 이론은 거짓으로 간주될 뿐만 아니라 뉴턴의 광학이 함축하고 있는 미립자와 같은 것은 존재하지 않는다. 19세기의 파동 광학과 전자기장 이론에 결정적으로 관련이 있었던 에테르(ether)는 이와 유사하게 포기되었다. 그리고 전하는 에테르의 변형에서의 불연속에 지나지 않는다는 맥스웰 이론의 중심적인 아이디어는 현재 명백하게 잘못된 것으로 여겨지고 있다. 그러나 반실재론자들은 비록 이러한 이론이 참이 아닌 것으로 증명되었지만, 관찰 가능한 현상을 정리하고 실제로 발견하는 과정에서 그들이 맡았던 긍정적인 역할을 부정하지는 않는다. 결국, 맥스웰을 빛의 전자기론으로 인도하고 궁극적으로 전파의 발견으로 이끌어 준 것은 에테르의 상태를 표상하는 전자기에 대한 그의 사색이었다. 이러한 관점에서 볼 때, 이론을 관찰 가능한 현상을 정리하고 예측하는 능력만으로 평가하는 것이 그럴 듯하게 보인다. 이론 자체는 그것의 유용성이 다했을 때 버림을 받고 그것들이 산출한 관찰적이고 실험적인 발견은 유지될 수 있다. 과거의 이론과 그것이 채택한 관찰 불가능한 존재자가 버림을 받았듯이, 우리는 현재 우리가 가지고 있는 이론이 그렇게 될 것이라는 생각을 할 수도 있다. 이론들은 단지 관찰적이고 실험적인 지식의 구조를 세우는 데 도움을 주는 뼈대이고, 그것들은 맡은 일을 다하자마자 거부될 수 있다.

몇몇 표준적인 반대와 반실재론자의 대응

반실재론자들은 확고하게 입증된 관찰 차원의 지식과 확고하게 입증될 수 없고 기껏해야 발견적인 도움을 주는 이론적 지식 사이의 구분을 전제하고 있다. 이 책의 앞 부분에서 논의한 관찰과 실험의 이론 의존성과 오류 가능성은 적어도 겉보기로는 이러한 입장에 대해 문제를 제기한다. 만일 관찰 진술과 실험 결과를 그것들이 어느 정도로 시험을 통과할 수 있느냐에 따라 승인 가능한 것으로 간주하고, 앞으로 좀더 새롭고 설득력 있는 시험에 의해 대체될 수 있다면, 이것은 실재론자가 이론을 정확하게 이와 똑같은 방식으로 취급할 수 있는 길을 열어 주고, 반실재론자들이 그들 입장의 기초로 삼고 있는, 관찰적 지식과 이론적 지식 사이에 근본적인 명확한 구별이 존재한다는 것을 부정할 수 있는 길을 열어 준다.

이 문제를 단지 관찰 차원이 아닌 실험 차원에서 살펴보기로 하자. 여기에서 반실재론자는 새로운 실험 결과가 발견될 때 이론이 맡을 역할을 부정할 필요는 없다. 그러나 새로운 실험주의에 대해서 논의한 제13장에서처럼, 반실재론자들은 새로운 실험적 효과가 이론과 독립적인 방식으로 평가되고 조작될 수 있으며, 이러한 실험적 지식이 급격한 이론 변화가 발생했을 때에도 사라지는 것이 아니라는 사실을 강조할 수 있다. 나는 패러데이의 전기 모터 발견과 헤르츠의 전파의 산출을 예로 제시하였다. 이러한 사례들이 반실재론자들의 입장을 지지하는 방식으로 전개될 수도 있다. 그러나 과학사에 두각을 드러낸 모든 실험적 결과들이 이러한 방식으로 이론-독립적인가 하는 것은 논쟁의 여지가 있다. 결정 내의 전위(dislocations)를 탐구하기 위해 전자 현미경을 사용한 나의 이야기에 다시 한 번 호소하여 이 문제를 구체화해 보도록 하자. 초기 연구의 어떤 측면들은 반실재론자에게 도움을 줄 수 있다. 전위 관찰의 타당성은 다양한 조작과 교차 확인에 의해 입증되었다. 그런데 이러한 조작과 교차 확인은 전자 현미경과 관련된 세부적인 이론과 전자빔과 결정체 사이의 상호 관계에 의존하지 않았다. 그러나 연구가 더욱더 정교해지면서, 관찰 가능한 이미지에 대한 해석은 자세한 항목과 이론의 예측 사이의 일치에 의해서만 성취되고 지지될 수 있었다. 전위에 대한 지식이 물질의 강도와 고체의 다른 여러 가지 성질을 이해하는 데 실제적으로 대단히 중요하였다는 점이 부정된 것은 아니다. 반실재론자는 그 지식 가운데 실험적으로 유용한 부분이 어떻게 이론과 무관하게 정식화되고 정당화될 수 있는가를 보여 줄 수 있어야 한다. 나는 이 문제를 여기에서 해결하려고 하지 않을 것이다. 그러나 결정체의 전위에 관한 지식이 대단히 흥미롭고 유익한 시험 사례를 구성한다고 생각한다.

반실재론에 대한 다른 표준적인 반론은 이론의 예측적 성공 (predictive success)과 관련이 있다. 이 반론은 만일 이론이 적어도 근사적으로라도 참이 아니라면 어떻게 예측이 성공을 거둘 수 있는가를 묻는다. 이러한 논증은 이론이 새로운 종류의 현상을 발견하는 경우에 특별한 힘을 갖는 것처럼 보인다. 아인슈타인이 태양에 의한 빛의 휨을 성공적으로 예측했다고 한다면, 어떻게 그것을 단순한 계산 장치로만 간주할 수 있겠는가? 유기 분자에 부여한 구조를 전자 현미경을 통해 '직접' 볼 수 있을 때, 어떻게 그 구조가 단순한 도구에 불과하다는 주장을 진지하게 할 수 있겠는가?

반실재론자는 다음과 같이 대응할 것이다. 그들은 이론이 새로운 현상을 발견할 수 있다는 것에 대해서는 확실하게 동의한다. 실제로 이것은 그들이 규정한 좋은 이론이 가져야 할 꼭 필요한 성질 가운데 하나였다. (반실재론자들이 과학에서 이론의 역할을 부정하는 것은 아니다. 그들이 문제 삼는 것은 이론의 지위이다.) 그러나 이러한 측면에서 이론이 생산적이라고 하는 사실이 그 이론이 참이라는 증거는 되지 못한다. 현대의 관점에서 볼 때 참으로 간주될 수 없는 과거의 이론들이 이러한 맥락에서 성공적이었다고 하는 사실에 비추어 볼 때, 과거에 생산적인 이론이었을지라도 참이 아닐 수 있다는 것은 분명하다. 빛을 탄성 에테르 안에서의 파동으로 본 프레넬의 빛의 파동 이론은 성공적으로 밝은 점(bright spot)을 예측하였고 이 파동 이론은 전파를 예측하게 했다. 이 밝은 점은 에테르의 전치(displacement)에 대한 아라고(Arago)와 맥스웰(Maxwell)의 사색에 의해 발견되었던 것이다. 실재론자는 아인슈타인의 이론과 양자 역학에 비추어 볼 때 뉴턴의 이론을 거짓으로 간주한다. 그럼에도 불구하고 반박되기 전까지 그것이 거둔 예측적 성공으로 뉴턴의 이론은 200년 이상 명성을 누렸다. 따라서 역사는 실재론자들이 예측적 성공이 필연적으로 진리를 지적하는 것이 아니라는 점을 받아들이도록 강요하고 있는 셈이다.

과학사에는 반실재론의 신뢰성을 손상할 만한 중요한 두 가지 역사적 에피소드가 존재한다. 첫번째 에피소드는 코페르니쿠스 혁명에 들어있다. 우리가 살펴본 것과 같이, 코페르니쿠스와 그의 추종자들은 지구가 움직인다는 그들의 주장을 옹호하는 과정에서 문제에 부딪쳤다. 이러한 문제에 대한 대응 가운데 하나는 이론에 대해 반실재론자의 입장을 취하고, 이론이 참된 운동을 문자 그대로 기술하는 것이라는 것을 부정하고, 이론이 천문학적 관찰과 양립할 수 있다고 주장하는 것이었다. 이러한 입장을 오시안더(Osiander)는 코페르니쿠스의 주요 저서인 《천체의 회전》 서문에서 명백히 표현하였다.

…… 주의 깊고 숙달된 관찰을 통해 천체 운동의 역사를 기록하는 것

이 천문학자의 의무이다. 또한 그는 천체 운동의 원인과 천체에 대한 가설을 생각하고 고안해야만 한다. 왜냐하면 그는 어떤 방법으로도 그 운동의 참된 원인을 알아낼 수 없지만, 가정한 가설은 기하학의 원리를 사용하여 과거뿐만 아니라 미래의 운동을 정확하게 예측할 수 있게 해주기 때문이다. 이 책의 저자 [쿠페르니쿠스]는 이 두 가지 의무를 탁월하게 수행하였다. 가설은 참이거나 개연적일 필요가 없기 때문에, 만일 그것들이 관찰과 일치하는 계산을 주기만 하면 그것으로 충분하다(Rosen, 1962, 125면).

이러한 입장을 취함으로써, 오시안더와 같은 의견을 지닌 천문학자들은 코페르니쿠스 이론이 부딪친 난점, 특히 지구가 움직인다는 주장으로부터 나온 난점에 맞서야 할 필요성으로부터 벗어나게 되었다. 그러나 코페르니쿠스와 갈릴레오 같은 실재론자들은 난점에 맞서서 그것을 제거하려고 하였다. 갈릴레오의 경우 이러한 대결은 역학에서 중요한 진전을 이룩하게 하였다. 실재론자의 관점에서 볼 때 반실재론은 해결을 요구하는 어려운 문제들을 의제에서 사라지게 하기 때문에 비생산적이라는 것이다. 이것이 실재론자들이 이끌어 낸 교훈이다.

반실재론자들은 이러한 예는 그들의 입장에 대한 하나의 풍자 만화에 지나지 않는다고 반응할 수도 있다. 반실재론자들의 주장 가운데 하나는 이론은 일반적이고 통일적이어야 한다는 것이다. 곧 이론이 넓은 범위의 현상을 포용해야 한다는 것이다. 이러한 관점이라면, 반실재론자는 하나의 이론적 틀 아래 천문학과 역학을 포용해야 한다. 따라서 그들은 실재론자들처럼 코페르니쿠스 이론과 관련된 역학적인 문제들과 대결하고자 해야 한다. 그렇다면 탁월한 반실재론자인 뒤엠(Pierre Duhem, 1969)이 그의 책 《현상을 구제하기 위하여》

(*To save the Phenomena*)에서 그의 입장을 지지하기 위해 코페르니쿠스 혁명을 예로 선택했다는 것은 아이러니이다!

자주 호소하는 두 번째 역사적 에피소드는 20세기 초 원자론의 증명과 관련이 있다. 19세기 말 에른스트 마흐(Ernst Mach)와 빌헬름 오스트발트(Wilhelm Ostwald)와 같은, 다른 저명한 반실재론자와 함께 뒤엠은 원자론을 문자 그대로 받아들이려고 하지 않았다. 그들의 견해에 따르면 관찰 불가능한 원자가 과학에서 차지할 자리는 없으며 설사 자리가 있다고 할지라도 단지 유용한 허구(useful fictions)로 취급해야 한다는 것이다. 실재론자들은 거의 대부분의 과학자(뒤엠은 아니지만, 마흐와 오스트발트를 포함한)를 만족시킨 1910년까지의 원자론의 정당화를 반실재론의 거짓과 무익을 증명하는 것으로 받아들인다. 반실재론자는 다시 한 번 대응한다. 그들은 과학에서 관찰과 실험에 의해 입증될 수 있는 부분만 진리와 거짓의 후보자로 간주되어야 한다고 주장한다. 그러나 그들은 과학이 진보하면서, 그리고 더 좋은 실험 도구와 실험 기법이 고안됨에 따라 실험적으로 입증될 수 있는 주장들의 영역이 확대된다는 것을 인정할 수 있다. 따라서 반실재론자들은 19세기에는 원자론이 지지될 수 없었지만 20세기에는 지지될 수 있었다는 것을 인정할 수밖에 없다. 예를 들면, 오스트발트는 이러한 태도를 아주 명확하게 표명하였다.

우리는 반실재론을 공포하고, 반실재론에 대한 표준적인 반대에 대처해서 그것이 어떻게 옹호될 수 있는가를 살펴보았다. 이제 반대편에 서서 상황을 살펴보기로 하자.

과학적 실재론과 추측적 실재론

나는 대단히 강한 형태의 실재론을 언급함으로써 실재론에 대한

논의를 시작하고자 한다. 어떤 이는 이 실재론에 '과학적 실재론'
(scientific realism)이라는 이름을 부여하였다. 과학적 실재론에 따르
면 과학은 세계 안에 존재하는 것에 대하여, 관찰의 차원이 아니라
모든 차원에서 세계가 어떻게 작동하는가에 대한 참된 언명을 목적
으로 삼는다. 더욱이 실재론자에 따르면 과학이 적어도 근사적으로
참인 이론에 도달하고, 밖에 있는 것의 어떤 일부분을 발견하는 한,
과학은 이 목적을 향해 진보하였다는 주장을 할 수 있다. 예를 들면,
과학이 전자와 블랙 홀과 같은 것이 존재한다는 것을 발견하였고,
비록 그러한 존재자에 대한 이전의 이론이 개선되어 왔다고 할지라
도, 이전의 이론은 그것이 현재 이론에 대한 근사치라는 점에서 근
사적 참이다. 우리는 우리가 가지고 있는 현재의 이론이 참인지는
알 수 없다. 그러나 그 이론은 이전의 이론과 비교하여 더 참이다.
그리고 그 이론이 미래에 좀더 정확한 이론에 의해 대체될 때에도
적어도 근사적 참은 유지할 것이다. 과학적 실재론자들은 이러한 주
장을 과학적 주장 자체와 동등한 것으로 간주한다. 과학적 실재론은
과학의 성공에 대한 최상의 설명이며, 과학 이론이 세계에 의해서
시험된 것과 동일한 방식으로 과학의 역사와 현대 과학에 비추어
시험될 수 있다고 주장한다. 이러한 형태의 실재론에 '과학적'이라
는 이름을 붙이는 이유는 바로 과학의 역사에 의한 실재론의 시험
가능성(testability)에 대한 주장 때문이다. 리처드 보이드(Richard
Boyd, 1984)는 내가 여기에서 요약한 과학적 실재론에 대해 명확한
언급을 하였다.

이러한 강한 버전의 실재론이 갖는 중요한 문제는 과학의 역사와
과학이 오류일 수 있고, 수정될 수 있다는 사실을 보여 주는 데서
유래한다. 광학의 역사는 가장 분명한 예를 제시한다. 광학은 뉴턴의
입자 이론에서 현대의 이론으로 진보하면서 근본적인 변화를 겪었

다. 뉴턴에 따르면, 빛은 물질 입자의 빔으로 구성되어 있다. 그 이론을 대체한 프레넬의 이론은 빛을 충만한 탄성 에테르 속에 있는 횡파로 해석한다. 맥스웰의 빛의 전자기장 이론은 이러한 파를 변동하는 전기장과 자기장을 포함하고 있는 것으로 재해석하였다. 맥스웰의 이론에서는 이 장이 에테르의 상태라는 생각만 유지되었다. 20세기 초가 되어 장은 존재자로 남았지만 에테르는 제거되었다. 광자(photons)를 도입함으로써 빛의 파동적 성질의 입자적 측면을 보완할 필요가 생기게 되었다. 나는 실재론자와 반실재론자 모두 이러한 일련의 이론을 처음부터 끝까지 진보한 것으로 간주할 것이라고 생각한다. 그러나 어떻게 이러한 진보가 과학적 실재론의 구조와 일치할 수 있는가? 어떻게 이러한 일련의 이론이 세계 안에 존재하는 것의 특성에 대하여 더욱 더 나은 근사치를 향해 움직이는 것으로 해석될 수 있으며, 언제 증거가 극적인 강력한 반대 사례가 될 수 있는가? 빛의 성질은 처음에는 입자로, 다음에는 탄성 매체 안의 파동으로, 그 다음에는 변동하는 장 그 자체로, 또 그 다음에는 광자로 규정되었다.

명백하게, 실재론자의 그림과 잘 맞는 것처럼 보이는 다른 예가 있다. 전자의 역사가 그 적절한 예이다. 19세기 말 음극선의 형태로 전자가 처음 발견되었을 때, 그것은 작은 질량과 전하를 가진 단순한 작은 입자로 해석되었다. 보어(Bohr)는 원자의 양자론에 대한 그의 초기 버전 속에 이 그림을 그렸다. 원자의 양자론에서 전하를 띤 회전하는 입자가 그런 것처럼, 전자는 양전기를 띤 핵을 중심으로 방사없이 회전하였다. 이 전자들은 현재 1/2 단위의 스핀을 가진 양자역학적 존재자로 여겨지며, 적당한 환경에서 파처럼 움직이고, 고전 통계학이 아니라 페르미-디랙(Fermi-Dirac)의 통계학을 따른다. 이러한 역사의 전 과정에서 과학자들은 동일한 전자를 말하였고, 실

326

험하였다. 우리가 전자에 대한 우리의 지식을 점차적으로 개선하고 수정하였다고 가정하는 것은 합당하다. 따라서 전자에 대한 일련의 이론이 진리에 접근하고 있는 것으로 보는 것은 합당하다. 해킹(Ian Hacking, 1983)은 이러한 관점에서 실재론자의 입장이 강화될 수 있는 방법을 제시하였다. 그는 반실재론자는 무엇이 관찰될 수 있고, 무엇이 관찰될 수 없는가를 부적절하게 강조하였으며, 과학에서 실천적으로 조작될 수 있는 것에 대해 충분한 주의를 기울이지 않았다고 주장하였다. 그는 과학에서 존재자는 통제된 방식으로 실천적으로 조작될 수 있고, 특별한 어떤 효과(effects)를 초래하였다면 그것의 실재를 보여 준 것이라고 주장한다. 양성자 빔은 산출될 수 있으며, 통제된 방식으로 효과를 초래하게 할 수 있다는 것이다. 그것들이 직접 관찰되지 않았다는 사실에도 불구하고 실재한다고 할 수 있겠는가? 해킹은 만일 당신이 그러한 효과를 낼 수 있다면, 그것들은 실재한다고 말한다(23면). 무엇이 존재하는가를 판단할 수 있는 기준으로 이러한 기준이 채택된다면, 빛의 입자와 에테르와 관련하여 내가 든 예들이 실재론에 반대된다고 말할 필요는 없을 것이다. 왜냐하면 이러한 존재자는 실천적으로 그것들을 조작함으로써 실재하는 것으로 입증된 적이 결코 없기 때문이다.

과학적 실재론이 지나치게 강하다고 생각하여 다양한 방식으로 그것을 약화시키려고 한 실재론자들도 있다. 그것은 포퍼와 그의 지지자들이 옹호한 실재론으로 그 실재론을 추측적 실재론(conjectural realism)이라 부를 수 있다. 추측적 실재론자들은 지식의 오류 가능성을 강조하고, 과거의 이론뿐만 아니라 세계 안에 존재하는 존재자들에 대한 그들의 주장이 세계를 아주 다르게 해석하는 더 우월한 이론에 의해 반증되고 대체되었다는 것을 잘 알고 있다. 현재 우리가 가지고 있는 이론들 가운데 어떤 이론이 유사한 운명을 당할 것인가에 대해서는 알 수 없다. 따라서 추측적 실재론자들은 현재 우리의 이론들이 근사적으로 참임을 보여 주었다고 주장하지 않을 뿐만 아니라 이 세상에 존재하는 어떤 종류의 사물을 궁극적으로 확인하였다고 주장하지도 않는다. 추측적 실재론자들은 전자가 에테르가 당한 운명과 동일한 운명을 당할 수도 있다는 가능성을 배제하지 않을 것이다. 그럼에도 불구하고, 과학의 목적은 실제로 존재하는 것에 대한 진리를 발견하는 것이고, 이론은 이러한 목적을 성취하는 정도에 따라 평가되어야 한다고 주장한다. 추측적 실재론자의 주장에 따르면 우리는 과거의 이론을 거짓이라고 선언할 수 있을 것이다. 바로 이 사실은 우리가 과거 이론이 부족한 점을 가지고 있다고 생각하고 있다는 증거가 될 것이다.

비록 추측적 실재론자들이 그들의 입장을 과학에서 채택할 수 있는 가장 유익한 입장 가운데 하나라고 주장할지라도, 그들은 그들의 입장이 과학적인 입장이라고까지는 기술하지 않을 것이다. 과학적 실재론자들은 그들의 입장은 과학의 역사에 비추어 시험될 수 있고 과학의 성공을 설명할 수 있다고 주장한다. 추측적 실재론자들은 이러한 입장을 지나치게 야심적인 것으로 간주할 것이다. 과학에서 한 이론이 일정 범위의 현상에 대한 설명으로 받아들여지기 전에, 그 이론에 대한 독립된 어떤 증거가 있어야 한다는, 즉 설명되는 현상과는 무관한 독립된 어떤 증거가 있어야 한다는 요구는 합리적인 요구이다. 존 워럴(John Warrall, 1989b, 102면)이 지적하였듯이, 과학적 실재론이 설명하려고 한 과학의 역사와 독립된 증거가 있어야 한다는 데 의문이 없기 때문에, 과학적 실재론이 이러한 요구를 충족시켰다는 것은 의심의 여지가 없다. 일단 누군가가 무엇을 의미있는 입증으로 받아들일 것인가와 관련하여 과학 자체에서 나온 엄격한 요구를 심각하게 고려하게 되면, 과학적 실재론이 어떻게 역사적 증거에 의해 입증될 수 있는가를 이해하는 것은 쉽지 않다는 것이 일반적인 지적이다. 추측적 실재론자에 의하면 추측적 실재론은 과학적 입장이라기보다는 철학적 입장이며, 그것은 그것이 해결할 수 있는 철학적인 문제들에 의해 정당화된다.

추측적 실재론이 안고 있는 주요 문제는 그것이 주장하고 있는 것이 약하다는 것이다. 추측적 실재론은 현재의 이론이 참 또는 근사적 참임이 알려질 수 있다고 주장하지 않을 뿐만 아니라 과학이 세계 안에 존재하는 것에 대한 것을 궁극적으로 발견했다고 주장하지도 않는다. 그것은 단지 과학의 목적은 세계 안에 존재하는 것을 발견하는 것이며, 과학이 언제 그러한 목적을 달성하지 못했는가를 알 수 있는 방법이 존재한다고 주장할 뿐이다. 추측적 실재론자들은 비록 과학이 참된 이론과 존재하는 것의 참된 특성에 대한 기술에 도달했다고 할지라도, 그것을 알 수 있는 방식이 존재하지 않는다는 점을 인정해야 한다. 현재의 과학 또는 과거의 과학을 이해하거나 평가할 때, 추측적 실재론과 가장 세련된 반실재론 사이의 차이점이 무엇인가라는 질문이 제기될 수 있는데 이러한 질문은 타당한 질문이라 할 수 있다.

이상화

뒤엠(Duhem, 1962, 175면)이 지적한 실재론에 대한 표준적인 반론은 이론적 기술은 세계와는 다른 방식으로 이상화되기 때문에, 이론이 말 그대로 실재에 대한 기술일 수는 없다는 것이다. 우리 모두는 우리가 학교에서 배운 과학에는 마찰 없는 평면, 질점(point masses), 비연장적 끈(inextensible strings)이 포함되어 있다는 것을 기억하고 있으며 이와 일치하는 것이 세상에는 존재하지 않는다는 점을 떠올려 볼 수 있을 것이다. 그런데 이것들은 초보적인 교과서에만 나오는 단순화이고 실제 사태의 특성에 대한 복잡한 기술은 좀더 고급 과정에 나올 것이라고 생각해서는 안 된다. 예를 들면, 뉴턴 과학은 행성을 질점 또는 균질적인 구와 같은 것으로 취급함으로써 천문학에서 불가피하게 근사적 진리에 도달하였다. 양자 역학이 스펙트럼과 같은 수소 원자 특유의 성질을 유도하였을 때, 수소 원자는 주변에서 고립된, 한 개의 양의 전하를 띤 양성자의 근처에서 움직이는 음의 전하를 띤 한 개의 전자로 취급되었다. 실제 수소 원자는 결코 주변에서 고립될 수 없다. 카르노 사이클(Carnot cycles)과 이상 기체(ideal gases)는 실재 세계에 그것의 대응물이 없는, 과학에서 결정적으로 중요한 역할을 하고 있는 다른 이상화이다. 마지막으로, 우리는 실재론자의 관점에서 다음과 같은 사실을 지적할 수 있다. 행성의 위치와 속도 또는 전자의 전하와 같이 세계 안의 체계에 특성을 부여하는 매개 변수는 엄밀한 수학 공식에 의해 조작될 때 막연히 정확한 것으로 취급하는 반면, 실험적인 측정은 항상 어떤 오차의 범위를 수반한다. 따라서 측정된 수치는 $x \pm dx$와 같이 표시되며, dx는 오차의 범위를 나타낸다. 그렇다면 일반적인 생각은 이론적 기술은 실제 세계의 상황에 대응할 수 없는 다양한 방식의 이상화라는 것이다.

　나의 입장은 과학에서의 이상화는 일반적인 생각과 달리 실재론에 대한 문제를 제기하지 않는다는 것이다. 모든 실험적 측정의 의심의 여지없는 부정확성 때문에 측정된 수치가 정확한 값을 포함하고 있지 않다고 말할 수는 없다. 예를 들어, 나는 물리학에서 전하에 대한 측정의 부정확성에도 불구하고 모든 전자에 대한 전하는 절대적으로 같다는 주장을 뒷받침하는 강력한 증거가 있다고 생각한다. 금속의 전도성과 기체의 스펙트럼과 같은 많은 거시적 성질들은 그

330

것들이 강한 의미에서 동일하기 때문에, 전자가 고전적인 볼츠만(Boltzmann)의 통계학이 아니라 페르미-디랙(Fermi-Dirac)의 통계학을 따른다는 사실에 의해 결정된다. 전자를 이론적인 가정으로 간주하는 반실재론자들은 이러한 예를 인상깊게 받아들이지 않을 것이다. 그러나 해킹과 같이 나도 지금은 아주 평범한 일이 된 전자의 실험적 조작(experimental manipulation) 때문에 전자에 대한 반실재론자의 태도를 받아들이기가 아주 어렵게 되었다고 생각한다.

우리는 앞 장에서 논의한 법칙의 본성에 비추어 이상화를 생산적인 방식으로 볼 수도 있다. 앞의 논의에 따르면 법칙들의 공통적인 부분들은 특수자(particulars)의 힘과 경향성 등이 일정한 방식으로 작용하거나 행동하는 것으로 기술된다. 관찰 가능한 일련의 결과들이 이러한 힘과 경향성의 정연한 작용을 반영한다는 기대를 가져서는 안 된다는 점을 강조하였다. 왜냐하면 힘과 경향성이 작동하는 체계는 전형적으로 복잡하고, 다른 힘과 경향성이 동시에 작용하여 그것에 영향을 미치기 때문이다. 따라서 우리는 다음과 같은 예를 들 수 있다. 방전관에서 음극선의 굴절을 측정하기 위해 우리가 행하는 실험이 아무리 정확하다 할지라도, 가까이 있는 물체에서 나오는 전자에 대한 중력의 작용과 지구 자기장의 영향 등을 완전히 제거할 수 없다. 법칙에 대한 인과적 설명이 규칙성 관점이 제시할 수 없는, 과학의 법칙을 설명한다는 사실을 어느 정도 인정해야 하기 때문에 우리는 법칙을 현상 뒤에서 작용하는 인과력(causal powers)을 기술한다고 볼 것을 요구받는데, 이 인과력이 다른 힘과 결합되어 결과적으로 나오는 관찰가능한 결과나 일련의 결과들을 산출시키는 것이다. 법칙에 대한 인과적 설명은 실재론적인 설명이다. 반실재론자들은 어떤 버전의 규칙성 관점으로 과학에서 법칙이 수행하고 있는 기능을 파악할 수밖에 없다. 우리는 앞 장에서 반실재론자들이 직면하고 있는 난점을 논의하였다.

비표상적 실재론 또는 구조적 실재론

세련된 실재론과 세련된 반실재론은 각각 그 나름대로의 장점을 가지고 있는 것처럼 보인다. 실재론자는 과학 이론의 성공적인 예측을 지적하고, 만일 이론이 단순히 계산을 위한 고안물에 지나지 않는다면 어떻게 이러한 성공을 설명할 수 있는가라는 물음을 제기할 수 있다. 반실재론자들은 비록 실재론자들이 과거의 과학 이론들이 거짓이었다는 것을 인정할 수밖에 없었지만, 그 이론들도 성공적인 예측을 하였다는 반론을 제기할 수 있다. 이론의 이 같은 극적인 전환도 반실재론을 뒷받침하는 중요한 사실이다. 그렇다면 두 이론의 장점만을 가지고 있는 입장이 있을 수 있을까? 과거에 나는 비표상적 실재론(unrepresentative realism)이라 부를 수 있는 입장을 취함으로써 그러한 과제를 수행하려고 하였다. 나의 이러한 입장은 존 워럴(Worral, 1989b)에서 전개된 구조적 실재론(structctural realism)과 유사성을 가지고 있다. 비표상적 실재론이 주목을 받지는 못했다. 아마도 워럴은 나보다는 더 많은 행운을 가질 것이다.

광학의 역사는 실재론자의 관점에서 볼 때 그들의 이론에 대해 가장 논쟁적인 예를 제공하였다. 왜냐하면 우리는 광학의 역사에서 빛이 무엇인가에 대한 이해가 바뀜에 따라 의심의 여지가 없었던 성공적인 이론들이 전복되는 사례를 볼 수 있기 때문이다. 이러한 문제 사례에 집중하여 실재론자의 입장이 어느 정도까지 살아 남을 수 있는지를 살펴보기로 하자. 실증주의자와 귀납주의자가 과학을 이해하는 방법과 열정적으로 투쟁하였던 포퍼주의적인 실재론자들은 이전에 잘 지지되었던 이론에 대한 반증은 과학적 지식은 그것을 지지하는 실증적 증거가 아무리 많이 존재한다고 할지라도 오류일 수밖에 없다고 하는 자신들의 입장을 지지한다는 사실을 지적하였다. 이러한 정신에 비추어 볼 때 그들은 예를 들면, 빛에 대한 프레넬의 파동 이론이 거짓으로 밝혀졌다고 주장할 것이다. (탄성 에테르는 존재하지 않으며 파동 이론은 빛이 입자적인 성질을 가지고 있음을 보여 주는 광전 효과(photoelectric effect)와 같은 현상을 설명할 수 없다.) 그러나 프레넬의 이론을 단순히 거짓으로 여겨 제거하는 것이 우리에게 유익하며 과연 잘하는 일일까? 빛이 파동처럼 작용하는 상황도 아주 많이 존재한다. 프레넬의 이론에는 예측적 성공 이상의 것이 존재한다. 그것은 광범위한 영역에서 빛이 가지고 있는 옳은 성질을 성공적으로 파악하였다. 다양한 상황에서 빛이 파동과 같은 구조를 가지고 있다는 것을 파악한 것이다. 프레넬의 이론은 예측에서 성공적이었던 구조를 파악하였으며, 유명한 흰 점(white spot)과 같은 성공적인 예측을 극적으로 하였기 때문이다. 워럴은 프레넬 이론의 수학적 구조에 초점을 맞추어 이러한 사실을 강조하였다. 워럴은 프레넬이 빛을 다루면서 고안한 투명한 면에서의 반사와 굴절에 대해 자세한 사항을 알려 주는 방정식과 같은 것이 오늘날의 이론에도 많이 남아 있다는 사실을 지적하였다. 곧 현대적인 관점에서 이 문제를 이해할 때에도, 그의 방정식이 전제한 실재에 대한 프레넬의 해석 가운데 일부가 포기되었음에도 불구하고 그의 방정식은 광범위한 광학 현상에 대한, 거짓이 아닌 참인 기술을 제공하고 있다.

그러므로 과학은 그것이 실재의 구조를 밝히려 하였고, 실재의 구조를 성공적으로 점점 더 정확하게 밝혔다면 점차적으로 진보한 것이며, 이러한 의미에서 과학은 실재론적이다. 과거의 과학 이론은 적어도 그 이론들이 실재의 구조를 근사적으로 파악하였다는 점에서 예측에 있어서 성공적이었기 때문에(따라서 그 이론들이 예측한 것의 성공은 설명되지 않은 기적이 아니다) 반실재론이 안고 있는 중요한 문제를 피할 수 있다. 실재에 부여한 구조가 끊임없이 개량된 경우에 한해서 과학은 점차 진보하였다고 할 수 있지만, 이러한 구조(탄성 에테르, 대상들과 독립하여 대상들을 담을 수 있는 용기로서의 공간)를 수반하는 표상은 때때로 다른 것으로 대치되었다. 표상에서 전도가 일어나지만 수학적 구조는 점차적으로 세련화된다. 그래서 '비표상적 실재론'과 '구조적 실재론'이라는 용어 모두는 그 나름의 장점을 가지고 있는 것이다.

　물리학에서 일어나는 진보의 특성은 새로운 이론은 그것이 대체한 이론이 성공적으로 설명한 것을 설명할 수 있고, 나아가 그 이론이 성공적으로 예측한 것을 예측할 수 있을 뿐만 아니라 그 이상의 것을 예측할 수 있다는 것이다. 프레넬의 빛의 이론은 성공적이었다. 다양한 상황 아래서 빛은 실제로 파장적인 성질을 가지고 있었기 때문이다. 그리고 현대의 빛의 이론은 이 사실을 반박하지 않고 강화시켰다. 이와 같은 맥락에서 상대성 이론의 관점에서 볼 때, 다양한 상황에서 빛의 속도에 그다지 가깝지 않은 속도로 운동하는 작은 질량을 가진 물체를 포함하는 공간을 시간 및 그 안에 존재하는 대상으로부터 독립적인 용기로 가정한다고 할지라도 그 가정이 그렇게 많은 문제를 갖는 것은 아니다. 물리학에서 일어나는 진보를 설명하려는 이론은 이러한 일반적인 특성을 수용할 수 있어야만 한다. 이러한 조건을 만족시킬 수 있는 이론에 어떤 이름을 부여하는가 하는 것은 그다지 중요하지 않다.

더 읽어 볼 만한 문헌

지금까지의 논의는 주로 John Worrall의 (1982)와 (1989b) 텍스트에 기초하였다. Leplin(1984)는 과학적 실재론에 대한 논문 모음집이다. 도구주의를 물리치고 실재론을 옹호하는 포퍼의 입장은 그의 (Popper, 1969) 텍스트 3장과 (Popper, 1983) 텍스트에 잘 나타나 있다. 반실재론에 대한 고전적인 옹호는 Duhem의 (1962)와 (1969) 텍스트, Poincare (1952)이며, 현대적인 버전은 Fraassen(1980)이다.

제16장

에필로그

나는 이 결론 부분에서 내가 앞의 열 다섯 장에서 성취한 것에 대해 반성하려고 한다. 나는 이 책을 쓰는 동안 줄곧 관심을 기울여 온 서로 연관이 있는 세 가지 물음 또는 문제를 제기하였다.

1. 나는 이 책의 제목인 "과학이란 무엇인가?"라는 물음에 대답하였는가?

2. 이 책에서 제시한 역사적 사례와 옹호하려고 한 철학적 논제 사이의 관계는 무엇인가? 이러한 예들이 내가 옹호하려고 한 논제에 대한 증거인가 또는 단순한 예증에 지나지 않는가?

3. 12장과 13장에서 논의한 베이스주의자들과 새로운 실험주의자들이 과학에 대하여 제시한 일반적인 주장이 11장에서 논의한 방법에 대한 반대와 어떠한 관계를 가지고 있는가? 과학에 대한 어떤 일반적인 설명도 존재하지 않는다면 그 문제에 대한 더 이상의 모든 논의는 불필요하지 않을까?

나의 대답은 다음과 같다. 나는 과학 발전의 모든 역사적 단계의 모든 과학에 적용할 수 있는, 과학과 과학의 방법에 대한 일반적인 설명이 존재하지 않는다는 것을 다시 한 번 확언한다. 철학이 그러한 설명을 제공할 수 있는 자원을 가지고 있지 않다는 것은 확실하다. 어떤 의미에서 이 책의 제목으로 채택한 질문은 잘못되었다. 그럼에도 불구하고 다양한 역사적 단계에서 나타난 다양한 과학의 특징에 대한 탐구는 의미있고 중요한 과제이다. 이 책에서 나는 17세기 과학 혁명 기간에 시작하여 (비록 내가 양자 역학과 양자장 이론과 같은 현대의 혁신적인 이론이 질적으로 새로운 어떤 특징을 포함하고 있는가라는 문제를 논의하지 않았지만) 현대에 이르기까지의 물리과학에 대한 탐구를 통해 이러한 과제를 수행하려고 하였다. 나는 주로 적절한 종류의 역사적 보기들을 통해 물리과학의 본성을 보여 줌으로써 이러한 과제를 수행하였다. 따라서 역사적 보기는 단순한 예가 아니라 사례의 중요한 부분을 이룬다.

비록 제시된 물리과학에 대한 설명이 과학에 대한 보편적인 정의를 제공하는 데는 대단히 미흡하다고 할지라도, 예를 들어 '창조 과학'의 지위에 대한 논쟁에 잘 나타나 있는 것과 같이 과학으로 여길 수 있는 것과 없는 것에 대해 토론할 때 그 설명이 쓸모 없는 것은 아니다. 나는 창조 과학이라는 이름으로 창조 과학을 옹호하는 사람들의 중요한 목적은 창조 과학이 물리학과 같이 승인된 과학이 갖고 있는 성격과 유사한 성격을 가지고 있다는 주장을 하는 것이라고 생각한다. 우리는 이 책에서 옹호한 입장에 서서 그러한 주장을 평가할 수 있다. 물리학에서 찾아 볼 수 있는 지식 주장이 어떠한 종류의 것이며, 물리학에서의 지식 주장을 세우는 데 어떤 종류의 방법이 쓸모가 있고 그리고 어떤 종류의 성공이 성취되었는가를 보여주면, 우리는 창조 과학과 물리학을 비교할 때 필요한 기초를 획득하게 된다. 일단 분과들 사이의 유사성과 차이점이 드러나게 되면, 우리는 그것들을 현명하게 판단하기 위해 필요한 모든 것을 갖게 되는 것이다. 그리고 우리는 창조 과학을 과학이라고 할 때 그 말이 의미하는 것이 무엇인가를 정당하게 평가할 수 있게 된다. 과학에 대한 어떤 보편적인 설명도 필요하지 않다.

나는 앞의 문단에서 물리과학에 대한 나의 묘사는 "적절한 종류의 역사적 보기들"에 의해서 옹호될 수 있다고 하였다. 이러한 주장을 좀더 자세하게 설명할 필요가 있다. 적절한 보기들은 물리과학이 지식으로 기능하는 방식과 관련이 있다. 보기들은 물리과학이 세계에 대해 행하는 주장과 관련이 있으며, 이러한 종류의 주장이 세계와 관계를 맺고 세계와 맞서 시험되는 방식과 관련이 있다. 그것들은 철학자들이 과학의 인식론이라고 부르는 것과 관련이 있다. 과학철학은 과학의 인식론적 기능을 보여 주고 명료하게 해주는 역사적 보기를 보여 줌으로써 행해진다. 이렇게 관련을 맺게 된 과학사는 과학사에서 일부를 선택한 것이며, 그 과학사가 있을 수 있는 중요하거나 유일한 과학사는 아니다. 과학적 지식은 항상 사회적 맥락 안에서 생산된다. 사회적 맥락 안에서 생산되는 지식의 목적은 과학자의 사적이거나 전문적인 목적, 연구비를 제공하는 사람이나 단체의 경제적 목적, 여러 종류의 종교적 정치적 집단의 이데올로기적 이해 관계를 포함한 서로 상이한 목적을 가진 다른 실천들과 연관을 맺고 있다. 이러한 연관을 탐구하는 역사는 정당할 뿐만 아니라 중요하다. 그러나 이 책이 관심을 가지고 있는 프로젝트와는 관련이 없다. 현재 '과학에 대한 사회적 연구'(social studies of science)라는 분야가 유행하고 있는데, 이에 따르면 내가 이 책에서 하고 있는 과학적 지식에 대한 인식론적인 연구는, 과학은 사회적이라는 주장이 담고 있는 의미를 충분히 고려하지 않고서는 성취될 수 없다. 나는 이 책에서 이들 학파가 제기한 도전에 정면으로 맞서지는 않았다. 나는 그들이 수행될 수 없다고 말한 것이 실제로는 이 책에서와 같이 과학에 대한 연구를 수행함으로써 성취될 수 있다는 것을 보여주는 것으로 만족하여 왔다. 내가 현대의 과학에 대한 사회적 연구와의 감정을 풀고자 하는 시도는 1990년에 출간한 《과학과 그 짜임새》(*Science and Its Fabrication*)에 잘 나타나 있다. 이 책에서 나는 과학의 사회학적이고 정치학적인 연구를 내가 대단히 중요하게 여기고 있다는 나의 입장이 명확하게 전달되었으면 하고 희망하였다. 지금의 쟁점은 그러한 연구의 인식론적인 유관성이다.

이제 보편적 방법을 부정한 나의 입장에 비추어 베이스주의와 새로운 실험주의의 지위에 관한 문제를 논의해 보기로 하자. 베이스주의는 과학적 추론을 일반적으로 해명하려는 시도처럼 보인다. 베이스주의의 이러한 입장은 1989년에 출간된 하우슨(Howson)과 어배크(Urbach)가 쓴 《과학적 추론: 베이스주의적 접근》의 제목에 잘 나타나 있다. 그러나 이러한 인상이 엄밀하게 분석된 것은 아니다. 비록 우리가 베이스주의적 기제를 의심하지 않고 받아들인다고 할지라도, 그 기제가 우리에게 제공하는 것은 새로운 증거에 비추어 믿음들을 확률적으로 판단할 수 있게 해주는 일반적인 방법이다. 베이스주의가 과학적 추론을 뽑아내어 그것을 다른 영역에서 구별해내는 것은 아니다. 실제로 베이스주의가 가장 유용하게 적용될 수 있는 곳은 과학이 아니라 도박이다. 따라서 만일 베이스주의가 과학이 고유하게 가지고 있는 어떤 특성들을 우리에게 말해준다면, 그 특성들은 과학에서 발생하는 것들과 관계가 있는 상당히 여러 종류의 믿음과 증거를 통해 강화될 필요가 있을 것이다. 이러한 강화는 오직 과학 자체를 면밀하게 조사함으로써 이루어질 수 있을 것이다. 더구나 이러한 조사를 할 때 여러 과학 안에서 차이가 나타나고, 한 가지 과학의 방법 내에서도 질적인 변화가 일어날 것이다. 곧 베이스주의적 접근이 옳은 접근이라 할지라도, 보편적 방법을 부정하는 나의 입장을 위협하지 않을 뿐만 아니라 내가 옹호하고 있는 종류의 인식론적인 과학사를 필요로 할 것이다.

새로운 실험주의는 물리과학과 생물과학에서 실험이 맡고 있는 몇몇 중요한 특징과 실험의 성취를 잘 보여 주었다. 그러나 실험주의자가 과학에 대하여 제시한 설명은 과학에 대한 보편적인 설명을 제공하고 있다고 할 수는 없다. 예를 들면, 새로운 실험주의는 지난 3세기 동안 자연 과학에서 실험의 역량과 성취를 증명하였고 데보라 메이요(Deborah Mayo)는 오류 이론(error theory)과 통계학에 의존하여 여러 실험적 추론에 형식적 토대를 제공하였다. 이것은 두 가지 이유 때문에 과학에 대한 보편적인 설명이 될 수 없다. 첫째, 새로운 실험주의가 포함하고 있는 실험적 조작(experimental manipulation)에 대한 강조는 다른 학문 분야에 대한 이해와는 무관하다. 특히 실험적 조작이 불가능하거나 적절하지 못한 사회 과학이나 역사 과학의 영역에서 그러하다. 아마도 과학을 실험 과학과 동일시함으로써 이러한 결론을 피할 수 있을 것이다. 그러나 이러한 결론은 예를 들면 그들 자신을 정치 과학자 또는 기독교 과학자라고 부르는 사람들을 만족시키지는 못할 것이다. 둘째, 13장에서 논의하였듯이, 새로운 실험주의의 설명은 과학에서 이론이 맡고 있는 결정적인 다양한 역할을 적절히 설명하지 못하는 경우 불완전할 수밖에 없다. 나는 이러한 문제점이 피터 갤리슨(Peter Galison)의 1997년 책에 잘 나타나 있다고 생각한다. 이 책에서 갤리슨은 입자 탐지기와 계수기, 그것들의 능력과 진화에 초점을 맞춤으로써, 20세기의 미시 물리학에서 일어난 진보를 기술적으로 풍요롭게 설명하였다. 그러나 이 책은 입자의 실험적 탐지와 고수준(high-level) 이론 사이의 관계를 명확하게 설명하지 않은 채로 남겨 두었다. 고수준 이론은 대칭과 보존의 원칙과 관련이 있으며, 이 원칙에 따라 입자들을 이해하고 분류할 수 있다. 에필로그를 쓰는 이 시점에서 나는, 정밀한 사례 연구가 증명한 새로운 실험주의의 통찰과 도움으로 실험 과학에서 이론의 역할 또는 역할들에 대한 새로워진 설명을 부각시키는 것이 자연 과학 철학에서의 걸출하고 긴급한 문제라고 생각한다.

다음과 같은 역사적 반성은 새로운 실험주의자들의 저술에서 과학에 대한 어떤 보편적인 규정이나 처방(prescription)을 이끌어 내는 것이 어렵다는 것과 이론과 실험 사이의 관계의 본성을 명백하게 밝히기 위해 내가 마음 먹고 있는 연구가 어떤 종류의 연구인가를 보여 준다. 세계를 이해하기 위해서는 세계를 실험적으로 조작해야 한다는 생각은 과학 혁명기에는 결코 참신한 생각이 아니었다. 좁은 의미에서 금속을 금으로 바꾸는 시도보다는 넓은 의미에서 물질의 의도적 변환을 포함하는 근대 화학의 선구로 받아들여진 연금술은 그 기원에서 고대까지 거슬러 올라가며 중세에 번성하였다. 그런데 이것이 실제적으로 성공을 거두지는 못했다. 단순히 이론에 의한 지도가 부족해서 연금술이 성공을 거두지 못했다고 볼 수는 없다. 연금술사들은 원자론과 다른 물질 이론들을 알고 있었다. 이론을 무시하고 단순히 실험적 실천만을 본다면, 16세기와 17세기의 야금술사와 약제사들의 기술적 전통에서 의미있는 진보가 이루어졌다는 것을 알 수 있을 것이다. 그리고 그것과 관련된 지식은 지난 17세기와 18세기에 나타난 화학과는 질적으로 다른 것으로 보여질 수도 있다. 화학은 '이론'을 포함하고 있었지만, 원자론과는 아주 다른 대단히 저수준의(low-level) 이론이었다. 18세기 초에 필요했으며 제공되었던 것은, 물질이 결합되었을 때 그 물질은 그 결과로 나타난 화합물 안에 계속 존재하고, 적절한 조작에 의해 다시 추출될 수 있어야 한다는 화학 결합과 물질의 재조합이라는 개념이었다. 물질을 산, 알칼리, 산으로 알칼리를 중화하거나 알칼리로 산을 중화할 때 발생하는 염으로 분류한 것은 원자론이나 다른 물질 이론의 필요성 없이도 진보가 가능하도록 연구를 조직할 수 있는 방식을 제공하였다. 그러한 사색이 실험과 관계를 맺을 수 있는 시간이 성숙하기도 전에 19세기가 도래하고 말았다. 따라서 우리가 논의를 화학에만 제한한다고 하더라도, 과학에서 실험의 역할과 실험과 이론 사이의 관계에 대한 질문은 복잡하고 역사적으로 상대적인 질문이다.

나는 지금까지 이 책에서 탐구한 과학에 대한 입장과 과학자들의 작업 사이의 관계에 대해 이야기하는 것으로 결론을 맺으려고 한다. 나는 철학자들이 이용할 수 있으며 과학을 판단할 수 있게 해주는 기준을 제공할 수 있는 과학에 대한 보편적인 설명이 존재한다는 사실을 부정하고, 과학에 대한 적절하고 다양한 설명은 과학 자체를 면밀히 검토함으로써 획득될 수 있다는 주장을 하였기 때문에, 과학 철학자의 입장은 필요하지 않으며 과학자들 자신의 설명만이 중요하다는 결론을 내릴 수도 있다. 그런데 나의 이러한 주장이 성공을 거둔다면, 나는 직장을 잃을 것이라는 생각을 할 수도 있다. (나에게 다행스럽게도) 이러한 결론이 정당화되지는 않았다. 비록 과학자 자신이 과학을 가장 잘 할 수 있는 실천자이고 철학자의 조언을 받을 필요가 없다는 것이 참이라고 할지라도, 과학자가 그들이 하는 작업에서 한 걸음 뒤로 물러나 그들이 하는 일의 본성을 특히 잘 기술하고 규정할 수 있다고 할 수는 없다. 과학자들은 과학적인 진보를 이룩할 수 있지만, 진보가 무엇으로 이루어져 있는가를 가장 명확하게 설명할 수 있는 처지에 있는 것은 아니다. 즉 과학자는 과학의 본성과 지위에 대한 토론을 잘 수행할 수 있는 능력을 특별히 갖추고 있는 것은 아니다. 과학자라 할지라도 창조 과학의 평가와 관련된 과학의 본성과 지위에 대한 논쟁을 잘 수행할 수 있는 능력을 갖추고 있는 것은 아니다. 이 책은 과학, 더구나 내가 초점을 맞춘 물리과학에 기여할 의도를 가지고 있는 것은 아니다. 오히려 나는 주로 역사적인 사례를 통하여 물리과학이 무엇이고, 무엇이었던가를 설명하려 해 왔다.

더 읽어 볼 만한 문헌

중세의 연금술에 대한 설명과 연금술과 관련된 원자론자들에 대한 다양한 설명은 Newman(1994)을 참고하라. '연금술'을 편협하게 해석하지 않고 화학으로 해석하는 경우와 17세기 경의 연금술에 대한 설명은 Newman과 Principe(1998)에 잘 나타나 있다. 18세기에 화학이라는 새로운 과학이 계속 발전할 수 있도록 해준 화학 결합에 의한 설명의 도입에 대해서는 Klein(1995)과 Klein(1996)을 참고하라.

참고문헌

Ackermann, R. J. (1976). *The Philosophy of Karl Popper.* Amherst, University of Massachusetts Press.

Ackermann, R. (1989). "The New Experimentalism", *British Journal for the Philosophy of Science,* 40, 185~90.

Anthony, H. D. (1948). *Science and Its Background.* London, Macmillan.

Amstrong, D. M. (1983). *What Is a Law Nature?.* Cambridge, Cambridge University Press.

Ayer, A. J. (1940). *The Foundations of Empirical Knowledge.* London, Macmillan.

Bamford, G. (1993). "Popper's Explications of Ad Hocness: Circularity, Empirical Content and Scientific Practice", *British Journal for the Philosophy of Science,* 44, 335~55.

Barker, E. (1976). Social Contract: Essays by Locke, *Hume and Rousseau.* Oxford, Oxford University Press.

Barnes, B. (1982). *T. S. Kuhn and Social Science.* London, Macmillan.

Barnes, B., Bloor, D. and Henry, J. (1996). *Scientific Knowledge: A Sociological Analysis.* Chicago, University of Chicago Press.

Bhaskar, R. (1978). *A Realist Theory of Science.* Hassocks, Sussex, Harvester.

Block, I. (1961). "Truth and Error in Aristotle's Theory of Sense Perception", *Philosophical Quarterly,* 11, 1~9.

Bloor, D. (1971). "Two Paradigms of Scientific Knowledge", *Science Studies,* 1, 101~15.

Boyd, R. (1984). "The Current Status of Scientific Realism" in Leplin (1984), pp. 41~82.

Buchwald, J. (1989). *The Creation of Scientific Effects.* Chicago, University of Chicago Press.

Brown, H. J. (1977). *Perception, Theory and Commitment: The New Philosophy of Science.* Chicago, University of Chicago Press.

Cartwright, N. (1983). *How the Laws of Physics Lie.* Oxford, Oxford University Press.

Cartwright, N. (1989). *Nature's Capacities and Their Measurement.* Oxford, Oxford University Press.

Chalmers, A. F. (1973). "On Learning from Our Mistakes", *British Journal for the Philosophy of Science,* 24, 164~73.

Chalmers, A. F. (1984). "A Non-Empiricist Account of Experiment", *Methodology and Science,* 17, 95~114.

Chalmers, A. F. (1985). "Galileo's Telescopic Observations of Venus and Mars", *British*

Journal for the Philosophy of Science, 36, 175~91.

Chalmers, A. F. (1986). "The Galileo that Feyerabend Missed: An Improved Case Against Method" in J. A. Schuster and R. A. Yeo (eds), *The Politics and Rhetoric of Scientific Method*. Dordrecht, Reidel, pp. 1~33.

Chalmers, A. F. (1990). *Science and Its Fabrication*. Milton Keynes, Open University Press.

Chalmers, A. F. (1993). "The Lack of Excellency of Boyle's Mechanical Philosophy", *Studies in History and Philosophy of Science*, 24, 541~64.

Chalmers, A. F. (1995). "Ultimate Explanation in Science", *Cogito*, 9, 141~5.

Chalmers, A. F. (1999). "Making Sense of Laws of Physics" in H. Sankey (ed.), *Causation and Laws of Nature*. Dordrecht, Kluwer.

Christie, M. (1994). "Philosophers versus Chemists Concerning 'Laws of Nature'", *Studies in History and Philosophy of Science*, 25, 613~29.

Clavelin, M. (1974). *The Natural Philosophy of Galileo*. Cambridge, Mass., MIT Press.

Cohen, R. S., Feyerabend, P. K. and Wartofsky, M. W. (eds) (1976). *Essays in Memory of Imre Lakatos*. Dordrecht, Reidel.

Davies, J. J. (1968). *On the Scientific Method*. London, Longman.

Dorling, J. (1979). "Bayesian Personalism and Duhem's Problem", *Studies in History and Philosophy of Science*, 10, 177~87.

Drake, S. (1957). *The Discoveries and Opinions of Galileo*. New York, Doubleday.

Drake, S. (1978). *Galileo at Work*. Chicago, Chicago University Press.

Duhem, P. (1962). *The Aim and Structure of Physical Theory*. New York, Atheneum.

Duhem, P. (1969). *To Save the Phenomena*. Chicago, University of Chicago Press.

Duncan, M. M. (1976). *On the Revolutions of the Heavenly Spheres*. New York, Barnes and Noble.

Earman, J. (1992). *Bayes or Bust? A Critical Examination of Bayesian Confirmation Theory*. Cambridge, Mass., MIT Press.

Edge, D. O. and Mulkay, M. J. (1976). *Astronomy Transformed*. New York, Wiley Interscience.

Feyerabend, P. K. (1970). "Consolations for the Specialist" in Lakatos and Musgrave (1970), pp. 195~230.

Feyerabend, P. K. (1975), *Against Method: Outline of an Anarchistic Theory of Knowledge*. London, New Left Books.

Feyerabend, P. K. (1976), "On the Critique of Scientific Reason" in Howson (1976, pp. 209~39).

Feyerabend, P. K. (1978), *Science in a Free Society*. London, New Left Books.

Feyerabend, P. K. (1981a), *Realism, Rationalism and Scientific Method. Philosophical Papers, Volume I*. Cambridge, Cambridge University Press.

Feyerabend, P. K. (1981b), *Problems of Empiricism. Philosophical Papers, Volume II*.

Cambridge, Cambridge University Press.

Franklin, A. (1986). *The Neglect of Experiment*. Cambridge, Cambridge University Press.

Franklin, A. (1990). *Experiment, Right or Wrong*. Cambridge, Cambridge University Press.

Galileo (1957). " The Starry Messenger" in S. Drake (1957).

Galileo (1967). *Dialogue Concerning the Two Chief World Systems*, transl. S. Drake. Berkeley, California, University of California Press.

Galileo (1974). *Two New Science*, transl. S. Drake. Madison, University of Wisconsin Press.

Galison, P. (1987). *How Experiments End*. Chicago, University of Chicago Press.

Galison, P. (1997). *Image and Logic: A Material Culture of Physics*. Chicago, University of Chicago Press.

Gaukroger, S. (1978). *Explanatory Structures*. Hassocks, Sussex, Harvester.

Geymonat, L. (1965). *Galileo Galilei*. New York, McGraw Hill.

Glymour, C. (1980). *Theory and Evidence*. Princeton, Princeton University Press.

Goethe, J. W. (1970) *Theory of Colors*, transl. C. L. Eastlake. Cambridge, Mass., MIT Press.

Gooding, D. (1990). *Experiment and the Making of Meaning: Human Agency in Scientific Observation and Experiment*. Dordrecht, Kluwer.

Hacking, I. (1983). *Representing and Intervening*. Cambridge, Cambridge University Press.

Hanfling, O. (1981). *Logical Positivism*. Oxford, Basil Blackwell.

Hanson, N. R. (1958). *Patterns of Discovery*. Cambridge, Cambridge University Press.

Hempel, C. G. (1966). *Philosophy of Natural Science*. Englewood Cliffs, NJ, Prentice Hall.

Hertz, H. (1962). *Electric Waves*. New York, Dover.

Hirsch, P. B., Horne, R. W. and Whelan, M. J. (1956). "Direct Observation of the Arrangements and Motions of Dislocations in Aluminium", *Philosophical Magazine*, 1, 677~84.

Hooke, R. (1665). *Micrographia*, London, Martyn and Allestry.

Horwich, P. (1982). *Probability and Evidence*. Cambridge, Cambridge University Press.

Howson, C. (ed.) (1976). *Method and Appraisal in the Physical Sciences*. Cambridge, Cambridge University Press.

Howson, C. and Urbach, P. (1989). *Scientific Reasoning: The Bayesian Approach*. La Salle, Illinois, Open Court.

Hoyningen-Huene, P. (1993). *Reconstructing Scientific Revolutions: Thomas S. Kuhn's Philosophy of Science*. Chicago, University of Chicago Press.

Hume, D. (1939). Treatise on Human Nature. London, Dent.

Klein, U. (1995). 'E. F. Geoffroy's Table of Different 'Raports' Observed Between Different Chemical Substances", *Ambix*, 42, 79~100.

Klein, U. (1996). "The Chemical Workshop Tradition and the Experimental Practice: Discontinuities Within Continuities", *Science in Context*, 9, 251~87.

Kuhn, T. (1959). *The Copernican Revolution*, New York, Random House.

346

Kuhn, T. (1970a). *The Structure of Scientific Revolutions*. Chicago, University of Chicago Press.

Kuhn, T. (1970b). 'Logic of Discovery or Psychology of Research" in Lakatos and Musgrave (1970), pp. 1~20.

Kuhn, T. (1970c). 'Reflections on My Critics" in Lakatos and Musgrave (1970), pp. 231~78.

Kuhn, T. (1977). *The Essential Tension: Selected Studies in Scientific Tradition and Change*. Chicago, University of Chicago Press.

Lakatos, I. (1968). *The Problem of Inductive Logic*. Amsterdam, North Holland.

Lakatos, I. (1970). 'Falsification and the Methodology of Scientific Research Programmes" in Lakatos and Musgrave (1970), pp. 91~196.

Lakatos, I. (1971). 'Replies to Critics" in R. Buck and R. S. Cohen (eds), *Boston Studies in the Philosophy of Science, Volume 8*, Dordrecht, Reidel.

Lakatos, I. (1976a). 'Newton's Effect on Scientific Standards" in Worrall and Currie (1978a), pp. 193~222.

Lakatos, I. (1976b). *Proofs and Refutations*. Cambridge, Cambridge University Press.

Lakatos, I. (1978). 'History of Science and Its Rational Reconstruction" in Worrall and Currie (1978a), pp. 102~38.

Lakatos, I. and Musgrave, A. (eds)(1970). *Criticism and the Growth of Knowledge*. Cambridge, Cambridge University Press.

Lakatos, I. and Zahar, E. (1975). 'Why Did Copernicus' Programme Supersede Ptolemy's" in R. Westman (ed.), *The Copernican Achievement*. Berkeley, California, University of California Press.

Larvor, B. (1998). *Lakatos: An Introduction*. London, Routledge.

Laudan, L. (1977). *Progress and Its Problems: Towards a Theory of Scientific Growth*. Berkeley, University of California Press.

Laudan, L. (1984). *Science and Values: The Aims of Science and Their Role in Scientific Debate*. Berkeley, University of California Press.

Leplin, J. (1984). *Scientific Realism*. Berkeley, University of California Press.

Locke, J. (1967). *An Essay Concerning Human Understanding*. London, Dent.

Maxwell, J. C. (1877). 'The Kinetic Theory of Gases", *Nature*, 16, 245~46.

Maxwell, J. C. (1965). 'Illustrations of the Dynamical Theory of Gases", in W. D. Niven (ed.), *The Scientific Papers of James Clerk Maxwell*, 2 Volumes. New York, Dover.

Mayo. D. (1996). *Error and the Growth of Experimental Knowledge*. Chicago, University of Chicago Press.

Menter, J. (1956), 'The Direct Study by Electron Microscopy of Crystal Lattices and Their Imperfections", *Proceedings of the Royal Society, A*, 236, 119~35.

Mill, J. S. (1975). *On Liberty*, New York, Norton.

Mulkay M. (1979). *Science and the Sociology of Knowledge*. London, Allen and Unwin.

Musgrave, A. (1974a). "The Objectivism of Popper's Epistemology" in Schilpp (1974, pp. 560~96).

Musgrave, A. (1974b) "Logical Versus Historical Theories of Confirmation", *British Journal for the Philosophy of Science*, 25, 1~23.

Nersessian, N. (1984). *Faraday to Einstein: Constructing Meaning in Scientific Theories*. Dordrecht, Kluwer.

Newman, W. R. (1994). *Gehennical Fire: The Lives of George Starkey, an American Alchemist in the Scientific Revolution*. Cambridge, Mass., Harvard University Press.

Newman, W. R. and Principe, L. M. (1998). "Alchemy vs Chemistry: the Etymological Origins of a Historiographic Mistake", *Early Science and Medicine*, 3, 32~65.

Nye, M. J. (1980). "N-rays: An Episode in the History and Psychology of Science", *Historical Studies in the Physical Sciences*, 11, 125~56.

O'Hear, A. (1980). *Karl Popper*. London, Routledge and Kegan Paul.

Poincaré, H. (1952). *Science and Hypotheses*. New York, Dover.

Polanyi, M. (1973). *Personal Knowledge*. London, Routledge and Kegan Paul.

Popper, K. R. (1969). *Conjectures and Refutations*. London, Routledge and Kegan Paul.

Popper, K. R. (1972). *The Logic of Scientific Discovery*. London, Hutchinson.

Popper, K. R. (1974). "Normal Science and Its Dangers" in Lakatos and Musgrave (1974, pp. 51~8).

Popper, K. R. (1979). *Objective Knowledge*. Oxford, Oxford University Press.

Popper, K. R. (1983). *Realism and the Aim of Science*. London, Hutchinson.

Price, D. J. de S. (1969). "A Critical Re-estimation of the Mathematical Planetary Theory of Ptolemy" in M. Clagett (ed.), *Critical Problems in the History of Science*. Madison, University of Wisconsin Press.

Quine, W. V. O. (1961). "Two Dogmas of Empiricism" in *Form a Logical Point of View*. New York, Harper and Row.

Ravetz, J. R. (1971). *Scientific Knowledge and Its Social Problems*. Oxford, Oxford University Press.

Rosen, E. (1962). *Three Copernican Treatises*. New York, Dover.

Rosenkrantz, R. D. (1977). *Inference, Method and Decision: Towards a Bayesian Philosophy of Science*. Dordrecht, Reidel.

Rowbotham, F. J. (1918). *Story Lives of Great Scientists*. Wells, Gardner and Darton.

Russell, B. (1912). *Problems of Philosophy*. Oxford, Oxford University Press.

Salman, W. (1966). *The Foundations of Scientific Inference*. Pittsburgh, University of Pittsburgh Press.

Schilpp, P. A. (ed). (1974). *The Philosophy of Karl Popper*. La Salle, Illinois, Open Court.

Shapere, D. (1982). "The Concept of Observation in Science and Philosophy", *Philosophy*

348

of Science, 49, 485~525.

Stove, D. (1973). *Probability and Hume's Inductive Skepticism*. Oxford, Oxford University Press.

Thomason, N. (1994). "The Power of ARCHED Hypotheses: Feyerabend's Galileo as a Closet Rationalist", *British Journal for the Philosophy of Science*, 45, 255~64.

Thomason, N. (1998). "1543 —The Year That Copernicus Didn't Predict the Phases of Venus" in A. Corones and G. Freeland (eds), *1543 and All That*. Dordrecht, Reidel.

Thurber, J. (1933). *My Life and Hard Times*. New York, Harper.

van Fraassen, Bas C. (1980). *The Scientific Image*. Oxford, Oxford University Press.

van Fraassen, Bas C. (1989). *Laws and Symmetry*. Oxford, Oxford University Press.

Woolgar, S. (1988). *Science: The Very Idea*. London, Tavistock.

Worrall, J. (1976). "Thomas Young and the 'Refutation' of Newtonian Optics: A Case Study in the Interaction of Philosophy of Science and History" in Howson (1976, pp. 107~79).

Worrall, J. (1982). "Scientific Realism and Scientific Change" in *Philosophical Quarterly*, 32, 201~31.

Worrall, J. (1985). "Scientific Reasoning and Theory Confirmation" in J. Pitt (ed.), *Change and Progress in Modern Science*. Dordrecht, Reidel.

Worrall, J. (1988). "The Value of a Fixed Methodology", *Brithish Journal for the Philosophy of Science*, 39, 263~75.

Worrall, J. (1989a). "Fresnel, Poisson and the White Spot: The Role of Successful Predictions in Theory Acceptance" in D. Gooding, S. Schaffer and T. Pinch (eds), *The Uses of Experiment: Studies of Experiment in Natural Science*. Cambridge, Cambridge University Press.

Warrall, J. (1989b). "Structural realism: The Best of Both Worlds?", *Dialectica*, 43, 99~124.

Warrall, J. and Currie, G. (eds) (1978a). *Imre Lakatos, Philosophical Papers, Volume 1: The Methodology of Scientific Research Programmes*. Cambridge, Cambridge University Press.

Warrall, J. and Currie, G. (eds) (1978b). *Imre Lakatos, Philosophical Papers, Volume 2: Mathematics, Science and Epistemology*. Cambridge, Cambridge University Press.

Zahar, E. (1973). "Why Did Einstein's Theory Supersede Lorentz's", *British Journal for the Philosophy of Science*, 24, 95~123 and 223~63.

찾아보기